세상의 속도를
따라잡고 싶다면

# Do it!

마케팅 성과를 높이는 데이터 분석법!

# 구글
# 애널리틱스 4

GA4 사용법은 물론, 마케팅 적용 사례까지!
데이터 보는 눈을 길러 주는 GA4 보고서·대시보드 활용법!

데이터 분석가 **한수창, 이준성** 지음

**이지스 퍼블리싱**

세상의 속도를 따라잡고 싶다면 **Do it!**
변화의 속도를 즐기게 될 것입니다.

# Do it!
## 구글 애널리틱스 4 — 마케팅 성과를 높이는 데이터 분석법!
Do it! Google Analytics 4

**초판 발행 •** 2023년 11월 13일

**지은이 •** 한수창, 이준성
**펴낸이 •** 이지연
**펴낸곳 •** 이지스퍼블리싱(주)
**출판사 등록번호 •** 제313-2010-123호
**주소 •** 서울특별시 마포구 잔다리로 109 이지스빌딩 4층(우편번호 04003)
**대표전화 •** 02-325-1722 | **팩스 •** 02-326-1723
**홈페이지 •** www.easyspub.co.kr | **페이스북 •** www.facebook.com/easyspub
**Do it! 스터디룸 카페 •** cafe.naver.com/doitstudyroom | **인스타그램 •** instagram.com/easyspub_it

**총괄 •** 최윤미 | **기획 및 책임편집 •** 이인호 | **IT 2팀 •** 한승우, 신지윤, 이소연
**교정교열 •** 박명희 | **표지 및 본문 디자인 •** 트인글터 | **인쇄 •** 보광문화사
**마케팅 •** 박정현, 한송이, 이나리 | **독자지원 •** 박애림, 오경신
**영업 및 교재 문의 •** 이주동, 김요한(support@easyspub.co.kr)

ISBN 979-11-6303-525-1 13000
가격 26,000원

데이터는
현실의 가장 뚜렷한 반영이자
미래의 가이드다.

영국 미래학자 버나드 마르
Bernard Marr

# 데이터를 꿰뚫어 보면 진짜 고객이 보인다!
## 데이터 시대의 비즈니스 성장 비결!

불과 몇 년 사이에 거의 모든 분야에서 데이터에 대한 관심이 높아졌습니다. 많은 사람들이 오늘을 살고 내일을 준비하는 중요한 열쇠로 데이터를 인식하기 시작했습니다. 실제로 많은 기업에서 '디지털 전환(digital transformation)'을 비즈니스 성공의 필수 요소로 삼고 교육과 조직 문화를 혁신하면서 업무를 디지털화하는 데 공을 들이고 있습니다.

이러한 디지털 전환 활동의 핵심은 데이터를 올바르게 이해하고 데이터 솔루션을 얼마나 잘 활용할 수 있는지에 달렸다고 해도 과언이 아닙니다. 구글 애널리틱스는 사용하기 쉽고 다양한 기능을 제공해 국내는 물론 전 세계에서 가장 많이 사용하는 온라인 데이터 수집·분석 솔루션입니다. 고객의 온라인 활동을 체계적으로 추적하고 분석하여 비즈니스 성과를 높이는 필수 도구로 자리매김하고 있습니다.

이 책은 구글 애널리틱스의 최신 버전인 '구글 애널리틱스 4(Google Analytics 4, GA4)'의 기초부터 분석, 활용법까지 다룹니다. 구글 애널리틱스는 무엇이며, 온라인 행동 데이터 분석을 어떻게 해야 할지부터 데이터를 수집하는 방법과 기본 설정을 배웁니다. 이후 본격적인 분석·활용법을 여러 가지 실습으로 진행하고 구글 애즈, 빅쿼리, 루커 스튜디오 등으로 구글 애널리틱스를 더욱 확장해서 활용하는 방법도 다룹니다.

"음~ 당신은 여기를 클릭했군요!"

이 책은 "막상 구글 애널리틱스를 써보려고 하면 막막하고 한정된 기능과 보고서밖에 쓰질 못하겠다"라고 하소연하는 분들을 위해 집필했습니다. 단순한 이론과 도구 사용법을 넘어 다양한 기능을 디지털 마케팅에서 어떻게 활용하는지 사례를 들어 알려 주므로 독자가 책과 함께 실습하면서 얻은 경험을 즉시 업무에 활용할 수 있도록 했습니다.

이 책이 출판되기까지 이지스퍼블리싱 출판사와 이인호 편집자께서 애써 주셨습니다. 감사합니다. 그리고 책을 만들고 테스트하는 데 도움을 준 이계홍, 권혁범, 정성진, 김재형 님께 감사의 마음을 전합니다. 데이터를 통해 인사이트를 얻으려면 다양한 수단과 방법으로 분석해 보며 많은 관심과 노력을 기울여야 합니다. 데이터 분석의 세계에 첫발을 내딛은 독자 여러분을 진심으로 응원합니다.

한수창(zzpoer@gmail.com) | 이준성(jeus0519@gmail.com)

# GA4 사용법은 물론, 마케팅 적용 사례까지!
# 사람을 모으고 매출을 올리는 디지털 마케팅 방법은?

### 고객 행동 분석으로 성장 정체기를 벗어나세요!

많은 기업이 고객에게 더 의미 있고 혁신적인 가치를 제공하기 위해 사용자 행동을 분석하여 서비스 기획과 마케팅 업무에 활용하고 있습니다. 이 책을 통해 데이터 수집부터 분석까지 구글 애널리틱스의 전반적인 기능을 이해하고, 성과 측정과 개선에 필요한 인사이트 도출 과정을 실무에 적용해 보세요.

• LG CNS 경험최적화팀 팀장_**장혜진**

---

### 저자의 폭넓은 경험을 바탕으로 한 구글 애널리틱스 4 활용법!

온라인 비즈니스를 핵심 전략으로 삼고 있는 기업에서는 구글 애널리틱스가 영업과 마케팅 기획·운영의 고도화 작업에 중요한 도구로 자리매김했습니다. 이런 환경 속에서 이 책은 구글 애널리틱스 4의 기초 사용법은 물론, 저자가 실무에서 얻은 폭넓은 경험을 바탕으로 구글 애널리틱스 4를 어떻게 사용할지 자세하게 설명하고 있습니다.

• 네스프레소 이커머스 사업부장_**민재용**

---

### 데이터 보는 눈을 길러 데이터 분석가로 성장하세요!

구글 애널리틱스는 누구나 쉽게 사용할 수 있지만, 깊고 자세히 알기는 어렵습니다. 이 책은 디지털 마케팅에서 강력한 무기가 되는 구글 애널리틱스 4를 어떻게 다루는지, 얼마나 정교하고 뾰족하게 활용할 수 있는지를 친절하게 가르쳐 줍니다. 단순히 도구를 활용하는 방법뿐만 아니라 데이터 분석가로서 데이터를 바라보는 관점을 실무 사례에 녹여 설명합니다. 입문자부터 실무에서 활용하고 있는 분까지 모든 마케터에게 이 책을 추천합니다.

• 데스커 마케팅 매니저_**이정심**

---

### UA에서 GA4로 전환하는 분들에게 좋은 길잡이!

21세기 생존 전략으로 데이터가 주목받고 있는 지금, 데이터 분석의 핵심 도구인 '구글 애널리틱스 4(GA4)'를 이해하고 배우는 것은 이제 선택이 아니라 필수라고 생각합니다. 데이터 분석의 이론과 실전을 섭렵한 저자가 쓴 이 책은 '유니버설 애널리틱스(UA)'의 서비스 종료로 구글 애널리틱스 자습서를 찾는 사람들에게 좋은 길잡이가 되어 줄 것입니다.

• 조선비즈 과학팀장_**이종현**

GA4의 다양한 기능을 단계별 실습으로 진행해 보세요.

**Do it! 실습** GTAG로 페이지 뷰 데이터 수집하기

...으로 데이터를 수집해 보겠습니다. 내가 운영하는 사이트의 데이터가 애널리틱스의 대시보드에 표시된다는 건 가슴 설레는 일입니다. 우선 웹 데이터 분석에서 가장 기본이 되는 **페이지 뷰 수집**부터 알아보겠습니다.

**01 단계** GTAG로 데이터를 수집하려면 스트림으로 이동해야 합니다. 애널리틱스에 접속한 후 [관리 → 데이터 수집 및 수정 → **데이터 스트림**]으로 이동합니다. 그리고 03장에서 만든 웹 스트림을 클릭합니다.

가상의 디지털 마케터 '한분석 대리'의 사례를 바탕으로 실무 활용법을 익히세요.

**한분석 대리 사례**

**메인 페이지 태깅**

한분석 대리는 플러스 제로 사이트의 메인 페이지에 방문한 사람들이 어떤 콘텐츠를 클릭하는지 분석하기로 했습니다. 그러려면 메인 페이지에 있는 각 콘텐츠를 태깅해 줘야 합니다. 한분석 대리는 다음처럼 네 곳을 태깅하여 클릭 데이터를 수집하기로 했습니다.

저자가 강의 현장에서 받은 질문을 바탕으로 한 걸음 더 깊이 들여다보세요.

**질문 있어요!**

...깅이 무엇인가요?

...깅(tagging)은 이벤트를 수집할 영역과 조건을 설정하는 것을 의미합니다. 태그(tag)라고 하는 그릇 속에 여러 정보와 발생 조건을 엮어 구글 애널리틱스로 데이터를 보내게 되는데, 여기에는 이벤트 이름, 이벤트의 발생 조건 그리고 이벤트를 어느 속성으로 보낼지에 대한 정보가 담겨 있습니다. 자세한 내용은 04장에서 다룹니다.

간단한 퀴즈를 풀면서 배운 내용을 점검해 보세요.

**잠깐 퀴즈**

...이벤트 수집 한도에 관한 설명 중 틀린 것은?

① ...벤트 이름의 길이는 영문 기준 40자다.
② ...벤트당 매개변수의 수는 최대 50개다.
③ 이벤트 매개변숫값의 길이는 영문 기준 100자다.

정답 ②

## 실습할 때 참고하세요

1. 이 책은 독자가 티스토리에 블로그를 직접 개설하여 이를 GA4와 연동해 데이터를 수집하고 분석하도록 안내합니다. 전자상거래 데이터 분석 등은 구글이 제공하는 데모 계정으로 실습합니다.

2. 이 책의 주제인 GA4를 비롯해 태그 관리자, 구글 애즈, 빅쿼리, 루커 스튜디오 등은 수시로 업데이트됩니다. 책에 표시한 화면이나 실습 과정이 실제와 다르면 'Do it! 스터디룸'에서 최신 소식을 참고하세요.

3. 책과 더불어 저자가 운영하는 유튜브 채널의 동영상 강의를 참고하면 최신 소식과 세부 설명, 어려운 부분을 이해하는 데 도움이 됩니다.

> • 유튜브 채널: www.youtube.com/@pluszero604

## 궁금한 내용은 저자에게 질문해 보세요

책을 읽다가 궁금한 내용이 있으면 저자 이메일 주소로 질문해 보세요. 몇 쪽에서 어떤 점이 궁금한지 자세히 적어야 정확하고 빠른 답변을 받을 수 있습니다.

> • 저자 이메일 주소: ga4@pluszero.co.kr

## 'Do it! 스터디룸'에서 함께 공부하고 책 선물도 받으세요

혼자 공부하기가 막막한가요? 이지스퍼블리싱에서 운영하는 네이버 카페 '두잇 스터디룸'에서 같은 고민을 하는 친구들과 함께 공부해 보세요. 내가 잘 이해한 내용은 남을 도와주고 내가 잘 이해하지 못한 내용은 도움을 받으면서 공부하면 복습 효과도 누릴 수 있습니다.

> • Do it! 스터디룸 카페: cafe.naver.com/doitstudyroom

### 온라인 독자 설문 — 보내 주신 의견을 소중하게 반영하겠습니다!

왼쪽 QR코드를 스캔하여 이 책에 대한 의견을 보내 주세요. 더 좋은 책을 만들도록 노력하겠습니다. 의견을 남겨 주신 분께는 보답하는 마음으로 다음 6가지 혜택을 드립니다.

❶ 추첨을 통해 소정의 선물 증정  ❷ 이 책의 업데이트 정보 및 개정 안내

❸ 저자가 보내는 새로운 소식  ❹ 출간될 도서의 베타테스트 참여 기회

❺ 출판사 이벤트 소식  ❻ 이지스 소식지 구독 기회

**15차시 완성**

## 실무에 빨리 적용하고 싶은 분을 위한 쾌속 완성 코스!

15차시로 계획을 세우고 학습해 보세요.
독학이나 한 학기 강의용 교재로도 좋습니다.

| 차시 | 구분 | 마당 | 주제 | 완료 날짜 |
|------|------|------|------|----------|
| 1차시 | 데이터 분석 준비하기 | 01 구글 애널리틱스 4 시작하기 | GA4의 특징과 데이터 구조 | / |
| 2차시 | | 02 데이터 분석 기초 다지기 | 온라인 행동 데이터 분석 | / |
| 3차시 | | 03 GA4 기본 구조와 이벤트 설계하기 | 이벤트 설계와 사용자 속성 | / |
| 4차시 | | 04 웹 사이트 데이터 수집하기 | 구글 태그(GTAG), 구글 태그 관리자(GTM)로 웹 데이터 수집 | / |
| 5차시 | | 05 앱 데이터 수집하기 | 네이티브 앱과 하이브리드 앱에서 데이터 수집 | / |
| 6차시 | | 06 애널리틱스 설정하기 | 데이터 필터, 사용자 아이디 수집, 전환 설정 | / |
| 7차시 | | 07 측정 기준과 측정 항목 | 측정 기준과 측정 항목의 개념과 종류 | / |
| 8차시 | 보고서 다루기 | 08 맞춤 정의 활용하기 | 맞춤 측정 기준 만들기, 예측 측정 항목, 측정 기준의 범위 | / |
| 9차시 | | 09 화면 구성과 메뉴 | GA4 화면 구성과 메뉴 | / |
| 10차시 | | 10 기본 보고서와 광고 보고서 | 기본 보고서와 광고 보고서 분석 | / |
| 11차시 | | 11 탐색 분석하기 | 유입 경로 탐색, 동질 집단 탐색, 세그먼트 중복, 경로 탐색 분석 | / |
| 12차시 | | 12 세그먼트와 잠재 고객 만들기 | 세그먼트 종류, 잠재 고객 만들기 | / |
| 13차시 | 데이터 분석 확장하기 | 13 다른 제품과 연결하기 | 구글 애즈, 서치 콘솔, 빅쿼리 연결 | / |
| 14차시 | | 14 빅쿼리를 활용한 데이터 분석 | 성과 측정, 대시보드 만들기 | / |
| 15차시 | | 15 루커 스튜디오 활용하기 | 데이터 시각화, 애널리틱스 속성 할당량 | / |

**둘째마당**

# 보고서 다루기

첫째마당에서는 구글 애널리틱스가 무엇인지 알아보고, 웹과 앱 데이터를 통합 분석하여 더 다양하고 강력한 분석 기능을 이용할 수 있는 구글 애널리틱스 4를 알아봅니다. 그리고 애널리틱스 4가 다루는 온라인 행동 데이터의 특징과 이를 활용한 분석의 기초를 다져 보겠습니다.

# 구글 애널리틱스 4 시작하기

이번 장에서는 구글 애널리틱스가 무엇이며 신규 버전인 구글 애널리틱스 4가
기존 버전과 어떤 차이점이 있는지 알아봅니다. 또한 구글 애널리틱스 학습의
기본인 이벤트와 데이터 구조의 개념도 살펴봅니다.

학습
목표

- 구글 애널리틱스가 탄생한 배경을 이해한다.
- 분석에서 이벤트란 개념이 무엇인지 이해한다.
- 유니버설 애널리틱스(UA)와 비교해 구글 애널리틱스 4(GA4)의 특징을 알아본다.

# 01-1 | 구글 애널리틱스 알아보기

최근 몇 년 사이 데이터에 대한 관심이 그 어느 때보다 높아졌습니다. 이제는 데이터를 중심으로 소통하는 것이 일상이 되었습니다. 이에 따라 많은 기업에서는 다양한 데이터를 서둘러 수집하기 시작했고, 웹과 앱 같은 온라인 채널에서 얻을 수 있는 디지털 데이터가 그 중심에 서게 되었습니다.

그러면서 구글 애널리틱스Google Analytics나 어도비 애널리틱스Adobe Analytics, 앰플리튜드Amplitude, 에이스카운터AceCounter 등 다양한 디지털 분석 솔루션이 출시되었습니다. 이러한 분석 솔루션은 온라인 채널에서 사용자의 행동 데이터를 수집하고 분석할 수 있는 여러 가지 기능을 제공하며, 온라인 마케팅 채널에 연결할 수 있도록 지원합니다.

**그림 1-1** 온라인 분석 솔루션의 프로세스

## 구글 애널리틱스가 널리 사용되는 이유

구글 애널리틱스는 국내뿐만 아니라 전 세계에서 가장 폭넓게 사용되는 디지털 분석 솔루션입니다. 사용하기 쉬운 인터페이스와 공유 가능한 보고서를 제공하여 데이터를 신속하게 분석하고 팀과 협업할 수 있습니다.

구글 애널리틱스를 사용하면 고객들이 내 비즈니스와 상호 작용하는 방식을 종합적으로 파악하여 더 나은 경험을 제공하고 실적을 향상할 수 있습니다. 또한 구글의 머신러닝을 사용하여 구매나 앱 제거 가능성이 높은 사용자 등을 예측할 수 있으며, 다른 구글 제품과 연결해 분석 정보를 활용할 수 있습니다.

구글 애널리틱스가 왜 인기가 좋은지 5가지로 간추려 살펴보겠습니다.

## 1. 무료로 시작할 수 있어요

구글 애널리틱스는 무료로 이용할 수 있습니다. 아울러 구글에서 운영하는 온라인 상점인 '구글 머천다이즈 스토어(shop.googlemerchandisestore.com)'의 데이터를 공개하여 누구든지 연습용 데모 계정으로 구글 애널리틱스를 실습해 볼 수 있습니다.

따라서 처음에는 돈을 들이지 않고서도 구글 애널리틱스가 무엇인지, 그리고 데이터를 어떤 식으로 활용할 수 있는지 확인할 수 있습니다.

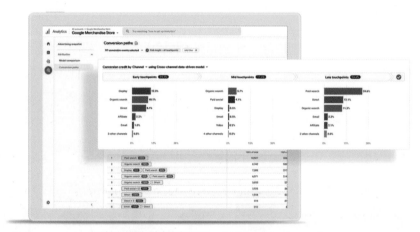

그림 1-2 구글 애널리틱스(출처: marketingplatform.google.com)

또한 구글 애널리틱스는 인터페이스가 편리하고 자동으로 집계된 보고서를 기본으로 제공하므로 처음 사용자도 어느 정도 활용할 수 있습니다. 구글 애널리틱스에서 제공하는 기본 보고서는 전 세계 사용자의 경험과 의견을 토대로 하므로 활용성이 높습니다.

따라서 기본 보고서만 보더라도 대부분의 분석 요구 사항을 해결할 수 있습니다. 물론 고급 분석을 위한 맞춤(커스터마이징) 보고 기능도 있어서 구글 애널리틱스 활용에 익숙해지고 데이터에 대한 이해의 폭이 넓어질수록 분석 범위를 확장해 나갈 수 있습니다.

## 2. 잘 정리된 공식 지침서와 도움말을 제공해요

어떤 분석 솔루션이든지 명확한 지침서가 있어야 활용하기가 좋습니다. 올바른 분석 과정을 거쳐야 비로소 쓸모 있는 분석 결과를 얻을 수 있기 때문이죠. 구글 애널리틱스는 사용자가 겪을 수 있는 다양한 문제와 질문에 공식 지침서와 도움말을 제공합니다. 이러한 지원 서비스는 문제가 발생했을 때 해결하는 데 드는 수고와 시간을 줄여 주고 분석 오류를 예방하는 데 도움을 줍니다.

구글 애널리틱스와 관련된 거의 모든 정보를 찾아볼 수 있는 고객 센터(support.google.com/analytics)가 있습니다.

그림 1-3 구글 애널리틱스 고객 센터(출처: support.google.com/analytics)

## 3. 커뮤니티와 참고 자료가 풍부해요

분석 솔루션을 활용할 때 커뮤니티와 참고 자료 또한 많은 영향을 미칩니다. 사용자끼리 커뮤니티가 활성화되고 질 좋은 참고 자료를 통해 서로 영향을 주고받으며 공생하는 것을 **에코 시스템**eco system이라고 합니다. 구글 애널리틱스는 전 세계에서 가장 많이 쓰는 온라인 분석 솔루션으로서 오랫동안 발전을 거듭해 오면서 훌륭한 에코 시스템을 갖추었습니다.

에코 시스템은 문제가 발생하거나 벽에 부딪혔을 때 같은 고민을 했던 사용자들의 경험을 참고하여 빠르게 해결할 수 있도록 도와줍니다. 더 나아가 전문가들이 제안하는 다양한 모범 사례를 통해 분석 목표와 방향을 명확하게 정의할 수 있으며, 새로운 기능이나 분석 방법 등을 접목해 볼 수 있는 기회를 얻기도 합니다. 아울러 사용자들의 평가와 요구 사항이 구글 애널리틱스를 개선하는 선순환을 일으키기도 합니다.

다음은 구글 애널리틱스 전문가인 '시모 아하바Simo Ahava'의 블로그 주소입니다. 여기에서 기술적인 지침부터 구글 애널리틱스 활용법까지 유용한 정보를 얻을 수 있습니다.

- **시모 아하바의 블로그**: www.simoahava.com/categories/#posts-list-analytics

## 4. 구글 서비스와 연동이 편리해요

구글 애널리틱스는 **구글 마케팅 플랫폼**<sup>Google Marketing Platform</sup>의 한 부분입니다. 구글 마케팅 플랫폼은 온라인 분석으로 얻은 인사이트를 다양한 마케팅 활동으로 연결하는 통합 솔루션입니다.

구글은 이러한 마케팅 활동으로 더 빠르고 편리하게 연결할 수 있도록 다양한 서비스를 제공합니다. 여기엔 데이터 시각화를 위한 루커 스튜디오<sup>Looker Studio</sup>, 디지털 광고 플랫폼인 캠페인 매니저 360<sup>Campaign Manager 360</sup> 등이 있습니다. 또한 유튜브를 비롯해 구글 네트워크에 광고할 수 있는 구글 애즈<sup>Google Ads</sup>와도 연동할 수 있습니다.

구글 애널리틱스를 활용해 보면 이러한 연동성이 얼마나 강력한 효과와 편의를 제공하는지 알게 됩니다. 이 책의 셋째마당에서 이러한 내용을 자세히 다룰 예정입니다.

그림 1-4 구글 마케팅 플랫폼의 다양한 서비스(출처: marketingplatform.google.com)

## 5. 머신러닝이나 클라우드 기술을 사용할 수 있어요

구글은 구글 애널리틱스에 인공지능 기술인 **머신러닝**<sup>Machine Learning</sup>을 적용하여 사용자가 더욱 다양한 인사이트를 얻을 수 있게 해줍니다. 일정한 조건을 충족했을 때 유입한 고객의 결제나 앱 제거 가능성 등을 예측하여 수치로 볼 수 있으며, 주요 데이터를 대상으로 자동화된 인사이트 기능도 제공합니다. 구글 애널리틱스를 활용하면 이러한 머신러닝의 이점을 간편하게 누릴 수 있습니다.

아울러 구글 애널리틱스에 쌓인 모든 데이터를 사용자에게 원천 데이터 수준으로 제공하는 **빅쿼리**<sup>BigQuery</sup>라는 솔루션을 자유롭게 활용할 수 있습니다. 이 기능은 원래 구글 애널리틱스 유료 사용자에게만 제공했는데, 구글 애널리틱스 4부터는 모든 구글 애널리틱스 사용자가 이용할 수 있습니다. 사용자는 구글 애널리틱스와 자신의 빅쿼리 프로젝트를 연결하기만 하면 됩니다.

## 데이터 분석 솔루션을 고르는 방법

구글 애널리틱스를 포함하여 새로운 분석 솔루션을 사용해 보고자 하는 분들을 위해 도움이 될 만한 몇 가지 선정 기준을 알려 드립니다.

### 1. 분석 목적과 적용 난이도

흔히 더 비싸고 기능이 많은 도구일수록 좋을 것으로 생각하는 경우가 많습니다. 하지만 실제 현업에선 사용하기 쉽고 단순하지만 명확한 기능이 포함된 도구를 선호합니다. 기능이 많고 고차원일수록 적용하기가 어렵고 가격이 높아지는 경향이 있으므로 분석 목적과 필요성을 고려해 균형을 맞추는 것이 중요합니다.

### 2. 비용 대비 효용성

앞선 항목과 같은 맥락에서 자신이 얼마나 이 도구를 잘 사용할 수 있을지 판단해 보아야 합니다. 물론 분석과 활용 목적에 따라 과감히 투자해야 할 때도 있지만, 분석 솔루션이 모든 것을 해결해 주지는 않으므로 자신과 조직의 분석 역량을 냉철하게 판단해 보아야 합니다. 무엇보다 분석과 활용 목적을 명확하게 정의해 보는 것이 비용 대비 효용성을 가늠하는 데 중요한 기준이 됩니다.

### 3. 다른 도구와 연결성

분석은 단순히 데이터를 확인하고 현상을 이해하는 데 그쳐서는 안 되고 인사이트를 얻어 이를 실체화된 행동으로 연결해야만 합니다. 그리고 이러한 행동의 성과를 평가할 수 있어야 하며 결과를 반영하여 개선하거나 더욱 발전시켜 나가야 합니다. 이런 측면에서 분석 솔루션은 다양한 시각화 도구와 광고 플랫폼, 또는 다른 분석 솔루션, 더 넓게는 클라우드 서비스와 연결하기 편리할수록 좋습니다.

## 4. 서비스 수준과 정보 출처의 다양성

분석 솔루션을 사용하다 보면 다양한 문제와 맞닥뜨릴 수밖에 없습니다. 이때 문제를 빠르게 해결하려면 안정된 지원 서비스나 커뮤니티의 도움을 얻어야 하므로 분석 솔루션을 선택할 때는 지원 서비스와 에코 시스템이 잘 갖춰졌는지, 검색을 통해 다양한 문제에 대한 조언을 얻을 수 있는지 확인해 보는 것이 좋습니다.

## 5. 지속적인 업데이트와 확장 가능성

마지막으로 해당 분석 솔루션이 지속해서 업데이트되고 기능과 연결이 확장되는지 확인해 보아야 합니다. 데이터 분석의 필요성이 점점 높아짐에 따라 우수한 분석 사례들이 나오고 있으며, 머신러닝을 포함한 새로운 분석 기법이 끊임없이 발전해 가고 있습니다. 이러한 흐름은 더욱 가속될 것으로 보입니다. 따라서 부지런히 업데이트되고 필요한 기능이 적시에 추가되는 분석 솔루션일수록 가치가 높을 수밖에 없습니다.

---

**잠깐 퀴즈**

**구글 애널리틱스의 주요 장점을 설명한 것으로 틀린 것은?**

① 자세한 공식 지침서와 도움말이 있다.

② 다른 구글 솔루션과 연동이 편리하다.

③ 유료로 이용해야 하지만 효율성이 좋다.

정답 ③

---

# 01-2 | 데이터 구조 이해하기

앞 절에서는 구글 애널리틱스가 무엇이고 어떤 점이 강점인지 알아보았습니다. 이제 구글 애널리틱스의 발전 과정과 2020년에 새로 출시된 구글 애널리틱스 4(Google Analytics 4)(이하 GA4)를 살펴보겠습니다. 구글 애널리틱스의 발전 과정을 따라가다 보면 GA4를 이해하는 데 도움이 될 것입니다.

참고로 이번 절은 구글 애널리틱스나 온라인 데이터 분석을 처음 접하는 분에게는 용어나 개념이 조금 어렵게 느껴질 수 있습니다. 그러나 장을 거듭할수록 자연스럽게 터득할 수 있으므로 지금은 가벼운 마음으로 전체 흐름만 이해해도 좋습니다.

## 구글 애널리틱스의 발전 과정

구글 애널리틱스는 2005년 구글이 어친 소프트웨어(Urchin Software Corp)라는 회사를 인수하면서 출발했습니다. 이 회사에서 운영하던 Urchin은 웹 로그를 수집하고 트래픽을 분석하는 프로그램으로 당시 세계에서 가장 널리 쓰이던 솔루션이었습니다. 이후 구글은 Urchin을 통해 웹 트래픽을 면밀히 분석할 수 있는 서비스를 제공하기 시작했으며, 2007년에는 클래식 구글 애널리틱스를 출시하여 기초를 다졌습니다.

구글 애널리틱스는 계속 업데이트되다가 2012년 구글 애드워즈와 연동하면서 분석과 마케팅 활동이 연결되는 중요한 변화를 맞이했습니다. 그리고 2013년 **유니버설 애널리틱스**(Universal Analytics)를 출시했습니다. 보통 UA라고도 하는 이 버전은 오프라인을 포함한 사이트 외부 데이터를 함께 수집할 수 있고, 추가 정보를 자유롭게 구성하여 개별 행동과 엮어서 수집하고 분석할 수 있었습니다.

예를 들어 CRM(customer relationship management) 데이터와 연계하여 특정 사용자의 행동에 기초한 회원 등급을 분석할 수 있게 되었습니다. 그리고 사용자가 다양한 기기와 브라우저를 쓰더라도 로그인 아이디를 기반으로 통합하여 분석할 수 있는 보기를 별도로 제공했습니다. 이로써 고객 분석과 마케팅 활동을 더 깊게 수행할 수 있게 되었으며, 웹 분석에 관심 있는 사람들은 구글 애널리틱스를 더 널리 사용하게 되었습니다.

그림 1-5 구글 애널리틱스의 변화 과정

발전을 거듭하던 구글 애널리틱스는 앱 분석 솔루션인 파이어베이스와 연결하여 웹과 앱 데이터를 통합으로 관리, 분석할 수 있는 기반을 제공했습니다. 이어 구글은 앱의 중요성을 인식하고 기존 웹 중심의 데이터 수집 프로세스와 분석 관점에서 벗어나 웹과 앱 데이터를 통합하여 사용자의 여정을 종합해서 연결하고 분석하고자 했습니다. 그리고 2020년 10월 **구글 애널리틱스 4**를 출시했습니다.

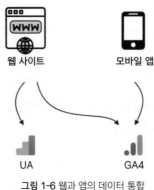
그림 1-6 웹과 앱의 데이터 통합

이처럼 구글은 온라인 시장의 변화와 요구 사항을 발빠르게 담아 내고자 애널리틱스의 기능을 강화해 왔습니다. 정리하자면 GA4는 고객의 사용 패턴이 웹에서 앱으로 이동했고 고객의 모든 여정을 한곳에서 통합해 분석하기 위해 탄생했다고 볼 수 있습니다.

## GA4의 데이터 구조와 특징

그런데 웹과 앱은 개발부터 사용 환경까지 여러 가지 면에서 차이가 있는데 데이터를 어떻게 하나의 보기로 통합하여 보여 줄 수 있을까요? GA4의 데이터 구조를 이전 버전인 UA와 비교해 보면서 이러한 궁금증을 해소해 보겠습니다.

## 이벤트란?

GA4의 데이터 구조를 이해하려면 먼저 **이벤트**<sup>event</sup>라는 개념을 알아야 합니다. 구글 애널리틱스에서 **이벤트란 웹 사이트나 앱 사용자의 개별 행동 하나하나를 의미합니다.** 즉, 이벤트는 구글 애널리틱스에서 데이터의 기본 단위라고 할 수 있습니다. 예를 들어 웹 사이트에 방문(앱은 실행)한 것도 이벤트가 될 수 있으며 특정 버튼을 클릭하거나 프로모션 배너 보기, 스크롤 내리기 등도 각각 이벤트가 될 수 있습니다.

이처럼 사용자의 모든 행동은 이벤트가 될 수 있습니다. 구글 애널리틱스는 이러한 이벤트를 데이터로 쌓은 뒤 필요에 맞게 가공, 조립하여 그래프나 표 형태로 시각화해서 보여 줍니다. 이벤트를 어떻게 조합하는지에 따라 데이터를 보는 관점, 보고서를 구성하는 방식이 달라집니다.

## UA와 GA4의 데이터 구조

GA4의 가장 큰 특징은 이벤트를 구분하지 않는다는 점입니다. UA에서는 이벤트를 종류에 따라 구분해서 수집합니다. 이렇게 하면 데이터 처리를 빠르고 효과적으로 수행할 수 있다는 장점이 있습니다. 목적에 맞게 필요한 종류의 이벤트만 찾아서 처리하면 되기 때문입니다.

반면에 GA4는 종류를 구분하지 않고 모든 이벤트를 똑같이 취급합니다. 이렇게 하면 이벤트 간의 장벽이 없어지며 다른 종류의 이벤트와 쉽게 묶을 수 있어 확장성이 커집니다. 예를 들어 UA에서는 웹의 페이지 조회 이벤트를 앱의 화면 조회 수 이벤트와 연결해서 보기 어렵지만, GA4에서는 사용자 한 명을 기준으로 두 이벤트를 손쉽게 연결해서 볼 수 있습니다.

**표 1-1** UA와 GA4의 데이터 구조

**UA 데이터 구조**

| 데이터 수준 | 설명 | 예시 |
| --- | --- | --- |
| 이벤트(+제품 수준) | 개별 행동 데이터 | 페이지 뷰, 클릭, 구매 등 |
| 세션 | 방문 단위 집합 데이터 | 세션 시간, 랜딩 페이지 등 |
| 사용자 | 사용자 단위 집합 데이터 | 사용자 유형(첫 방문 또는 재방문) 등 |

**GA4 데이터 구조**

| 데이터 수준 | 설명 | 예시 |
| --- | --- | --- |
| 이벤트 | 개별 행동 데이터 | 페이지 뷰, 클릭, 구매 등 |
| 사용자 | 사용자 단위 집합 데이터 | 사용자 유형(첫 방문 또는 재방문) 등 |

UA에서는 이벤트를 일정한 규칙에 따라 묶어서 더 상위 개념인 **세션**[session]에 포함합니다. 예를 들어 "사이트 유입 정보에 따라 세션을 생성하고 30분 이내에 발생한 이벤트는 같은 세션으로 묶는다."와 같은 규칙으로 데이터를 수집할 수 있습니다. 그리고 세션의 상위 개념으로 **사용자**[user]가 있어서 같은 식별자를 가진 세션들을 포함할 수 있습니다. 이러한 데이터 구조를 보이는 이유는 UA가 웹을 중심으로 탄생했기 때문입니다. 웹에서는 사이트에 방문한 사용자 수뿐만 아니라 몇 번 방문했는지도 데이터 분석에 중요한 지표로 사용됩니다.

반면에 GA4의 데이터 구조는 웹과 앱 데이터를 통합하는 데 적합한 이벤트와 사용자로 구성되었습니다. 그렇다고 세션이라는 개념이 없어진 건 아닙니다. 세션과 관련된 측정 지표를 이용할 수 있도록 옵션을 제공합니다. GA4 측정 지표는 「07-2」절에서 더 자세히 설명하겠습니다.

### GA4의 특징

이 외에도 GA4는 여러 가지 특징이 있으며 요약하면 다음과 같습니다.

❶ 각 이벤트는 '이벤트 이름'과 세부 정보인 '이벤트 매개변수'로 구성됩니다.

❷ 별도 작업 없이 자동으로 수집하는 이벤트가 제공되며, 사용자의 선택에 따라 추가로 자동 수집 이벤트를 늘릴 수 있습니다.

❸ 수집된 이벤트와 매개변수를 조합해 특정 조건이 충족되었을 때 발동하는 맞춤형 이벤트를 만들 수 있어 목표나 성과 관리에 편리하게 이용할 수 있습니다.

❹ 이벤트 단위 맞춤 측정 기준과 측정 항목이 각각 50개로 늘어나고, 사용자 단위 측정 기준과 측정 항목은 각각 25개씩 추가되어 더 상세한 데이터를 쌓을 수 있습니다.

❺ 구글 시그널을 이용한 사용자 식별 방식이 추가되어 같은 사용자의 다양한 기기 이용 패턴을 더 폭넓게 연결해 볼 수 있습니다.

❻ 무료 버전 사용자에게 구글 클라우드 빅쿼리와 연결 서비스를 제공하여 활용 목적에 따라 원천 데이터 단위의 분석까지 할 수 있습니다.

❼ 사용자가 편리하게 이용할 수 있도록 맞춤형 기능이 추가되었습니다. 기본 보고서를 사용 패턴에 맞게 새롭게 구성한다거나 탐색 보고서에서 다양한 분석 템플릿을 활용해 볼 수 있습니다.

**그림 1-7** 데이터 수집 유형의 차이

### GA4의 주요 특징으로 틀린 것은?

① 이벤트 이름과 이벤트 매개변수 형태로 이벤트 데이터를 수집한다.

② UA와 동일하게 맞춤 측정 기준은 20개까지 생성할 수 있다.

③ 자동으로 수집하는 이벤트가 제공된다.

정답 ②

# 데이터 분석 기초 다지기

01장에서는 구글 애널리틱스와 새 버전인 GA4를 알아보았습니다. GA4에서는 웹과 앱 데이터를 통합 분석하여 더 다양하고 강력한 분석 기능을 이용할 수 있습니다. 이제 이 훌륭한 도구를 어떻게 하면 잘 사용할 수 있는지 알아보겠습니다. 02장에서는 GA4가 다루는 온라인 행동 데이터의 특징을 알아보고 이를 활용한 분석의 기초를 다져보겠습니다.

학습
목표

- 온라인 행동 데이터가 일반 데이터와 어떤 차이점이 있는지 이해한다.
- 온라인 행동 데이터 분석이 필요한 이유를 생각해 본다.
- 데이터 분석의 전체 과정을 알아본다.

# 02-1 | 온라인 행동 데이터

구글 애널리틱스는 온라인 행동 데이터를 다룹니다. 온라인 행동 데이터는 **사용자가 웹과 앱에 접속하여 만들어 내는 모든 로그 데이터**입니다. 여기서 로그[log]란 개별 행동 기록이라고 생각하면 됩니다. '사이트에 방문했다', '프로모션 배너를 클릭했다', 'A라는 상품을 장바구니에 담았다' 등 수많은 종류의 행동이 로그로 기록됩니다.

## 온라인 행동 데이터와 일반 데이터의 특징 비교

그렇다면 온라인 행동 데이터는 일반 데이터(구매 데이터, 고객 데이터 등)와 어떤 차이가 있을까요? 우선 첫 번째로 온라인 행동 데이터는 사용자의 행동에 기반하므로 **데이터의 범위가 넓고 크며 계속 확장**될 수 있습니다.

사용자가 사이트에 방문해 행동을 할 때마다 데이터가 축적되므로 시간이 지날수록 데이터의 크기가 커질 수밖에 없습니다. 따라서 온라인 행동 데이터는 가공하고 운영하는 데 많은 노력과 기술이 필요하지만, 다양한 분석과 활용 목적에 대응하기가 쉽고 사용자의 숨은 요구 사항을 알아낼 수 있습니다.

또한 사이트에 방문하는 사용자마다 목적과 성격에 맞게 사이트와 상호 작용하는데, 이러한 사용자들의 개별 행동을 모두 온라인 행동 데이터로 수집하고 활용할 수 있습니다. 따라서 분석이 고도화될수록 또는 새로운 기능이나 요소가 추가될 때 온라인 행동 데이터는 얼마든지 확장될 수 있습니다.

두 번째로 데이터의 최신성, 즉 **업데이트 주기가 빠르다**는 특징이 있습니다. 즉, 사이트에서 고객이 행동을 할 때마다 애널리틱스로 바로 전송되고 몇 가지 가공 처리한 후 저장소에 쌓입니다. 고객 데이터는 주로 일별, 월별로 업데이트되지만 온라인 행동 데이터는 거의 실시간으로 추가 또는 변경된다고 할 수 있습니다.

다음은 데이터의 범위와 최신성을 기준으로 온라인 행동 데이터와 일반 데이터를 비교한 그림입니다.

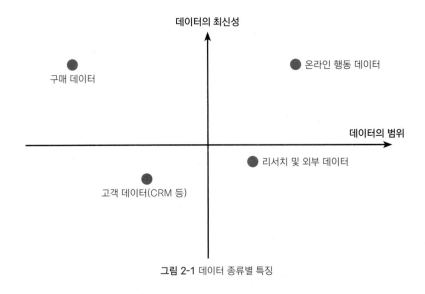

그림 2-1 데이터 종류별 특징

이러한 최신성이 어떤 차이를 만들 수 있는지 다음 사례를 통해 알아보겠습니다.

**최신성을 고려하지 않은 데이터 분석**

쇼핑몰에서 마케터로 일하는 한분석 대리. 그는 이번에 새로 출시된 유아 용품을 홍보하는 중책을 맡게 되었습니다. 한분석 대리는 고객 데이터에서 유아 자녀를 둔 여성회원을 대상으로 신상품을 알리는 메시지를 대대적으로 보냈습니다. 그런데 반응이영 신통치 않습니다. 원인을 파악해 보니 해당 항목의 데이터는 회원 가입할 때 입력한 정보였기 때문에 대다수 장기 회원들의 자녀가 이미 유아기를 벗어나 해당 신상품에 관심이 없었던 것을 확인할 수 있었습니다.

만약 한분석 대리가 '최근 3개월간 유아 용품 관련 프로모션에 반응하거나 유아 관련 페이지를 본 고객' 또는 '최근 일주일 내 유아 용품을 구매한 이력이 있는 고객'을 대상으로 홍보했다면 결과가 어땠을까요? 아마도 유아 자녀를 둔 회원을 대상으로 했을 때보다 반응이 좋았을것입니다. 이처럼 최신성은 데이터의 가치를 높여 줍니다.

## 온라인 행동 데이터 분석이 왜 필요할까?

온라인 행동 데이터는 고객이 의식적으로 제공하는 정보의 한계에서 벗어나 그들이 진정으로 필요한 것이 무엇이며 라이프 스타일, 특성, 숨은 요구 사항 등에 접근할 수 있는 기회를 줍니다.

예를 들어 회원 가입을 하면서 고객 정보를 직접 물어볼 수 있지만, 고객이 원치 않을 때는 수집이 어려울 수도 있습니다. 어떤 고객은 여러 가지 보기 가운데 앞에 있는 것을 대충 선택하고 넘길 수도 있습니다. 또한 가족이 함께 쓰는 아이디이거나 한 명이 아이디를 중복해서 만드는 등의 예외도 발생할 수 있습니다.

고객이 브랜드와 친밀하지 않은 상황에서 고객 정보를 수집하면 이처럼 데이터 수집 자체가 어려운 것은 물론 정확도도 떨어질 수 있습니다.

## 고객의 성향과 요구 사항에 더 가깝다

반면에 온라인 행동 데이터는 직접적이지 않지만 고객이 자발적으로 행동한 정보이므로 고객의 성향과 요구 사항에 더 가깝다고 할 수 있습니다. 온라인 행동 데이터 분석이 필요한 점이 바로 여기에 있습니다.

온라인 행동 데이터 분석을 통해 고객을 좀 더 종합적이고 구체적인 관점으로 파악할 수 있습니다. 특히 가치관과 라이프 스타일이 과거에 비해 다양해지고, 온라인 서비스와 소셜 네트워크가 발전하면서 고객을 단순히 몇 가지 기준만으로 구분하기엔 점차 한계가 명확해지고 있습니다. 따라서 온라인 행동 데이터 분석의 장점이 더욱 각광받고 있습니다.

예를 들어 과거에는 나이대와 성별이라는 큰 카테고리를 구분하는 것만으로도 그 그룹을 대표하는 공통된 성향을 그릴 수 있었고, 이를 활용해 마케팅이나 영업 효과를 어느 정도 얻을 수 있었습니다. 그러나 최근에는 같은 나이대와 성별이라 하더라도 직업과 취미 활동, 거주 지역, 이용하는 소셜 네트워크의 종류나 활용 정도 등 세부 기준에 따라 완전히 상반된 성향을 보이기도 합니다.

이처럼 점차 개별화, 파편화되는 변화 속에서 기존 고객 데이터만으로는 한계가 드러남에 따라 온라인 행동 데이터 분석을 통해 이러한 한계를 극복하고자 하는 비즈니스 요구가 더욱 강해지고 있습니다.

그림 2-2 고객 세분화의 이점

이러한 흐름의 결과로 많은 브랜드가 개별 고객의 요구 사항에 맞춰 차별화한 서비스와 콘텐츠를 제공하려고 노력하고 있습니다. 최근에는 고객이 관심을 가질 만한 상품이나 혜택을 먼저 제안하거나 서비스 또는 상품이 필요할 때를 미리 예측하여 알맞은 메시지를 전달하는 등의 개인화 서비스가 활발해지고 있습니다. 이러한 서비스를 제공하려면 온라인 행동 데이터 분석이 필요합니다.

한분석 대리 사례

**온라인 행동 데이터를 들여다보니 답이 보였다!**

다양한 종류의 스킨 케어 상품을 판매하는 미용 브랜드의 전자상거래 채널을 담당하고 있는 한분석 대리. 이 브랜드에는 판매율이 압도적으로 높은 상품이 있어 대부분의 고객이 해당 상품을 구매할 목적으로 사이트에 자주 방문하곤 합니다. 하지만 해당 상품의 경쟁사들이 점차 늘고 있어 매출이 쉽게 오르지 않는 상황입니다.

한분석 대리는 온라인 행동 데이터를 살펴보던 중 시간대별로 고객이 빅 히트 상품과 함께 가장 많이 조회하는 상품 페이지 순위가 달라지는 것을 발견합니다. 이에 한분석 대리는 유입 시간대에 따라 고객의 특성과 요구 사항이 다를 것으로 생각하고, 메인 페이지에 시간대별로 빅 히트 상품과 해당 상품을 엮은 프로모션 배너를 노출하여 고객의 높은 교차 구매(cross-selling)를 유도할 수 있었습니다.

한분석 대리의 사례처럼 같은 상품을 구매하는 고객이라도 온라인 행동 데이터 분석을 통해 특성과 요구 사항이 각기 다르다는 것을 알 수 있습니다. 그리고 이것을 잘 활용하면 고객 맞춤형 서비스와 추가 가치를 제공할 수 있습니다.

여기선 시간대 같은 기본 정보를 예로 들었지만 유입 채널이나 장바구니에 담았다가 제거한 상품, 마케팅 배너 클릭 이력처럼 특정 행동 데이터를 추가한다면 고객마다 특성을 세분할 수 있습니다. 이처럼 온라인 행동 데이터를 조합하여 고객 스스로도 잘 모르는 숨은 요구 사항을 발견하고 이를 활용할 수 있습니다.

## 다른 데이터와 결합하여 새로운 가치를 만들어 낸다

또한 온라인 행동 데이터 분석은 고객 데이터나 구매 데이터처럼 다른 종류의 데이터와 결합할수록 높은 시너지 효과와 새로운 가치를 만들어 냅니다.

예를 들어 고객의 구매력을 평가하기 위해 구매 데이터에 기반한 RFM(Recency$^{최근성}$, Frequency$^{빈도}$, Monetary$^{금액}$) 점수를 도출했다고 가정해 보겠습니다. 여기에 온라인 행동 데이터 분석으로 방문 주기를 활용한 브랜드 참여도를 결합하면 어떨까요? 같은 RFM 점수라도 브랜드 호감도가 높은 고객과 낮은 고객을 분리할 수 있습니다. 이는 효율적이고 성과가 높은 마케팅과 영업 전략을 세우는 데 도움이 됩니다.

그림 2-3 RFM과 온라인 행동 데이터 결합 예시

---

**온라인 행동 데이터 분석이 필요한 이유로 <u>틀린</u> 것은?**

① 고객이 의식적으로 제공하는 정보의 한계에서 벗어나 자발적으로 행동한 데이터를 기반으로 진정한 성향과 요구 사항을 파악해 볼 수 있다.

② 고객을 좀 더 종합적이고 구체적인 관점으로 파악할 수 있다.

③ 고객 데이터나 구매 데이터 등 다른 종류의 데이터와 결합하기보다 단독으로 분석할수록 좋다.

정답 ③

---

# 02-2 | 데이터 분석 과정

온라인 행동 데이터 분석이 무엇이고 왜 필요한지 이해했다면 이제 본격적으로 어떻게 분석해야 하는지 살펴볼 차례입니다. 많은 분들이 데이터 분석이라고 하면 막연한 두려움을 느끼곤 합니다. 더군다나 온라인 행동 데이터라면 왠지 컴퓨터나 프로그래밍을 잘해야 할 것 같은 걱정도 됩니다.

구글 애널리틱스는 이러한 데이터 분석에 대한 부담을 줄여 줄 유용한 분석 도구입니다. 마케터나 온라인 채널 운영자가 데이터를 손쉽게 확인하고 분석할 수 있도록 미리 설정된 다양한 보고서를 제공합니다. 또한 필요에 따라 데이터를 선택해서 볼 수 있도록 맞춤 설정, 맞춤 보고서를 만들 수 있는 기능도 있습니다. 이런 보고서들은 사용자 인터페이스가 직관적이어서 표준 보고서만으로도 많은 분석 요구 사항을 해결할 수 있습니다.

더불어 04장에서 다룰 태그 매니저를 이용하면 프로그래밍 지식이 없더라도 데이터를 수집할 수 있습니다. 특히 GA4는 자동 수집 이벤트까지 제공하므로 더 쉽고 빠르게 데이터에 접근하고 분석할 수 있습니다.

실제 GA4를 활용해 데이터를 수집하고 분석하는 방법은 03~05장에서 실습해 보기로 하고, 여기서는 문제 정의부터 성과 모니터링까지 데이터 분석의 전체 과정을 살펴보겠습니다.

## 1. 문제 정의하기

일단 모든 분석의 시작은 문제를 정확히 인식하고 정의해 보는 일입니다. 사례 하나를 살펴보죠.

**총수익이 떨어진 원인은 무엇일까?**

전자상거래 사이트를 담당하는 한분석 대리는 애널리틱스의 보고서를 살펴보던 중 이번 달 총수익이 지난달보다 크게 떨어진 것을 확인했습니다. 한분석 대리는 곰곰이 생각해 봤지만 그 원인이 도무지 떠오르지 않았습니다. 분명 지난달과 크게 달라진 점은 없었던 것 같은데 말이죠. 무엇부터 해야 할지 막막하기만 합니다.

이 사례에서 문제는 어떻게 정의할 수 있을까요? 우선 총수익이 떨어진 것보다 더 근본적인 문제가 무엇인지 파악해야 합니다. 다음 그림처럼 데이터를 살펴보니 총수익은 10% 낮아졌는데 전체 구매자 수는 30% 늘고 사용자당 평균 구매 수익은 33% 낮아졌다면 진짜 문제는 '고객의 평균 구매 금액이 33% 낮아진 것'이어야 합니다.

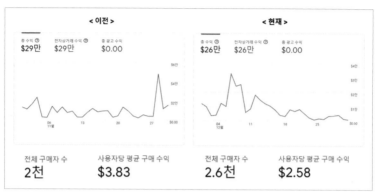

그림 2-4 데이터 비교

이처럼 **문제 정의는 좀 더 근본적이고 구체적이어야 하며 직관적으로 파악할 수 있는 수치로 나타낼수록 좋습니다.** 그래야만 분석 방향을 제대로 잡고 분석하는 데 들이는 시간과 리소스의 효율을 높일 수 있습니다.

문제 정의가 제대로 되지 않으면 기껏 많은 시간과 자원을 투입하여 분석했더라도 그 결과가 분석 작업을 하지 않아도 직관적으로 알 수 있는 문제였거나 비즈니스적으로 전혀 무의미한 결과로 끝날 확률이 높아집니다.


## 2. 질문하고 가설 만들기

문제가 명확해졌다면 이제 질문할 차례입니다. 즉, 다양한 관점에서 '왜 이런 문제가 발생했을까?'를 질문해 보고 이를 바탕으로 유의미한 가설을 세워 봅니다. 앞서 한분석 대리의 사례로 돌아가 보면 문제를 '평균 구매 금액이 33% 낮아졌다'로 세워 볼 수 있습니다. 여기에도 여러 가지 질문을 해볼 수 있습니다.

❶ 지난달과 이번 달의 디지털 마케팅 캠페인에 차이가 있었을까?

❷ 마일리지, 할인과 같은 고객 프로모션의 변동이 있었을까?

❸ 고객이 사이트를 이용하는 단계에 문제가 발생했을까?

❹ 주요 상품의 재고가 부족했을까?

❺ 외부 요소(경쟁사의 대규모 프로모션, 브랜드에 부정적인 이슈, 휴가철 등)의 영향이 있었을까?

이 밖에도 상황에 따라 더 많은 질문이 나올 수 있습니다. 이 단계에서는 많은 가능성을 열어두고 다양한 질문을 얻어야 하므로 해당 문제와 관련된 많은 이해관계자들과 논의하고 의견을 청취해 보아야 합니다. 이로써 나의 경험이나 관점에서 벗어나 미처 발견하지 못한 질문까지 확장할 수 있습니다.

질문이 정리되면 그중에서 가능성과 영향이 큰 질문을 선택해서 분석 가설로 발전시켜 봅니다. 예를 들면 다음과 같습니다.

❶ 신규 마케팅 매체를 추가했는데 이 매체를 통해 들어온 고객이 저렴한 제품을 선호하는 것으로 보인다.

❷ 주요 제품의 재고 부족으로 저렴한 제품을 구매한 것 같다.

❸ 사이트 내 제품 노출 순서를 가격 기준 오름차순으로 바꾼 것이 영향을 준 것 같다.

## 3. 분석 목적 세우기

가설에 따른 분석 목적을 수립합니다. 분석 목적은 올바른 방향으로 분석할 수 있게 하고 실제로 도움이 될 만한 유의미한 분석 인사이트와 액션을 연결하는 필수 요소라고 할 수 있습니다. 일반적으로 분석 목적은 분석의 방향(수단)과 달성하고자 하는 모습(결과)을 조합하여 만듭니다.

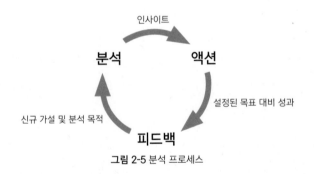

그림 2-5 분석 프로세스

예를 들어 앞에서 본 한분석 대리의 사례에서는 다음과 같은 분석 목적을 세울 수 있습니다.

❶ 광고 매체 간 최적화된 운영 방안을 분석해서 마케팅 효율성을 향상시키겠다.

❷ 신규 매체에 대한 타깃 분석과 실험을 통해 구매력이 높은 잠재 고객의 유입을 늘리겠다.

❸ 제품 목록 페이지의 제품 노출 실험을 통해 구매 수와 고객 1명당 평균 구매 금액(객단가) 사이의 균형을 최적화하겠다.

만약 분석 목적이 명확하지 않다면 분석이 제대로 진행되고 있는지 확인할 기준이 없고, 불필요한 분석이 늘어 자원을 낭비하기 쉽습니다. 심지어 분석 자체에 대한 회의감마저 들어 개선과 성장의 기회를 놓칠 수도 있습니다.

## 4. 핵심 성과 지표 설정하기

분석 목적이 정해지면 이후에 어떻게 평가할지 고민해야 합니다. 이것을 **핵심 성과 지표**<sup>key</sup> performance indicator, KPI라고 하는데, 분석 전반에서 가장 주목하고 관리해야 할 수치화된 요소를 말합니다.

핵심 성과 지표가 왜 필요할까요? 분석 목적은 폭넓고 정성적일 때가 많습니다. 목적을 달성하는 방법에는 여러 가지가 있고 이 가운데 어떤 것이 가장 좋은 성과를 내는지 판단할 기준이 모호해지기 쉽습니다. 또한 뚜렷한 기준이 없으면 여러 이유로 분석 작업이 산으로 갈 수도 있습니다. 언제든지 측정할 수 있고 머릿속에 각인할 수 있는 수치화된 지표가 있어야만 분석 목적을 더욱 빠르고 효과적으로 달성할 수 있습니다.

그렇다면 핵심 성과 지표는 어떻게 정할까요? 우선 분석 목적을 가장 잘 담을 수 있도록 연결성을 생각해 봐야 합니다. 예를 들어 브랜드 인지도를 높이겠다는 분석 목적이 있다고 해봅시다. 그런데 인지도는 심리적이고 추상적인 개념이기 때문에 애널리틱스에서 직접 파악할 수 있는 지표가 없습니다. 이럴 때는 브랜드 인지도를 잘 나타낼 수 있는 간접 지표, 예를 들면 사이트 유입량이나 신규 회원 수, 또는 브랜드 키워드 유입량 가운데 몇 가지를 핵심 성과 지표와 함께 관리할 수 있습니다. 또는 이런 간접 지표를 통합하여 하나의 새로운 핵심 성과 지표를 만들 수도 있습니다.

또한 측정과 지표는 직관적이면서 확인하기 쉽고 편할수록 좋습니다. 핵심 성과 지표는 분석과 개선 활동 전반에 걸쳐 계속 확인하고 파악해야 할 요소입니다. 아무리 좋은 지표라 하더라도 측정하기 어렵고 확인하는 데 시간이 걸린다면 핵심 성과 지표로서의 역할을 하기 힘들 뿐만 아니라, 이 지표만을 위한 분석 자원과 시간 낭비로 비효율이 발생할 수도 있습니다. 따라서 애널리틱스가 제공하는 기본 지표에서 검토하는 것을 권장합니다. 또는 04장에서 설명할 이벤트 태깅 등으로 핵심 성과 지표를 수집할 수도 있습니다.

실제 분석 프로젝트에서는 핵심 성과 지표 외에 필요에 따라 관련성이 높은 보조 지표를 2~3개 추가하여 관리할 때가 많습니다. 보조 지표는 핵심 성과 지표를 보완하고 개선하는 데 필요한 사전 조건으로 설정합니다. 하지만 이런 보조 지표도 최대 5개는 넘지 않는 것이 좋습니다.

표 2-1 분석 목적별 핵심 성과 지표와 보조 지표 예시

| 분석 목적 예시 | 핵심 성과 지표 | 보조 지표 |
|---|---|---|
| 최적화된 광고 매체 운영 방안을 분석해 마케팅 효율성을 향상시키겠다. | 광고비 대비 수익 (ROAS) | 참여 세션 비중, 구매 전환율 |
| 신규 매체에 대한 타깃 분석과 실험을 통해 구매력이 높은 잠재 고객의 유입을 늘리겠다. | 구매 전환율 | 매체 유입량, 구매 단계별 이탈률 |
| 제품 목록 페이지의 제품 노출 실험을 통해 구매 수와 고객 1명당 평균 구매 금액(객단가) 사이의 균형을 최적화하겠다. | 구매 수, 객단가 | 장바구니 담기, 페이지 머문 시간 |

## 5. 분석에 필요한 데이터 확인과 수집 계획 수립하기

분석 목적과 핵심 성과 지표 설정이 끝났으면 목적 달성에 필요한 데이터 수집 계획을 세울 단계입니다. 이 단계는 까다로워서 좋은 데이터를 얻으려면 많은 시간과 노력을 쏟아야 합니다. 데이터 분석 분야에서는 **'좋은 데이터가 있어야 좋은 분석 결과가 나온다'**는 진리를 기억하기 바랍니다.

여기서는 데이터 수집 계획을 설계할 때 어떤 점을 유념해야 하는지만 소개하고 구체적인 내용은 차츰 자세하게 다루겠습니다.

- 애널리틱스에서 기본으로 제공하는 자동 수집 이벤트, 추천 이벤트로 분석할 수 있는지 판단해 봅니다.
- 기본 이벤트로 충분하지 않다면 추가로 필요한 맞춤 이벤트로 무엇을 설정해야 하는지 나열해 봅니다.
- 새로운 맞춤 이벤트에 필요한 사용자의 행동 추적이 기술적으로 가능한지 파악해 봅니다.
- 맞춤 이벤트가 불필요하게 중복되지 않도록 기존 맞춤 이벤트를 재활용할 수 있는지 확인합니다.

## 6. 분석 방법 선택과 수행하기

필요한 데이터를 충분히 준비했다면 이제부터 본격적으로 분석을 수행하면 됩니다. 우선으로 해야 할 일은 분석에 적합한 보고서가 무엇인지 생각해 보는 것입니다. GA4 보고서도 기존 UA 버전과 유사하게 **사용자 정보, 유입 정보, 행동 정보, 전환 및 구매 정보**로 구성되어 있습니다. 따라서 분석 목적을 토대로 이 4가지 가운데 무엇을 선택할지 판단해야 합니다.

때로는 분석 요건이 복잡하여 여러 개의 보고서를 함께 사용해야 할 수도 있습니다. 또한 분석 요건이 표준 보고서의 범위를 벗어나는 경우엔 맞춤 보고서를 활용해야 합니다. 이때는 GA4의 측정 기준과 항목을 반드시 이해하고 있어야 합니다.

다음 표에서는 분석 데이터 종류별 연관 보고서, 주요 측정 기준과 항목을 정리했습니다. 이와 관련해선 「02-7」절에서 자세히 다루겠습니다.

표 2-2 분석 데이터 종류별 주요 보고서와 지표, 분석 방법 정리

| 분석 데이터 종류 | 연관 보고서 | 주요 측정 기준 | 주요 측정 항목 | 대표적 분석 방법 |
|---|---|---|---|---|
| 고객 분석<br>(Who) | • 인구 통계<br>• 기술<br>• 유지 | • 연령<br>• 지역<br>• 성별<br>• 관심 분야<br>• 신규/기존<br>• 기기 카테고리<br>• 플랫폼<br>• 앱 버전<br>• 사용자 범위 맞춤 측정 기준 | • 사용자<br>• 참여 세션 수<br>• 새 사용자 수<br>• 재사용자<br>• 사용자 유지율<br>• 동질 집단별 사용자 유지율<br>• 이벤트 수<br>• 전환<br>• 총 수익 | 세그먼트 분석 |
| 유입 분석<br>(When & Where) | • 획득<br>• 광고 | • 매체<br>• 소스<br>• 기본 채널 그룹<br>• 캠페인<br>• 키워드<br>• 콘텐츠<br>• (구글 애즈) 광고 그룹<br>• 맞춤 측정 기준 | • 세션 수<br>• 참여 세션 수<br>• 새 사용자 수<br>• 세션당 평균 참여 시간<br>• 세션당 이벤트<br>• 참여율<br>• 전환<br>• 총수익 | 기여 모델 분석 |
| 행동 분석<br>(What & How) | • 참여도 | • 이벤트 이름<br>• 페이지 제목 및 화면 이름<br>• 세부 이벤트 매개변수 정보 | • 이벤트 수<br>• 총 사용자<br>• 사용자당 이벤트 수<br>• 총수익<br>• 조회 수<br>• 사용자당 조회 수<br>• 순 사용자 스크롤 | 퍼널 분석 |
| 전환 및 구매 분석<br>(Why) | • 수익 창출<br>• 참여도 →<br>  전환 수 | • 항목(상품) 이름<br>• 상품 브랜드<br>• 상품 카테고리<br>• 상품 프로모션 이름<br>• 거래 ID | • 전환 수<br>• 상품 조회 수<br>• 조회 수 대비 구매 비율<br>• 장바구니에 추가<br>• 전자상거래 구매<br>• 상품 수익<br>• 총수익 | 연관 분석 |

[참고] GA4 측정 기준과 항목 관련 도움말: support.google.com/analytics/answer/9143382

예를 들어 '이번 달 효율이 떨어진 사용자 유입 채널이 있을 것이다'라는 가설을 세웠다고 가정해 봅시다. 이 가설은 사이트 방문자가 어디에서 왔는지를 확인할 수 있는 유입 분석과 관련이 있습니다. 따라서 애널리틱스에서 [획득 → 트래픽 획득 보고서]로 이동하여 보고서를 확인합니다. 해당 보고서에서 사용자와 세션 수 그리고 전환 수와 총 수익을 전월과 비교해 보면서 특별히 하락 폭이 큰 유입 채널을 확인합니다.

보고서 확인 결과, 1월에 사용자들이 가장 많이 유입된 'Direct(직접 유입)'와 'Organic Search (구글 검색으로 유입)' 채널의 수치가 전월인 12월과 비교했을 때 현저히 떨어진 것을 확인했다면 비로소 분석 대상을 정할 수 있습니다.

해당 채널을 확인해 보니 사이트 개편으로 검색 엔진 최적화 관련 작업이 제대로 이뤄지지 않은 것을 알게 되었습니다. 이제 운영 팀과 개발 팀에 이메일을 보내 개선 작업을 하도록 조처할 수 있습니다.

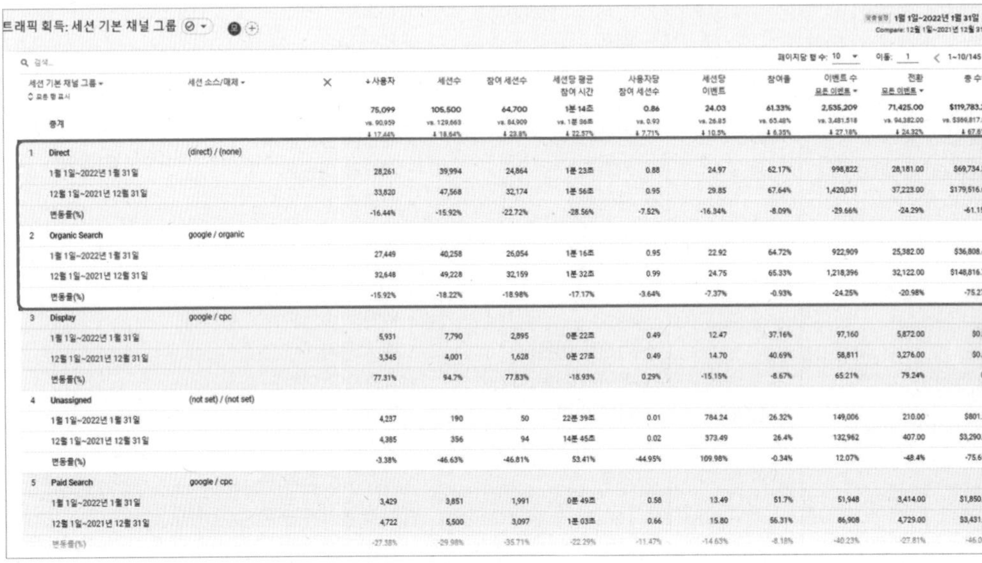


| | 세션 기본 채널 그룹 | 세션 소스/매체 | 사용자 | 세션수 | 참여 세션수 | 세션당 평균 참여 시간 | 사용자당 참여 세션수 | 세션당 이벤트 | 참여율 | 이벤트 수 모든 이벤트 | 전환 모든 이벤트 | 총 수익 |
|---|---|---|---|---|---|---|---|---|---|---|---|---|
| | 총계 | | 75,099<br>vs. 90,959<br>↓ 17.44% | 105,500<br>vs. 129,663<br>↓ 18.64% | 64,700<br>vs. 84,909<br>↓ 23.8% | 1분 14초<br>vs. 1분 96초<br>↓ 22.57% | 0.86<br>vs. 0.93<br>↓ 7.71% | 24.03<br>vs. 26.85<br>↓ 10.5% | 61.33%<br>vs. 65.48%<br>↓ 6.35% | 2,535,209<br>vs. 3,481,518<br>↓ 27.18% | 71,425.00<br>vs. 94,382.00<br>↓ 24.32% | $119,783.23<br>vs. $369,817.82<br>↓ 67.61% |
| 1 | Direct | (direct) / (none) | | | | | | | | | | |
| | 1월 1일~2022년 1월 31일 | | 28,261 | 39,994 | 24,864 | 1분 23초 | 0.88 | 24.97 | 62.17% | 998,822 | 28,181.00 | $69,734.32 |
| | 12월 1일~2021년 12월 31일 | | 33,820 | 47,568 | 32,174 | 1분 56초 | 0.95 | 29.85 | 67.64% | 1,420,031 | 37,223.00 | $179,516.63 |
| | 변동률(%) | | -16.44% | -15.92% | -22.72% | -28.56% | -7.52% | -16.34% | -8.09% | -29.66% | -24.29% | -61.15% |
| 2 | Organic Search | google / organic | | | | | | | | | | |
| | 1월 1일~2022년 1월 31일 | | 27,449 | 40,258 | 26,054 | 1분 16초 | 0.95 | 22.92 | 64.72% | 922,909 | 25,382.00 | $36,808.47 |
| | 12월 1일~2021년 12월 31일 | | 32,648 | 49,228 | 32,159 | 1분 32초 | 0.99 | 24.75 | 65.33% | 1,218,396 | 32,122.00 | $148,816.77 |
| | 변동률(%) | | -15.92% | -18.22% | -18.98% | -17.17% | -3.64% | -7.37% | -0.93% | -24.25% | -20.98% | -75.27% |
| 3 | Display | google / cpc | | | | | | | | | | |
| | 1월 1일~2022년 1월 31일 | | 5,931 | 7,790 | 2,895 | 0분 22초 | 0.49 | 12.47 | 37.16% | 97,160 | 5,872.00 | $0.00 |
| | 12월 1일~2021년 12월 31일 | | 3,345 | 4,001 | 1,628 | 0분 27초 | 0.49 | 14.70 | 40.69% | 58,811 | 3,276.00 | $0.00 |
| | 변동률(%) | | 77.31% | 94.7% | 77.83% | -18.93% | 0.29% | -15.15% | -8.67% | 65.21% | 79.24% | 0% |
| 4 | Unassigned | (not set) / (not set) | | | | | | | | | | |
| | 1월 1일~2022년 1월 31일 | | 4,237 | 190 | 50 | 22분 39초 | 0.01 | 784.24 | 26.32% | 149,006 | 210.00 | $801.20 |
| | 12월 1일~2021년 12월 31일 | | 4,385 | 356 | 94 | 14분 45초 | 0.02 | 373.49 | 26.4% | 132,962 | 407.00 | $3,290.20 |
| | 변동률(%) | | -3.38% | -46.63% | -46.81% | 53.41% | -44.95% | 109.98% | -0.34% | 12.07% | -48.4% | -75.65% |
| 5 | Paid Search | google / cpc | | | | | | | | | | |
| | 1월 1일~2022년 1월 31일 | | 3,429 | 3,851 | 1,991 | 0분 49초 | 0.58 | 13.49 | 51.7% | 51,948 | 3,414.00 | $1,850.00 |
| | 12월 1일~2021년 12월 31일 | | 4,722 | 5,500 | 3,097 | 1분 03초 | 0.66 | 15.80 | 56.31% | 86,908 | 4,729.00 | $3,431.09 |
| | 변동률(%) | | -27.38% | -29.98% | -35.71% | -22.29% | -11.47% | -14.63% | -8.18% | -40.23% | -27.81% | -46.08% |

**그림 2-6** GA4 트래픽 획득 보고서 예시

이처럼 간단한 데이터 비교만으로도 유의미한 결과를 얻을 수 있습니다. 만약 이보다 조금 더 복잡한 비즈니스 문제와 가설을 해결해야 한다면 세그먼트segment 분석이나 퍼널funnel 분석, 또는 기여attribution 분석을 활용합니다. GA4는 이러한 심화 분석을 위한 편리한 기능까지 제공하며, 더 나아가 빅쿼리와 연결하면 수집된 원천 데이터로 분석할 수도 있습니다. 또한 루커 스튜디오와 같은 시각화 도구와 연결하면 확장된 분석 수행과 대시보드 자동화를 구현할 수 있습니다.

## 7. 개선 활동 수행과 성과 모니터링하기

마지막으로 분석 결과를 실제 개선 활동에 연결해야 합니다. 이때 중요한 것은 반드시 앞서 정의한 핵심 성과 지표를 기반으로 개선 활동을 기획하고 그 성과를 객관적으로 평가해야 한다는 점입니다. 그래야만 다양한 개선 방법 가운데 어떤 것을 먼저 선택해야 할지 판단할 수 있으며, 실제 이렇게 연결된 활동이 비즈니스에서 얼마나 가치가 있을지 파악할 수 있습니다.

---

**잠깐 퀴즈**

**온라인 행동 데이터 분석 프로세스의 순서가 올바른 것은?**

① 질문하고 가설 만들기 → 핵심 성과 지표 설정하기 → 분석 목적 세우기 → 분석 방법 선택하고 수행하기 → 개선 활동 수행하고 성과 모니터링하기

② 문제 정의하기→ 분석 목적 세우기 → 핵심 성과 지표 설정하기 → 필요한 데이터 확인하고 수집 계획 수립하기 → 분석 방법 선택하고 수행하기 → 개선 활동 수행하고 성과 모니터링하기

③ 문제 정의하기→ 분석 목적 세우기 → 필요한 데이터 확인하고 수집 계획 수립하기 → 핵심 성과 지표 설정하기 → 분석 방법 선택하고 분석 수행하기 → 개선 활동 수행하고 성과 모니터링하기

정답 ②

---

# GA4 기본 구조와
# 이벤트 설계하기

이번 장부터는 본격적으로 애널리틱스 활용법을 알아보겠습니다. 가장 먼저 애널리틱스에 어떤 데이터를 어떤 방식으로 쌓을지 등을 정의하는 기본 설정부터 살펴보겠습니다.

학습
목표

- GA4의 기본 구조를 학습한다.
- GA4의 주요 설정 방법을 학습한다.
- 분석 목적에 맞는 맞춤 설정 방법을 학습한다.

# 03-1 | 기본 구조 알아보기

구글 애널리틱스를 잘 활용하려면 기본 구조를 알아야 합니다. 기본 구조란, **계정**<sup>account</sup>, **속성**<sup>property</sup>, **스트림**<sup>stream</sup>을 말합니다.* 각 구성 요소를 쉽게 이해하기 위해 금고를 떠올려 봅시다.

**그림 3-1** 구글 애널리틱스의 구성 요소 — 계정, 속성, 스트림

금고는 열쇠나 비밀번호, 지문 등으로 열 수 있습니다. 이처럼 금고를 열고 이용할 수 있는 체계와 방식을 애널리틱스의 '계정'으로 이해할 수 있습니다. 또한 금고의 주요 기능은 무언가를 보관하는 것입니다. 애널리틱스의 '속성'이 바로 수집된 데이터를 보관하는 저장 공간입니다. 그리고 금고를 열면 보통은 층별로 공간이 나뉘어 있습니다. 각 층에 현금, 장부, 금괴 등을 보관합니다. 이처럼 목적별로 나뉜 공간을 '스트림'이라고 생각할 수 있습니다.

### Do it! 실습 ▶ 계정, 속성, 웹 스트림 생성하기

애널리틱스에 접속해 계정과 속성, 웹 스트림을 생성해 보면서 각 구성 요소가 무엇을 의미하는지 자세히 알아보겠습니다. 실습을 단계별로 따라 해보세요.

참고로 애널리틱스는 계속 업데이트되므로 실습 과정과 화면이 조금씩 바뀔 수 있습니다. 중요한 변경 사항은 이 책의 소통 사이트인 'Do it! 스터디룸(cafe.naver.com/doitstudyroom)'에서 안내하겠습니다. 실습을 따라 하다가 막히는 부분이 있다면 소통 사이트를 참고하세요.

**01 단계**  구글 애널리틱스에 접속하려면 우선 크롬 브라우저에서 구글 계정으로 로그인해야 합니다. 구글 계정이 없으면 새로 만들어 로그인합니다. 그리고 analytics.google.com에 접속합니다. 그러면 다음 그림처럼 애널리틱스 홈페이지를 확인할 수 있습니다. 여기서 [**측정 시작**]을 클릭합니다.

그림 3-2 구글 애널리틱스에 접속하기

**02 단계**  계정을 생성하는 화면이 나오면 계정 이름에 회사나 사이트 이름을 작성합니다. 보통 소속된 조직이나 프로젝트 이름을 작성합니다. 계정 이름은 나중에 수정할 수 있습니다. 필자는 "Plus Zero"라고 입력했습니다. 그리고 데이터 공유 설정에서 [**Google 제품 및 서비스**]에 체크하고 〈다음〉을 클릭합니다. 나머지 옵션은 기본으로 체크되어 있습니다.

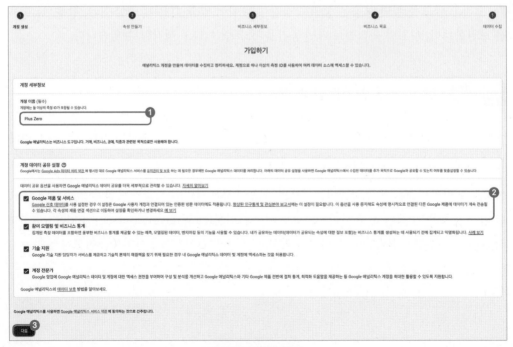

그림 3-3 계정 설정하기

**03 단계** 다음은 속성을 만듭니다. 애널리틱스 계정을 생성하면 무조건 하나의 속성을 추가해야 합니다. 속성 이름에 "Plus Zero 공식 홈페이지"를 입력하겠습니다. 속성 이름 역시 나중에 수정할 수 있습니다. 보고 시간대에는 '**대한민국**', 통화는 '**대한민국 원(₩)**'으로 설정한 뒤 〈다음〉을 클릭합니다.*

\* 해외 서비스를 제공하고 있다면 해당 지역의 시간대와 통화에 맞춰 설정합니다.

**그림 3-4** 속성 설정하기

**04 단계** 다음으로 데이터를 수집할 사이트의 비즈니스 정보를 입력한 후 〈다음〉을 클릭합니다. 그리고 이어지는 비즈니스 목표 선택에서 [기준 보고서 보기]를 선택하고 〈만들기〉를 클릭합니다.

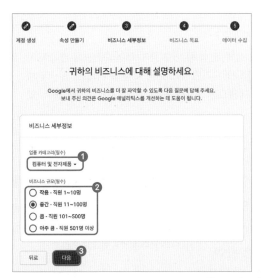

**그림 3-5** 비즈니스 정보 설정하기

**05 단계** 마지막으로 서비스 약관 계약서를 보여 줍니다. 국가를 '**대한민국**'으로 바꾸고 스크롤을 내려 동의를 구하는 체크박스에 모두 체크한 뒤 〈**동의함**〉을 클릭합니다.

**그림 3-6** 서비스 약관 동의하기

**06 단계** 계정과 속성을 생성하면 다음 그림처럼 데이터 스트림, 즉 데이터를 수집할 소스를 선택하는 화면이 보입니다. 여기서는 웹에서 데이터를 수집할 것이므로 [**웹**]을 클릭합니다.

참고로 이 단계부터는 건너뛰고 나중에 애널리틱스 관리 화면에서 데이터 스트림을 추가할 수도 있습니다.

그림 3-7 데이터 스트림

**07 단계** 데이터 스트림을 설정하는 화면이 나오면 데이터를 수집할 본인의 웹 사이트 URL 과 이름을 입력한 후 〈스트림 만들기〉를 클릭합니다. 스트림을 여러 개 만들 때는 이름이 겹치지 않게 해주세요. 이름이 중복되면 나중에 데이터를 분석할 때 헷갈릴 수 있습니다. 저는 제가 운영하는 웹 사이트인 pluszero.co.kr을 넣겠습니다.

그림 3-8 웹 스트림 설정하기

**'향상된 측정' 옵션은 무엇인가요?**

웹 스트림에서 향상된 측정을 '사용'으로 설정하면 애널리틱스가 7가지 이벤트를 자동으로 수집합니다. 바로 '페이지 조회', '스크롤', '이탈 클릭', '사이트 검색', '동영상에 호응', '파일 다운로드', '양식 상호 작용'입니다. 향상된 측정으로 수집되는 이벤트는 「03-2」절에서 자세히 살펴봅니다.

**08 단계** 스트림이 생성되면 다음과 같은 화면을 볼 수 있습니다. 그런데 아직은 데이터를 수집할 수 없습니다. 데이터를 수집하려면 구글 애널리틱스 추적 코드를 대상 플랫폼(웹이나 앱 등)에 넣어 줘야 하는데, 아직 해당 작업을 진행하지 않았기 때문입니다. 중간에 이와 관련한 설치 안내가 뜨면 일단 닫습니다. 이 부분은 04장과 05장에서 실습하겠습니다.

그림 3-9 애널리틱스 웹 스트림 정보

**09 단계** 창을 닫으면 웹 스트림이 추가된 것을 확인할 수 있습니다. 〈**다음**〉을 클릭하고 이어지는 화면에서 〈**홈으로 이동**〉을 클릭합니다.

그림 3-10 계정 및 속성 생성 완료

## 3가지 구성 요소 살펴보기

지금까지 애널리틱스의 3가지 구성 요소인 계정, 속성, 스트림을 생성해 보았습니다. 각 요소는 다음 표처럼 설정했습니다.

**표 3-1** 3가지 구성 요소

| 계정 | 속성 | 스트림 |
| --- | --- | --- |
| Plus Zero | Plus Zero 공식 홈페이지 | 공식 사이트 (웹 스트림) |

그런데 한분석 대리는 공식 홈페이지 외에 '과일나라', '과일낙원'이라는 쇼핑몰도 운영하고 있습니다. 해당 쇼핑몰에도 애널리틱스를 설치하여 데이터를 분석하고 싶습니다. 그렇다면 계정과 속성, 스트림을 어떻게 설정해야 할까요?

**그림 3-11** 과일나라와 과일낙원 쇼핑몰

한분석 대리는 우선 '과일바구니'라는 이름으로 계정을 생성하고 여기에 '과일나라', '과일낙원'으로 분리해서 속성을 구성했습니다. 그리고 속성별로 웹 스트림을 생성했습니다.

**표 3-2** 계정이 추가된 구조

| 계정 | 속성 | 스트림 |
| --- | --- | --- |
| Plus Zero | Plus Zero 공식 홈페이지 | 공식 사이트 (웹 스트림) |
| 과일바구니 | 과일나라 | 과일나라 (웹 스트림) |
| | 과일낙원 | 과일낙원 (웹 스트림) |

애널리틱스의 구성 요소를 각각 어떻게 설정해야 하는지는 정해지지 않았습니다. 상황에 따라 계정, 속성, 스트림의 구성을 다르게 할 수 있습니다. 예를 들어 '과일나라'와 '과일낙원'의 데이터를 한곳에서 통합하여 수집하고 싶다면 '과일바구니'라는 속성 안에 2개의 웹 스트림을 만들 수도 있습니다. 하지만 보통은 한분석 대리처럼 나누어서 구성합니다.

## 계정 — 최상위 구성 요소

계정은 애널리틱스의 데이터에 접근하는 최상위 구성 요소이며 보통 기업(조직) 단위로 생성합니다. 앞에서 한분석 대리가 과일나라, 과일낙원의 데이터를 수집하기 위해 과일바구니라는 계정을 생성한 것처럼 말이죠. 애널리틱스 계정은 구글 계정 하나로 100개까지 만들 수 있습니다.

## 속성 — 데이터 수집과 분석 단위

속성은 계정에 포함되어 데이터를 수집하고 분석하는 단위입니다. 따라서 보통은 웹 사이트 단위로 속성을 생성합니다. 속성은 애널리틱스 계정당 2,000개*까지 만들 수 있습니다.

한분석 대리는 과일나라, 과일낙원처럼 각 웹 사이트를 속성으로 생성했습니다. 그리고 스트림을 통해 과일나라의 데이터는 과일나라 속성에, 과일낙원의 데이터는 과일낙원 속성에 수집하도록 구성했습니다. 만약 과일나라와 과일낙원의 데이터를 모두 한곳에 수집하고 싶다면 다음 그림에서 오른쪽처럼 구성할 수도 있습니다.

\* 조직에서 운영하는 홈페이지가 2,000개가 넘어 애널리틱스 계정 1개로 소화할 수 없다면 홈페이지를 여러 범주로 나눈 뒤 범주별로 계정을 여러 개 생성하는 것이 좋습니다.

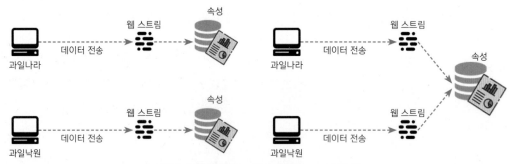

**그림 3-12** 속성 분리(왼쪽)와 속성 통합(오른쪽) 구성 예

## 스트림 ― 데이터가 흐르는 통로

스트림<sup>stream</sup>은 데이터가 흐르는 통로로서 GA4에서는 웹 사이트의 데이터가 속성으로 수집되게(흐르게) 하는 통로를 의미합니다. 스트림은 속성마다 50개*를 생성할 수 있습니다. UA에서는 속성에서 발급한 아이디로 데이터를 수집했지만, **GA4에서는 속성과 연결된 스트림에서 발급한 아이디로 데이터를 수집합니다.** 이 배경에는 교차 기기<sup>cross device</sup> 분석이 있습니다.

GA4는 속성 하나에 웹과 안드로이드, iOS 스트림을 생성할 수 있습니다. 이처럼 각 플랫폼에서 데이터를 수집하면 웹과 애플리케이션을 넘나드는 사용자들의 행동 패턴을 분석할 수 있습니다. 스트림은 04장에서 본격적으로 데이터를 수집하면서 더 알아보겠습니다.

\* 앱 데이터 스트림 최대 30개를 포함해 웹과 앱 조합으로 50개입니다.

---

**GA4 계정, 속성에 대한 설명으로 바르지 <u>않은</u> 것은?**

① 계정은 조직 단위로 구성하는 것이 좋다.

② GA4는 속성을 통해 데이터를 수집한다.

③ GA4는 스트림을 통해 데이터를 수집한다.

정답 ②

---

# 03-2 │ 이벤트 이해하기

구글 애널리틱스에서 데이터 수집의 기본 개념인 이벤트에 관해 알아보겠습니다. 애널리틱스에서 **이벤트**event는 대상 플랫폼에서 수집되는 각각의 행동 데이터를 의미합니다. 예를 들어 웹 사이트에서는 페이지 뷰나 버튼 클릭뿐만 아니라 사용자가 스크롤을 얼마나 내렸는지, 무엇을 구입했는지 등도 이벤트로 수집됩니다. 즉, 사용자가 대상 플랫폼과 상호 작용하여 애널리틱스에 수집되는 모든 데이터는 이벤트라고 생각할 수 있습니다.

## 이벤트 구조 엿보기

이벤트는 앞서 이야기한 대로 사용자와 대상 플랫폼과의 상호 작용을 수집하는 용도입니다. 만약 웹 사이트에 있는 콘텐츠의 소비량을 늘려야 한다고 생각해 보겠습니다. 그러면 사용자가 해당 콘텐츠에 접속하기 위해 어디서 어떤 배너를 클릭해 접속하는지 등을 이벤트로 수집해 분석함으로써 의도를 파악할 수 있습니다. 이처럼 이벤트 수집은 데이터 분석을 준비하는 과정입니다.

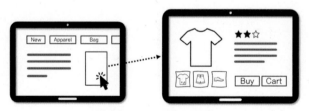

그림 3-13 웹 사이트 내 상호 작용

애널리틱스의 이벤트는 이름과 매개변수로 구성됩니다. **이름**은 이벤트를 식별하며 매개변수는 이벤트의 부가 정보를 나타냅니다. UA는 이벤트 카테고리, 액션, 라벨 등이 계층 구조를 이뤘는데, GA4는 이름이 붙은 이벤트에 추가로 **매개변수**parameter들이 존재하는 형태입니다. 다음 그림을 보면 `page_view`와 `login`이라는 이벤트와 각각의 매개변수를 확인할 수 있습니다.

그림 3-14 애널리틱스 이벤트 구조

page_view 이벤트는 모든 페이지에서 페이지 뷰 데이터를 수집하며, login 이벤트는 사용자가 로그인하는 데이터를 수집합니다. page_view 이벤트를 보면 어떤 페이지인지(page_location), 어느 페이지에서 왔는지(page_referrer) 등의 정보를 나타내는 매개변수가 있습니다.

웹 사이트에서 사용자가 특정 페이지에 도달해 페이지 뷰 이벤트가 발생하면 해당 정보가 page_view 이벤트의 각 매개변수에 수집됩니다. 애널리틱스의 모든 이벤트는 이러한 형태로 수집되고 활용됩니다.

## 자동 수집 이벤트

애널리틱스의 이벤트는 4가지 유형이 있는데, 여기서는 자동 수집 이벤트, 향상된 이벤트 측정, 추천 이벤트를 먼저 알아보고 맞춤 이벤트는 다음 절에서 살펴보겠습니다.

**자동으로 수집되는 이벤트**

한분석 대리는 애널리틱스의 웹 데이터를 분석하던 중 이상한 점을 발견했습니다. 다음 그림처럼 user_engagement, scroll, session_start, first_visit라는 이벤트는 만든 적이 없는데 수집되고 있었습니다. 어떻게 된 일일까요?

| | 총계 | 2,198,229<br>총계 대비 100% | 91,608<br>총계 대비 100% | 33.20<br>평균과 동일 | $103,469.66<br>총계 대비 100% |
|---|---|---|---|---|---|
| 1 | view_promotion | 579,550 | 36,719 | 15.81 | $0.00 |
| 2 | view_item_list | 385,319 | 32,154 | 11.99 | $0.00 |
| 3 | page_view | 303,668 | 64,126 | 4.74 | $0.00 |
| 4 | user_engagement | 246,027 | 49,615 | 4.96 | $0.00 |
| 5 | scroll | 149,467 | 39,235 | 3.81 | $0.00 |
| 6 | view_item | 123,919 | 17,308 | 7.16 | $0.00 |
| 7 | session_start | 91,803 | 63,539 | 1.45 | $0.00 |
| 8 | experiment_impression | 81,219 | 21,681 | 3.75 | $0.00 |
| 9 | first_visit | 56,946 | 57,110 | 1.00 | $0.00 |
| 10 | new_recent_active_user | 44,659 | 44,742 | 1.00 | $0.00 |

애널리틱스는 분석에 자주 사용하는 데이터를 자동으로 수집합니다. 한분석 대리가 발견한 이벤트도 애널리틱스가 자동으로 수집한 것입니다. 이러한 **자동 수집 이벤트**<sup>automatically collected</sup> events는 여러 가지가 있는데 그중 몇 가지를 살펴보면 다음 표와 같습니다. 전체 목록을 확인하고 싶으면 애널리틱스 도움말 센터에 접속해 보세요.

- **자동 수집 이벤트**: support.google.com/analytics/answer/9234069

표 3-3 자동 수집 이벤트

| 이벤트 | 트리거(이벤트 수집 시점) | 매개변수 |
|---|---|---|
| app_update(앱) | 앱이 새 버전으로 업데이트되고 다시 실행될 때 | Previous_app_version |
| dynamic_link_app_open(앱) | 동적 링크를 통해 앱을 다시 열 때 | source, medium, campaign, link_id, accept_time |
| first_visit(앱, 웹) | 웹 사이트를 처음 방문하거나 애널리틱스를 사용하는 안드로이드 앱을 처음으로 실행할 때 | 매개변수 없음 |
| notification_open(앱) | FCM에서 보낸 알림을 열 때 | message_name, message_time message_device_time message_id, topic, label, message_channel |
| page_view(웹) | 페이지가 로드되거나 브라우저 기록 상태가 변할 때(SPA) | page_location(페이지 URL), page_referrer(이전 페이지 URL), engagement_time_msec |
| session_start(앱, 웹) | 앱이나 웹 사이트에 참여할 때 | 매개변수 없음 |
| user_engagement(앱, 웹) | 앱이 포그라운드에 있거나 웹 페이지가 최소 1초간 포커스 내에 있을 때 | engagement_time_msec |

**질문 있어요!** **자동 수집 이벤트와 같은 이름으로 데이터를 수집해도 되나요?**

애널리틱스에서 제공하는 자동 수집 이벤트는 되도록이면 직접 수집하지 않는 것이 좋습니다. 만약 같은 이름으로 직접 수집하면 데이터가 정상으로 보이지 않을 수 있습니다. 따라서 될 수 있으면 자동 수집 이벤트와 같은 이름으로 데이터 수집은 피하세요.

# 향상된 이벤트 측정

**향상된 이벤트 측정**<sup>enhanced event measurement</sup>은 앞에서 살펴본 자동 수집 이벤트처럼 애널리틱스가 자동으로 수집하는 이벤트입니다. 앞 절에서 웹 스트림을 설정할 때 언급했던 7가지 이벤트를 향상된 이벤트 측정으로 수집할 수 있습니다.

자동 수집 이벤트와 차이점은 7가지 모두 웹 스트림 전용이며 원하지 않을 때는 '사용 안 함'으로 설정할 수 있다는 것입니다. 어떤 이벤트들이 있는지 알아볼까요?

- **향상된 이벤트 측정**: support.google.com/analytics/answer/9216061

표 3-4 향상된 이벤트 측정

| 이벤트 | 트리거(이벤트 수집 시점) | 매개변수 |
|---|---|---|
| 페이지 조회<br>page_view | 페이지에 방문하거나 브라우저 기록 상태가 변할 때 | page_location<br>page_referrer |
| 스크롤<br>scroll | 각 페이지에서 처음으로 하단에 도달할 때 | 매개변수 없음 |
| 외부 연결 링크 클릭<br>click | 현재 도메인에서 나가는 링크를 클릭할 때마다 | link_classes<br>link_domain<br>link_id, link_url<br>outbound |
| 사이트 검색<br>view_search_results | 사이트에서 검색을 할 때마다(URL에 쿼리 문자열이 있으면 검색한 것으로 간주). URL에 다음 5개의 쿼리 문자열 중 하나가 있으면 이 이벤트가 수집됨<br>q, s, search, query, keyword | search_term |
| 동영상 참여<br>video_start<br>video_progress<br>video_complete | 자바스크립트 API를 지원하는 유튜브 동영상을 이용할 때 | video_current_time<br>video_duration<br>video_percent<br>video_provider<br>video_title<br>video_url<br>visible |
| 파일 다운로드<br>file_download | 다음 유형의 파일로 연결되는 링크를 클릭할 때. 문서, 텍스트, 실행 파일, 프레젠테이션, 압축 파일, 동영상, 오디오 | file_extension<br>file_name<br>link_classes<br>link_domain<br>link_id<br>link_text<br>link_url |

| 양식 상호 작용<br>form_start<br>form_submit | form_start: 세션의 양식과 처음 상호<br>작용할 때<br>form_submit: 양식을 제출할 때 | [form_start]<br>form_id: ⟨form⟩ 요소의 HTML ID 속성<br>form_name: ⟨form⟩ 요소의 HTML 이름 속성<br>form_destination: 양식이 제출되는 URL<br><br>[form_submit]<br>form_id: ⟨form⟩ 요소의 HTML ID 속성<br>form_name: ⟨form⟩ 요소의 HTML 이름 속성<br>form_destination: 양식이 제출되는 URL<br>form_submit_text: 제출 버튼의 텍스트<br>(있는 경우) |
| --- | --- | --- |

## 추천 이벤트

**추천 이벤트**recommended events는 자동 수집 이벤트, 향상된 이벤트 측정과는 달리 자동으로 수집 되지 않습니다. 추천 이벤트는 사용자가 고객의 행동을 수집할 때 애널리틱스에서 추천하는 이벤트 이름과 매개변수를 이용하라는 일종의 지침서와 같습니다. 우선 어떤 이벤트들이 있 는지 알아볼까요?

- **추천 이벤트**: support.google.com/analytics/answer/9267735

표 3-5 추천 이벤트

| 이벤트 | 트리거(이벤트 수집 시점) | 매개변수 |
| --- | --- | --- |
| login | 로그인할 때 | method |
| sign_up | 가입할 때 (각 가입 방법의 인기도 측정 시 활용) | method |
| add_to_cart | 장바구니에 상품을 추가할 때 | eCommerce 관련 매개변수 |
| purchase | 구매를 완료할 때 | eCommerce 관련 매개변수 |
| refund | 환불이 처리되었을 때 | eCommerce 관련 매개변수 |
| select_content | 콘텐츠를 선택할 때 | content_type, content_id |

\* eCommerce 관련 매개변수란 제품이나 주문과 관련된 정보를 의미합니다. 품명, 품번, 카테고리, 가격, 주문 수량 등이 포함됩니다.

만약 로그인 영역의 이벤트를 만든다고 가정해 보겠습니다. 도움말 센터의 추천 이벤트 목록 에서 **login**이라는 이벤트를 클릭하면 상세 페이지로 이동하여 이벤트 소개와 매개변수 등을 확인할 수 있습니다.

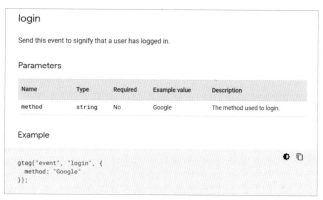

그림 3-15 도움말에서 login 이벤트 소개 화면

**도움말 센터에 접속하면 'Internal Server Error'라고 나와요!**
접속하려는 도움말 페이지가 아직 한글화 작업이 완료되지 않았다면 'Internal Server Error'처럼 오류 메시지가 출력되고 페이지가 열리지 않을 수 있습니다. 이때는 웹 브라우저의 주소 창에서 '&hl=ko' 부분을 '&hl=en'으로 수정하여 영문 페이지로 접속할 수 있습니다.

login 이벤트의 도움말을 읽어보면 method라는 매개변수가 있습니다. 이 매개변수에는 사용자가 로그인한 방법을 수집합니다. 예를 들어 사용자가 구글 계정으로 로그인하면 '구글'이라고 수집할 수 있습니다. 이처럼 추천 이벤트를 사용하면 직접 고민해서 만드는 것보다 좀 더 편리합니다.

또한 추천 이벤트에 있는 형태로 데이터를 수집했을 때 애널리틱스의 기능을 더 유용하게 활용할 수 있습니다. 애널리틱스에서 제공하는 '추천 잠재 고객' 기능을 예로 들 수 있습니다.

그림 3-16 추천 잠재 고객의 세그먼트

**추천 잠재 고객**<sup>predictive audiences</sup>은 애널리틱스가 7일 이내에 구매 가능성이 높은 사용자 등 유용한 잠재 고객을 머신러닝 기술로 예측해 주는 기능입니다. 해당 기능을 활용하려면 in_app_purchase와 purchase(권장) 또는 ecommerce_purchase 이벤트를 수집해야 합니다.

즉, **애널리틱스에서 요구하는 대로 이벤트를 수집해야 해당 기능을 활용할 수 있다**는 이야기입니다. 앞으로도 이런 기능이 계속 추가될 것이므로 될 수 있으면 추천 이벤트와 같은 형태로 데이터를 수집하는 것이 좋습니다.

---

**잠깐퀴즈**

**이벤트에 대한 설명으로 올바른 것은?**

① 데이터 분석을 위해 홈페이지와 방문자 간의 상호 작용을 측정하는 것

② 데이터 분석을 위해 홈페이지에서 일단 수집하고 보는 것

③ 굳이 필요 없는 것

정답 ①

---

# 03-3 | 맞춤 이벤트 설계하기

이번 절에서는 애널리틱스의 4가지 이벤트 유형 가운데 맞춤 이벤트를 알아보고 직접 설계해 보겠습니다. **맞춤 이벤트**<sup>custom events</sup>는 사용자가 직접 만드는 것으로 앞에서 알아본 자동 수집 이벤트, 향상된 이벤트 측정, 추천 이벤트 등 3가지 유형에 포함되지 않는 이벤트입니다.

예를 들어 웹 사이트의 메뉴 클릭을 수집하고 싶다면 메뉴 클릭 이벤트를 수집해야 하는데, 이는 앞서 본 3가지 이벤트 유형에서 제공하지 않습니다. 이런 이벤트는 menu_click 같은 이름으로 직접 만들 수 있습니다. 물론 맞춤 이벤트인 만큼 이름과 매개변수는 자유롭게 정할 수 있습니다.

그런데 맞춤 이벤트는 다음처럼 **수집 한도**가 있습니다. 해당 한도를 초과하면 데이터가 수집되지 않으니 항상 주의해야 합니다. 더 자세한 내용은 다음 주소에서 확인할 수 있습니다.

- **맞춤 이벤트 수집 한도:** support.google.com/analytics/answer/9267744

**표 3-6** 맞춤 이벤트 수집 한도

| 기록되는 항목 | 한도 |
| --- | --- |
| 고유한 이름이 지정된 이벤트 | 앱 인스턴스(앱)당 500개 (자동 수집 이벤트 제외) |
| 이벤트 이름 길이 | 40자(영문 기준) |
| 이벤트당 매개변수 개수 | 이벤트 매개변수 25개 |
| 매개변수 이름 길이 | 40자(영문 기준) |
| 매개변숫값 길이 | 100자(영문 기준) |

**Do it! 실습** ▶ 맞춤 이벤트 설계하기

맞춤 이벤트는 직접 만드는 것이므로 설계 과정을 실습으로 체득해 보겠습니다. 여기서는 이벤트를 설계만 하고 실제 데이터 수집과 보고서 확인 등은 04장에서 진행하겠습니다.

### 메인 페이지 태깅

한분석 대리는 플러스 제로 사이트의 메인 페이지에 방문한 사람들이 어떤 콘텐츠를 클릭하는지 분석하기로 했습니다. 그러려면 메인 페이지에 있는 각 콘텐츠를 태깅해 줘야 합니다. 한분석 대리는 다음처럼 네 곳을 태깅하여 클릭 데이터를 수집하기로 했습니다.

### 태깅이 무엇인가요?

태깅(tagging)은 이벤트를 수집할 영역과 조건을 설정하는 것을 의미합니다. 태그(tag)라고 하는 그릇 속에 여러 정보와 발생 조건을 엮어 구글 애널리틱스로 데이터를 보내게 되는데, 여기에는 이벤트 이름, 이벤트의 발생 조건 그리고 이벤트를 어느 속성으로 보낼지에 대한 정보가 담겨 있습니다. 자세한 내용은 04장에서 다룹니다.

`01 단계` 메뉴(②)에 해당하는 영역의 클릭 이벤트를 수집할 이름과 매개변수를 설계해 보겠습니다. 우선, 만들려고 하는 이벤트가 '추천 이벤트' 목록에 있는지 살펴봅니다. 애널리틱스 도움말 센터의 추천 이벤트 목록에서 select_content가 비슷해 보이지만, 여기서는 직접 만들기로 합니다.

`02 단계` 이벤트를 직접 만들기로 했으면 이름을 정해야 합니다. 이벤트 이름은 대소문자를 구분하므로 될 수 있으면 대문자와 소문자가 섞이지 않도록 하며 영어 이외에 한글을 사용할 수도 있습니다. 또한 밑줄도 사용할 수 있으므로 잘 조합하여 직관적이고 일관성 있는 방식으로 이벤트 이름을 지으면 됩니다.

지금은 메뉴 클릭 이벤트를 만드는 것이므로 이름을 GNB_click으로 지정했습니다. GNB[global navigation bar]는 웹 사이트 전체에 적용되는 내비게이션 바(메뉴)를 의미합니다.

**03 단계** 다음은 매개변수를 설정할 차례입니다. 한분석 대리는 메뉴별 클릭 수와 어떤 메뉴가 가장 많이 클릭되는지를 알고 싶습니다. 이러한 수치를 얻으려면 클릭한 메뉴의 텍스트와 순번이 필요합니다. 따라서 메뉴의 텍스트를 기록할 click_text와 순번을 기록할 click_position이라는 매개변수를 설계했습니다.

이렇게 설계한 메뉴 클릭 이벤트로 데이터를 수집하면 방문자가 메뉴를 클릭할 때마다 각 매개변수에는 다음 표에서 오른쪽처럼 데이터가 기록됩니다.

표 3-7 메뉴 클릭 이벤트 설계(왼쪽)와 데이터 수집 예시(오른쪽)

| 이벤트 이름 | 매개변수 |
|---|---|
| GNB_click | click_text<br>click_position |

| 이벤트 이름 | click_text | click_position |
|---|---|---|
| GNB_click | 블로그 | 1 |
| | 리소스 | 2 |
| | 소설 | 3 |
| | 채용공고 | 4 |
| | 문의하기 | 5 |

**04 단계** 나머지 영역에도 다음처럼 이벤트를 설계해 볼 수 있습니다. 메인 페이지의 이벤트 설계를 정리하면 다음과 같습니다.

표 3-8 메인 페이지 이벤트 설계

| 번호 | 이벤트 이름 | 매개변수 |
|---|---|---|
| 1 | Logo_click | click_text |
| 2 | GNB_click | click_text<br>click_position |
| 3 | Cookie_consent | consent |
| 4 | scroll_button_click | click_position |

한분석 대리는 ❹ 스크롤 영역을 설계할 때 조금 고민했습니다. 왜냐하면 애널리틱스에서 제공하는 향상된 이벤트에 scroll이라는 이벤트가 있기 때문이죠. 하지만 향상된 이벤트의 scroll은 사용자가 세로 기준 90% 이상 스크롤을 내릴 때 데이터를 수집합니다. 한분석 대리는 오른쪽의 스크롤 버튼을 클릭할 때 수집하고 싶습니다. 따라서 이벤트 이름을 다르게 지었습니다.

그리고 ❸ Cookie_consent는 쿠키 수집 동의 버튼을 클릭하는 사용자의 비율을 확인하고 싶어 추가했습니다.

**질문 있어요!**

**이벤트를 설계할 때 기준이 있나요?**

한분석 대리는 이벤트를 설계할 때 사용자의 행동을 이름으로 지정했습니다. 예를 들어 GNB 영역에서는 이벤트 이름을 '클릭(click)'이라는 행동으로 지정했죠. 하지만 이게 정답은 아닙니다. 만약 GNB 영역에 클릭뿐만 아니라 마우스 포인터를 올려놓는(mouse over) 행동도 측정하고 싶다면 다음처럼 설계할 수도 있습니다.

| 이벤트 이름 | 매개변수 | 예시 1(마우스를 올렸을 때) | 예시 2(클릭했을 때) |
|---|---|---|---|
| GNB | action | mouse_over | click |
| | text | 블로그 | 블로그 |
| | position | 1 | 1 |

하지만 이런 방식은 추천하지 않습니다. 그 이유는 06장에서 배울 전환 설정과도 연관이 있습니다. 이럴 때는 될 수 있으면 이벤트 이름을 2개로 나누는 것이 좋습니다.

| 블로그 | 매개변수 | 예시 2(클릭했을 때) |
|---|---|---|
| GNB_click | text | 블로그 |
| | position | 1 |
| GNB_mouse_over | text | 블로그 |
| | position | 1 |

이렇게 설계한 내용을 바탕으로 구글 애널리틱스에서 이벤트를 만들어 데이터를 수집하고 분석하는 실습은 04장에서 진행하겠습니다.

---

**잠깐 퀴즈** **맞춤 이벤트 수집 한도에 관한 설명 중 틀린 것은?**

① 이벤트 이름의 길이는 영문 기준 40자다.

② 이벤트당 매개변수의 수는 최대 50개다.

③ 이벤트 매개변숫값의 길이는 영문 기준 100자다.

정답 ②

---

# 03-4 | 사용자 속성 알아보기

이벤트 다음으로 데이터를 수집하는 데 중요한 개념 중 하나인 **사용자 속성**<sup>user properties</sup>을 알아보겠습니다. 애널리틱스에서 사용자 속성은 사용자에 대한 정보를 수집하는 방법입니다. 자세히 알아보겠습니다.

## 사용자 속성이란?

구글 애널리틱스에는 보통 특정 시점에 사용자의 행동에 관한 데이터를 수집합니다. 예를 들어 사용자가 로그인 시점에 어떤 방법으로 로그인했는지를 데이터로 수집할 수 있습니다. 하지만 이런 행동 데이터 외에도 사용자의 성별이나 연령, 등급과 같은 속성 데이터가 필요할 수 있습니다. 이때 '사용자 속성' 기능을 이용할 수 있습니다.

이 기능을 이용하면 로그인처럼 이벤트가 수집되는 시점에 사용자와 관련된 데이터를 자동으로 수집할 수 있습니다. 사용자 속성을 한 번만 설정해 놓으면 20대가 로그인을 많이 했는지, 30대가 로그인을 많이 했는지 등을 알 수 있습니다.

### Do it! 실습 ▶ 맞춤 측정 기준 만들기

한분석 대리는 과일나라를 이용하는 사람들의 회원 등급과 마케팅 동의 여부를 함께 분석하고 싶었습니다. 이러한 데이터는 '사용자 속성'으로 수집할 수 있는데, GA4에서 사용자 속성은 [맞춤 정의] 메뉴에서 만듭니다.

맞춤 정의에는 사용자 속성을 만드는 기능 외에 다른 기능도 있습니다. GA4의 맞춤 정의에 대한 자세한 내용은 08장에서 알아보고 여기서는 사용자 속성을 수집할 준비만 빠르게 진행해 보겠습니다.

**01 단계** 애널리틱스 홈에 「03-1」절에서 만든 속성(Plus Zero 공식 홈페이지)이 열린 상태에서 [관리 → 데이터 표시 → **맞춤 정의**]로 이동한 후 [**맞춤 측정기준 만들기**]를 클릭합니다.

**그림 3-17** 맞춤 측정 기준 만들기

**02 단계** 새 맞춤 측정 기준 창이 나오면 각 항목에 다음처럼 입력하고 〈저장〉을 클릭합니다.

- **측정 기준 이름**: GA4 보고서에서 확인할 수 있는 이름을 입력합니다.
- **범위**: 범위에는 이벤트, 사용자, 항목이 있습니다. 우리는 사용자의 데이터를 받는 사용자 속성을 만들 것이므로 '사용자'로 설정합니다.
- **설명**: 해당 맞춤 측정 기준의 설명을 입력합니다.
- **사용자 속성**: 데이터를 수집할 매개변수나 속성의 이름을 입력합니다.

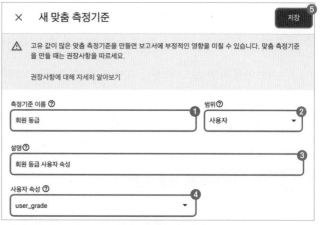

**그림 3-18** 회원 등급 만들기

---

**잠깐 퀴즈**

**사용자에 대한 데이터를 수집할 때 이용할 수 있는 기능은?**

① 사용자 속성

② 페이지 뷰

③ 스트림

정답 ①

---

# 03-5 | 전자상거래 데이터 이해하기

전자상거래 사이트에서는 상품이나 서비스를 판매하므로 분석 대상인 데이터가 일반 웹 사이트와는 사뭇 다릅니다. 이번 절에서는 애널리틱스에서 전자상거래 데이터를 어떠한 구조로 수집하는지 살펴보고 실습은 04장에서 진행하겠습니다.

## 온라인 판매 추천 이벤트

전자상거래 사이트를 운영하면 고객이 조회한 상품, 장바구니에 추가한 상품, 구매한 상품 등 고객의 행동 데이터를 분석합니다. 애널리틱스에서는 전자상거래 데이터도 이벤트 형태로 수집합니다. 다만 지금까지 배운 이벤트와는 매개변수의 형태가 조금 다릅니다.

그럼 애널리틱스에서는 어떤 종류의 전자상거래 데이터를 수집할 수 있는지 알아보겠습니다. 도움말 센터의 추천 이벤트 목록에서 [온라인 판매] 부분을 보면 다음과 같은 표를 확인할 수 있습니다.

표 3-9 온라인 판매 이벤트(support.google.com/analytics/answer/9267735)

| 이벤트 | 트리거 시점 |
| --- | --- |
| add_payment_info | 사용자가 자신의 결제 정보를 제출할 때 |
| add_shipping_info | 사용자가 배송 정보를 제출할 때 |
| add_to_cart | 사용자가 장바구니에 상품을 추가할 때 |
| add_to_wishlist | 사용자가 위시리스트에 상품을 추가할 때 |
| begin_checkout | 사용자가 결제를 시작할 때 |
| purchase | 사용자가 구매를 완료할 때 |
| refund | 환불이 처리되었을 때 |
| remove_from_cart | 사용자가 장바구니에서 상품을 삭제할 때 |
| select_item | 사용자가 목록에서 상품을 선택할 때 |
| select_promotion | 사용자가 프로모션을 조회할 때 |
| view_cart | 사용자가 장바구니를 조회할 때 |

| view_item | 사용자가 상품을 조회할 때 |
|---|---|
| view_item_list | 사용자가 상품이나 서비스 목록을 조회할 때 |
| view_promotion | 사용자에게 프로모션이 표시될 때 |

이 표에 정리된 이벤트로 전자상거래 데이터를 수집할 수 있습니다. 트리거 시점을 보면 각 이벤트가 어느 때에 발생하는지 알 수 있으며, 도움말 센터에서 이벤트 이름을 클릭하면 어떤 매개변수로 데이터를 수집하는지 확인할 수 있습니다. 이 가운데에 11개의 주요 이벤트를 살펴보면서 상품 조회부터 결제까지 애널리틱스에서 전자상거래 데이터가 어떻게 수집되는지 그 구조를 알아보겠습니다.

## 전자상거래 데모 사이트

먼저 다음 주소에 접속하면 구글에서 제공하는 전자상거래 데모 사이트를 볼 수 있습니다.

- **전자상거래 데모 사이트**: enhancedecommerce.appspot.com

그림 3-19 전자상거래 데모 사이트

사이트에 보면 곳곳에 느낌표(!)가 있습니다. 이 느낌표를 클릭하면 다음 그림처럼 고객이 해당 영역을 클릭할 때 어떤 이벤트가 발생하고 어떤 데이터를 수집하는지 알 수 있습니다. 이 창에서는 구글 태그<sup>Google TAG</sup>와 구글 태그 관리자<sup>Google Tag Manager</sup> 코드를 제공합니다.

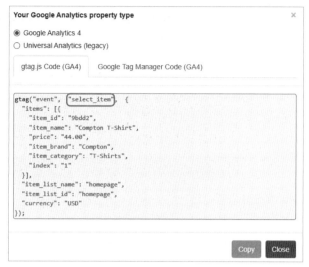

그림 3-20 코드 보기

## 상품 목록 페이지

상품 목록 페이지에서는 상품 목록 보기(view_item_list), 상품 선택(select_item) 이벤트를 주로 수집합니다. 로고와 상품 영역의 느낌표를 클릭하면 각 이벤트 수집 정보를 볼 수 있습니다.

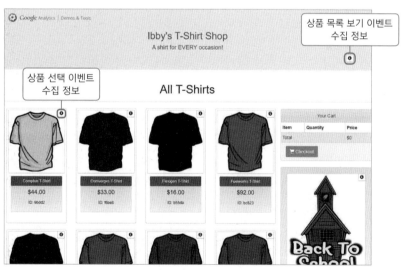

그림 3-21 상품 목록 페이지

여기서 주의할 점은 이벤트가 발생하는 시점입니다. 데모 사이트에서 상품 목록 보기 이벤트는 해당 페이지에 접근했을 때, 상품 선택 이벤트는 상품을 클릭했을 때 발생합니다. 이처럼 이벤트가 어느 순간에 발생하는지를 항상 생각하면서 데이터를 수집해야 합니다.

- **상품 목록 보기(view_item_list)**: 해당 페이지에 접근했을 때
- **상품 선택(select_item)**: 해당 상품을 클릭했을 때

두 이벤트의 매개변수 구성은 다음 표와 같습니다. 두 이벤트 모두 `item_list_id`, `item_list_name`, `items`로 매개변수 구성이 같습니다.

표 3-10 상품 목록 관련 이벤트

| 이벤트 | 매개변수 | 필수 | 자료형 | 설명 |
|---|---|---|---|---|
| view_item_list (상품 목록 보기) | item_list_id | X | string | 상품 목록 페이지의 아이디 |
| | item_list_name | X | string | 상품 목록 페이지의 이름 |
| | items | O | Array\<Item\> | 상품 정보 |
| select_item (상품 선택) | item_list_id | X | string | 상품 목록 페이지의 아이디 |
| | item_list_name | X | string | 상품 목록 페이지의 이름 |
| | items | O | Array\<Item\> | 상품 정보 |

`item_list_id` 매개변수는 필수는 아니지만 목록 페이지의 아이디를 수집합니다. 전자상거래 사이트에서 상품 목록 페이지는 여러 개일 수 있고 같은 상품이 여러 페이지에 표시될 수 있습니다. 이때 어떤 상품이 어느 목록에서 선택됐는지 확인하고 싶다면 해당 페이지의 아이디를 수집해야 합니다. 이 데이터가 `item_list_id`입니다. 같은 맥락으로 `item_list_name` 매개변수에는 페이지 이름을 수집합니다.

다음 그림은 데모 사이트에서 상품 영역에 있는 느낌표를 눌러 표시한 창입니다. 두 매개변숫값이 모두 "homepage"*입니다. 즉, 해당 상품을 메인 페이지의 목록에서 선택했음을 알 수 있습니다. 참고로 그림에서는 currency가 있는데 해당 매개변수는 사용하지 않아도 됩니다.

\* 매개변숫값은 정하기 나름입니다. "homepage" 대신에 "mainpage"라고 해도 됩니다. 이와 관련해서는 04장에서 실습하면서 알아보겠습니다.

**그림 3-22** select_item 이벤트로 수집된 데이터

items 매개변수는 필수이며 상품
들의 정보를 수집합니다. '상품들'
이라고 복수로 표현한 이유는 자료
형이 문자열(string)이 아닌 아이
템 배열(Array<Item>)*이기 때문
입니다.

\* 배열(array)이란 여러 가지 데이터를 나열한 자
료형입니다.

오른쪽 그림은 로고 영역에 있는
느낌표를 눌러 나타난 코드입니다.
상품 목록 보기 이벤트에서 items
매개변수에 어떤 데이터가 수집됐
는지를 확인해 보세요.

```
gtag("event", "view_item_list", {
  "items": [{
    "item_id": "6d9b0",
    "item_name": "Poyo T-Shirt",
    "price": "62.00",
    "item_brand": "Poyo",
    "item_category": "T-Shirts",
    "item_list_name": "shirts you may like",
    "index": 0
  },
  {
    "item_id": "8835a",
    "item_name": "Isoternia T-Shirt",
    "price": "57.00",
    "item_brand": "Isoternia",
    "item_category": "T-Shirts",
    "item_list_name": "shirts you may like",
    "index": 1
  },
  {
    "item_id": "f6be8",
    "item_name": "Comverges T-Shirt",
    "price": "33.00",
    "item_brand": "Comverges",
    "item_category": "T-Shirts",
    "item_list_name": "shirts you may like",
    "index": 2
  },
  {
    "item_id": "6c3b0",
    "item_name": "Zappix T-Shirt",
    "price": "99.00",
    "item_brand": "Zappix",
    "item_category": "T-Shirts",
    "item_list_name": "shirts you may like",
    "index": 3
  }]
});
```

**그림 3-23** 상품 목록 보기 이벤트에서 items 매개변숫값 확인

각 상품은 아이디, 이름, 가격 등 여러 가지 정보로 구성된 아이템(item)이며, items 매개변수에는 이런 아이템을 여러 개 저장할 수 있습니다. items 매개변수에는 다음 표와 같은 데이터가 수집됩니다. 즉, 각 상품 정보입니다.

**표 3-11** items 매개변수

| 이름 | 필수 | 자료형 | 예시 | 주로 사용 | 설명 |
|---|---|---|---|---|---|
| item_id | O | String | SKU_12345 | O | 아이디 |
| item_name | O | String | Do it! GA4 | O | 이름 |
| affiliation | X | String | 이지스퍼블리싱 | X | 제휴사 |
| coupon | X | String | SUMMER PROMOTION | X | 쿠폰 정보 |
| discount | X | Number | 1000 | X | 할인 가격 |
| index | X | Number | 1 | X | 페이지에서 몇 번째에 존재하는지 (예: 목록 페이지의 첫 번째에 존재하면 1) |
| item_brand | X | String | 이지스퍼블리싱 | O | 브랜드 이름 |
| item_category | X | String | 책 | O | 카테고리 1 |
| item_category2 | X | String | IT | O | 카테고리 2 |
| item_category3 | X | String | 분석 | O | 카테고리 3 |
| item_category4 | X | String | 구글애널리틱스 | O | 카테고리 4 |
| item_category5 | X | String | GA4 | O | 카테고리 5 |
| item_list_id | X | String | Mainpage | X | 목록 페이지 ID |
| item_list_name | X | String | 메인페이지 | X | 목록 페이지 이름 |
| item_variant | X | String | 노란색 | O | 변수(크기, 색상 등) |
| location_id | X | String | L_12345 | X | 지역 정보(실제 지도) |
| price | X | Number | 20000 | O | 가격 |
| quantity | X | Number | 1 | O | 수량 |

item_id와 item_name은 필수이고 그 외에는 표에서 '주로 사용' 열에 O으로 표시한 것들만 주로 사용됩니다. 만약 웹 페이지에서 해당 정보를 얻을 수 없다면 필수인 item_id와 item_name만 사용해도 됩니다.

상품 목록 보기와 상품 선택 이벤트의 매개변수에는 모두 **items**가 있습니다. 왜냐하면 사용자가 상품 목록에서 어떤 상품들을 조회했는지, 그리고 상품 선택에서 어떤 상품을 선택했는지 수집해야 하기 때문입니다.

하지만 두 이벤트는 발생 시점이 살짝 다릅니다. 상품 목록 보기(**view_item_list**) 이벤트는 상품 목록이 표시되면 발생하고, 상품 선택(**select_item**) 이벤트는 목록에서 상품을 선택하면 발생합니다. 따라서 상품 목록 보기는 여러 상품이 수집될 수 있고, 상품 선택은 하나의 상품만 수집됩니다. 즉, 아이템의 개수는 수집되는 이벤트에 따라 달라질 수 있습니다.

## 상품 상세 페이지

상품의 상세 페이지에서는 상품 보기(**view_item**), 장바구니에 추가(**add_to_cart**), 장바구니에서 제거(**remove_from_cart**), 장바구니 보기(**view_cart**) 등의 이벤트를 주로 구성합니다. 각 이벤트의 매개변수는 다음과 같습니다. 4가지 이벤트의 매개변수 구성이 모두 같습니다.

**표 3-12** 상품 상세 페이지 관련 이벤트

| 이벤트 | 매개변수 | 필수 | 자료형 | 설명 |
|---|---|---|---|---|
| view_item<br>(상품 보기) | currency | O | String | 통화 정보 |
| | value | X | Number | 할인된 최종 금액 |
| | items | O | Array<Item> | 상품 정보 |
| add_to_cart<br>(장바구니에 추가) | currency | O | String | 통화 정보 |
| | value | X | Number | 할인된 최종 금액 |
| | items | O | Array<Item> | 상품 정보 |
| remove_from_cart<br>(장바구니에서 제거) | currency | O | String | 통화 정보 |
| | value | X | Number | 할인된 최종 금액 |
| | items | O | Array<Item> | 상품 정보 |
| view_cart<br>(장바구니 보기) | currency | O | String | 통화 정보 |
| | value | X | Number | 할인된 최종 금액 |
| | items | O | Array<Item> | 상품 정보 |

4가지 이벤트 모두 **items** 매개변수가 있지만, **view_cart** 이벤트의 **items** 매개변수만 상품 정보를 여러 개 수집하고 나머지 3개 이벤트의 **items** 매개변수에는 1개의 상품 정보만 수집

합니다. 물론 remove_from_cart 에서 장바구니에 상품을 모두 삭제하는 기능이 있다면 여러 개 존재할 수도 있습니다.

데모 사이트의 상세 페이지를 보면 각 이벤트는 다음과 같은 상황에 발생합니다. (참고로 데 모 사이트의 상세 페이지에서는 장바구니 보기 이벤트가 없습니다.)

- **상품 보기(view_item)**: 해당 페이지에 도달했을 때
- **장바구니에 추가(add_to_cart)**: 〈Add To Cart(장바구니에 추가)〉를 클릭했을 때
- **장바구니에서 제거(remove_from_cart)**: 〈Remove From Cart(장바구니에서 제거)〉를 클릭했을 때
- **장바구니 보기(view_cart)**: 데모 사이트에는 없으나 보통 장바구니 페이지에 도달했을 때

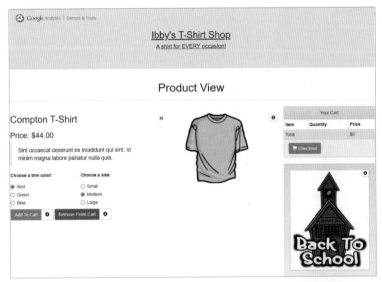

**그림 3-24** 상품 상세 페이지

## 결제 페이지

결제 페이지에서는 결제 시작(begin_checkout), 배송 정보 추가(add_shipping_info), 결제 정보 추가(add_payment_info) 등의 이벤트를 주로 구성합니다. 각 이벤트의 매개변수는 다 음과 같습니다. 3가지 이벤트 모두 매개변수 구성이 같은데 결제 정보 입력 이벤트에만 결제 방식인 payment_type 매개변수가 추가되었습니다.

**표 3-13** 결제 관련 이벤트

| 이벤트 | 매개변수 | 필수 | 자료형 | 설명 |
|---|---|---|---|---|
| begin_checkout<br>(결제 시작) | currency | O | String | 통화 정보 |
| | value | X | Number | 할인된 최종 금액 |
| | coupon | X | String | 쿠폰 이름 |
| | items | O | Array<Item> | 상품 정보 |
| add_shipping_info<br>(배송 정보 추가) | currency | O | String | 통화 정보 |
| | value | X | Number | 할인된 최종 금액 |
| | coupon | X | String | 쿠폰 이름 |
| | items | O | Array<Item> | 상품 정보 |
| add_payment_info<br>(결제 정보 추가) | currency | O | String | 통화 정보 |
| | value | X | Number | 할인된 최종 금액 |
| | coupon | X | String | 쿠폰 이름 |
| | payment_type | X | String | 결제 방식(카드, 무통장 등) |
| | items | O | Array<Item> | 상품 정보 |

각 이벤트가 발생하는 시점은 보통 다음과 같습니다.

- **결제 시작(begin_checkout)**: 결제 단계가 시작되는 페이지에 도달했을 때
- **배송 정보 추가(add_shipping_info)**: 사용자가 배송지 등을 입력했을 때
- **결제 정보 추가(add_payment_info)**: 사용자가 결제 정보를 선택했을 때

그런데 국내의 전자상거래 사이트에서는 편의를 고려해 배송 정보나 결제 등을 한 페이지에서 처리할 때가 많습니다. 이때는 사용자가 결제 페이지에 도달했을 때 begin_checkout 이벤트를 발생시키고 사용자가 최종 〈결제하기〉 버튼을 클릭했을 때 나머지 두 이벤트를 발생시키는 형태로 구성합니다. 이렇게 하면 결제 페이지에 도달했지만 결제하지 않은 사용자를 분석할 수 있습니다.

좀 더 자세하게 분석하고 싶다면 배송 정보 이벤트의 발동 시점을 지정할 수도 있습니다. 예를 들어 결제 페이지에 도달하면 begin_checkout을, 배송 정보를 모두 입력하고 결제 정보를 선택하면 add_shipping_info를, 그리고 최종 〈결제하기〉 버튼을 클릭하면 add_payment_info 이벤트를 수집하는 형태로 구성해 볼 수 있습니다.

## 결제와 환불 페이지

마지막으로 결제 완료(purchase)와 환불 완료(refund) 이벤트가 있습니다. 두 이벤트의 매개변수는 다음과 같습니다.

표 3-14 결제와 환불 완료 이벤트

| 이벤트 | 매개변수 | 필수 | 자료형 | 설명 |
|---|---|---|---|---|
| purchase<br>(결제 완료) | currency | O | String | 통화 정보 |
| | transaction_id | O | String | 결제 아이디 |
| | value | X | Number | 할인된 최종 금액과 배송비, 세금을 더한 최종 결제액 |
| | coupon | X | String | 쿠폰 이름 |
| | shipping | X | Number | 배송비 |
| | tax | X | Number | 세금 |
| | items | O | Array\<Item\> | 상품 정보 |
| refund<br>(환불 완료) | transaction_id | O | String | 결제 아이디 |
| | items | O | Array\<Item\> | 상품 정보 |

환불 완료 이벤트는 기술적인 한계로 수집이 불가능할 수도 있습니다. 하지만 결제 완료는 꼭 수집해야 합니다. 왜냐하면 GA4의 '전환'과 깊은 연관이 있기 때문입니다. 우선 두 이벤트가 발생하는 시점은 각각 다음과 같습니다.

- **결제(purchase)**: 결제 완료 페이지에 도달했을 때
- **환불(refund)**: 환불 완료 페이지에 도달했을 때. (데모 페이지에서 환불은 버튼(Get a Refund!)이 클릭될 때 작동하지만, 실제로는 환불이 모두 완료된 후에 작동시키는 것이 좋습니다.)

그림 3-25 결제 완료 페이지

결제 완료 이벤트를 수집할 때 중요한 매개변수는 transaction_id와 value입니다. 전자상거래 사이트에서 결제가 발생하면 고유한 결제 아이디가 만들어집니다. transaction_id 매개변수에는 해당 결제 아이디를 수집합니다.

value 매개변수에는 최종 결제액을 수집합니다. 예를 들어 1,000원짜리 상품 1개, 500원짜리 상품 3개, 2,000원짜리 상품 2개를 주문했다면 value값은 6500입니다. 만약 배송비 2,500원까지 포함한다면 9000이 되겠죠? 하지만 보통 배송비는 포함하지 않습니다. value값을 수집할 때 주의할 점은 자료형이 숫자이므로 쉼표(,)나 글자(원)가 포함되면 안 됩니다. 자주 실수하는 부분이니 꼭 주의해야 합니다.

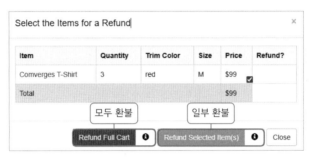

**그림 3-26** 환불 페이지

이번엔 환불입니다. 데모 사이트의 환불 페이지에는 모두 환불^Refund Full Cart^과 일부 환불^Refund Selected Item(s)^이 있습니다. 각각의 환불은 items 매개변수에 수집되는 내용이 달라집니다. 모두 환불을 선택한다면 transaction_id에 해당하는 결제 건을 취소하면 되므로 items 매개변수에는 아무런 값도 들어가지 않아도 됩니다.

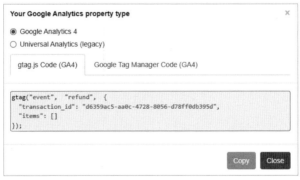

**그림 3-27** 모두 환불할 때

하지만 일부 상품만 환불하면 다음처럼 items 매개변수에 환불한 상품 정보가 수집돼야 합니다. 참고로 모든 상품을 활불할 때도 나중에 빅쿼리 등에서 활용을 대비해 items 매개변수를 사용하는 것이 좋습니다.

```
gtag("event", "refund", {
  "transaction_id": "d6359ac5-aa0c-4728-8056-d78ff0db395d",
  "items": [{
    "item_id": "f6be8",
    "quantity": 3
  }]
});
```

그림 3-28 일부만 환불할 때

잠깐 퀴즈

**value 매개변수에 수집되는 값으로 잘못된 것은?**

① 53000

② 1,999,000

③ 1555

정답 ②

# 웹 사이트 데이터 수집하기

앞 장에서는 애널리틱스의 기본 구성과 데이터 수집을 위한 사전 준비를 마쳤습니다. 이 장에서는 아무리 강조해도 부족하지 않을 데이터 수집에 관해 살펴보겠습니다. 애초에 데이터 수집이 엉망이라면 애널리틱스를 제대로 활용할 수 없습니다. 이번 장에서는 데이터 수집 방법이 GA4에서 어떻게 변했는지 알아보고, 구글 태그와 구글 태그 관리자를 사용해 데이터를 어떻게 수집하는지 살펴보겠습니다.

학습
목표

- GA4의 데이터 수집 메커니즘을 이해한다.
- GTAG로 태깅 방법을 실습한다.
- GTM으로 태깅 방법을 실습한다.

# 04-1 │ 데이터를 수집하기 전에

먼저 애널리틱스에 데이터가 어떻게 수집되는지 알아보겠습니다. 데이터 수집의 기본 원리를 이해하면 데이터 분석에 큰 도움이 됩니다. 그렇다고 너무 세세한 내용까지 파고들면 길을 잃을 수 있으므로 여기서는 꼭 알아야 할 애널리틱스의 데이터 수집 과정을 간략하게 살펴보겠습니다.

## UA와 GA4의 데이터 수집 차이점

앞 장에서 다뤘듯이 기존 UA 버전은 '계정 → 속성 → 보기'로 이어지는 계층 구조였지만, GA4에서는 '계정 → 속성 → 스트림'으로 이어지는 구조로 바뀌었습니다. 구글에서는 GA4의 '스트림'과 UA의 '보기'를 같은 개념으로 설명하지만 사실 조금 차이가 있습니다.

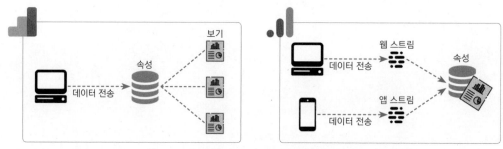

그림 4-1 UA(왼쪽)과 GA4(오른쪽)의 데이터 전송 방식 비교

UA에서는 모든 데이터를 속성에 수집한 후 필터와 같은 설정으로 보고 싶은 데이터만 보기에 넣을 수 있었습니다. 예를 들어 웹과 앱 데이터를 수집했다면 A라는 보기에서는 웹과 앱 데이터를 모두 확인하고, B 보기에서는 웹 데이터만, C 보기에서는 앱 데이터만 확인하도록 만들 수 있었습니다.

그런데 GA4에서는 웹과 앱 데이터를 서로 다른 스트림으로 수집하여 속성에 저장합니다. 이렇게 하면 수집된 데이터에 스트림 정보가 꼬리표처럼 달립니다. 또한 페이지 뷰, 스크린 뷰 같은 이벤트가 따로 존재하는 UA와 달리 GA4는 모든 이벤트가 하나로 이뤄져 웹과 앱 데이터를 더 쉽게 통합해서 볼 수 있습니다. 그리고 데이터를 정제하는 속도도 UA보다 더 빨라졌습니다.

## 데이터 수집 방법 알아보기

데이터를 수집하는 방법은 **구글 태그**<sup>Google TAG</sup>(이하 GTAG)를 이용하는 방법과 **구글 태그 관리자**<sup>Google Tag Manager</sup>(이하 GTM)를 이용하는 방법이 있습니다.

- **GTAG**: 데이터 수집 대상 웹 사이트에 애널리틱스로 데이터를 보내는 소스 코드를 직접 삽입하는 방식
- **GTM**: 데이터 수집 대상 웹 사이트의 소스 코드에 GTM을 설치하여 애널리틱스로 데이터를 보내는 방식

GTM을 이용하면 기본적인 이벤트 태깅 작업은 코드를 따로 변경할 필요가 없어 훨씬 수월합니다. 반면에 GTAG로 이벤트를 태깅하면 코드를 수정해야 하죠. GTM을 이용한다고 해서 태깅 없이 모든 데이터를 수집할 수 있는 것은 아니지만, 현재로선 GTM이 더 좋은 선택인 것은 분명합니다.

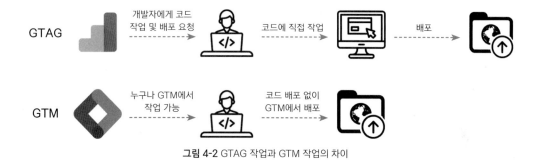

**그림 4-2** GTAG 작업과 GTM 작업의 차이

---

### GA4 스트림에 대한 설명으로 <u>틀린</u> 것은?

① UA의 보기와 GA4 스트림은 완전히 같은 것이다.

② GA4는 스트림을 기준으로 데이터가 수집된다.

③ 수집된 데이터는 이후 보고서에서 스트림별로 볼 수 있다.

정답 ①

---

# 04-2 | 구글 태그로 데이터 수집하기

애널리틱스를 통해 직접 데이터를 수집하려면 대상 웹 사이트가 있어야 합니다. 자신이 운영 중인 웹 사이트가 있다면 바로 적용해 볼 수 있겠지만, 그렇지 않은 독자를 위해 데모 페이지를 만들어 보겠습니다. 필자가 제공하는 데모 페이지의 소스는 일반 웹 사이트의 메인 페이지입니다.

**Do it! 실습** ▶ 데모 페이지 만들기

**01 단계** 먼저 블로그 서비스를 제공하는 **티스토리 홈페이지**(www.tistory.com)에 접속한 후 오른쪽 위에 있는 〈시작하기〉를 클릭해 회원가입을 완료합니다. 로그인한 후 오른쪽 위에 있는 프로필에서 [**계정관리**]를 클릭합니다.

그림 4-3 티스토리 회원가입

계정 관리 화면에서 스크롤을 아래로 내려 〈새 블로그 만들기〉를 클릭합니다.

그림 4-4 계정 관리

블로그 이름, 주소, 닉네임에 원하는 값을 입력한 후 〈개설하기〉를 클릭합니다. 블로그가 개설되었으면 〈블로그 관리 바로가기〉를 클릭합니다.

그림 4-5 새 블로그 만들기

블로그 관리 화면이 열리면 스크롤을 아래로 내려 왼쪽 메뉴에서 [꾸미기 → 스킨 편집]을 클릭합니다. 그리고 스킨 편집 화면에서 오른쪽에 있는 〈html 편집〉을 클릭합니다.[*]

[*] 앞으로 GTAG나 GTM을 등록할 때 스킨 편집 화면에서 HTML을 수정해야 하므로 메뉴 위치를 기억해 두세요.

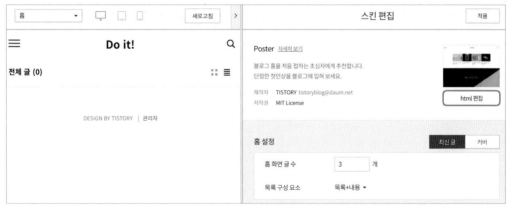

그림 4-6 스킨 편집

**02단계** 필자가 미리 작성해 깃허브에 올려 둔 데모 사이트의 소스 코드를 복사합니다. 다음 주소로 접속한 후 **복사** 아이콘(⬚)을 클릭합니다.

- **데모 사이트 소스 코드**: github.com/driffy/GA4/blob/main/테스트코드.html

그림 4-7 소스 코드 복사하기

다시 티스토리 스킨 편집 화면에서 오른쪽 영역의 코드를 모두 지운 후 방금 복사한 코드를 붙여 넣고 〈적용〉을 클릭합니다. 이어서 왼쪽 영역의 〈새로고침〉을 클릭합니다.

그림 4-8 데모 페이지 소스 코드 붙여 넣기

왼쪽 창에 다음 그림처럼 데모 페이지가 보이면 정상으로 적용된 것입니다. 만약 〈새로고침〉
을 클릭해도 적용되지 않는다면 웹 브라우저를 새로 고침 해보세요.

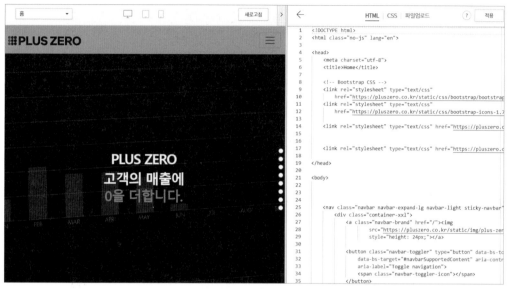

**그림 4-9** 데모 페이지 완성

다시 블로그 관리 화면으로 돌아와 왼쪽의 블로그 주소를 클릭합니다. 실제 블로그 화면으로
이동하면 데모 페이지 준비가 완료된 것입니다. 참고로 휴대폰에서 접속하면 화면이 다르게
출력될 수 있으므로 실습은 데스크톱에서 진행하길 바랍니다.

**그림 4-10** 블로그(데모 페이지)에 접속하기

**GTAG로 페이지 뷰 데이터 수집하기**

이제 본격적으로 데이터를 수집해 보겠습니다. 내가 운영하는 사이트의 데이터가 애널리틱스의 대시보드에 표시된다는 건 가슴 설레는 일입니다. 우선 웹 데이터 분석에서 가장 기본이 되는 **페이지 뷰 수집**부터 알아보겠습니다.

**01 단계** GTAG로 데이터를 수집하려면 스트림으로 이동해야 합니다. 애널리틱스에 접속한 후 [관리 → 데이터 수집 및 수정 → **데이터 스트림**]으로 이동합니다. 그리고 03장에서 만든 **웹 스트림**을 클릭합니다.

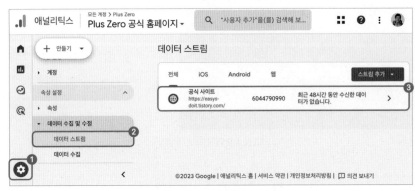

그림 4-11 설정 데이터 스트림

웹 스트림 정보 화면에서 스크롤을 내려 [**태그 안내 보기**]를 클릭합니다. 이어지는 설치 안내 화면에서 오른쪽 탭인 [**직접 설치**]를 클릭하면 웹 사이트에 삽입해야 할 GTAG 스크립트가 있습니다. 복사 아이콘(🗐)을 클릭해 스크립트를 복사합니다.

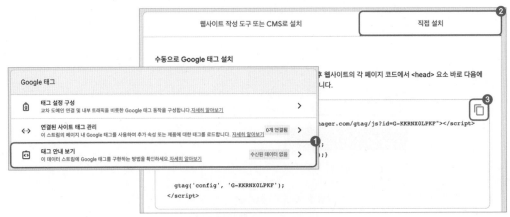

그림 4-12 웹 스트림의 GTAG 스크립트

**02 단계** 이렇게 복사한 **GTAG 스크립트를 내가 운영하는 웹 사이트의 〈head〉 영역에 삽입합니다.** 또는 사내 개발자에게 요청합니다. 이 책에서는 티스토리 블로그에 데모 페이지를 만들었으므로 블로그 관리 화면에서 [꾸미기 → **스킨 편집**]으로 이동한 후 HTML 소스에서 〈head〉 영역에 GTAG 스크립트를 삽입합니다. 그리고 위쪽의 〈적용〉과 〈새로고침〉을 클릭합니다. 이제 GTAG가 웹 사이트의 데이터를 수집합니다.

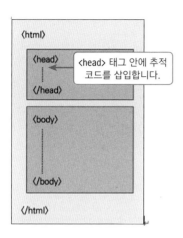

그림 4-13 GTAG 스크립트 삽입하기

**03 단계** 정말로 데이터가 수집되는지 확인해 보겠습니다. 웹 사이트에 페이지 뷰가 발생하도록 GTAG를 삽입한 웹 페이지(이 책에서는 데모 페이지)에 접속합니다. 그리고 애널리틱스에서 [보고서 → **실시간**]으로 이동하면 데이터 수집 현황을 실시간으로 확인할 수 있습니다.

그림 4-14 애널리틱스 실시간 보고서

## 어떤 원리로 데이터가 수집될까?

웹 사이트에 GTAG를 넣고 해당 페이지에 접속해 페이지 뷰 데이터를 수집해 보았습니다. 앞서 GA4에서는 데이터 스트림을 통해 속성으로 데이터가 수집된다고 배웠습니다. 즉, 데모 페이지에 담긴 GTAG가 페이지 뷰 데이터를 스트림에 전송한 것입니다. 애널리틱스에서 스트림 설정 화면을 보면 '측정 ID'라는 값이 있습니다. 이것이 바로 스트림의 고유 아이디입니다.

그림 4-15 스트림의 측정 아이디 확인

GTAG를 보면 이 측정 아이디를 확인할 수 있습니다.* 즉, GTAG는 페이지 뷰 데이터를 애널리틱스의 스트림으로 보내면서 측정 아이디를 함께 전달합니다. 이 정보를 전달받은 애널리틱스는 그에 맞는 속성으로 데이터를 보냅니다.

\* 측정 아이디는 스트림별로 자동 생성되므로 필자와 여러분의 측정 아이디는 다릅니다. 따라서 이 책을 볼 때 측정 아이디 부분은 여러분의 측정 아이디를 사용하세요.

**GTAG 스크립트**

```
<!-- Google tag (gtag.js) -->

<script async src="https://www.googletagmanager.com/gtag/js?id=G-KKRNX0LPKF"></script>
<script>
  window.dataLayer = window.dataLayer || [];
```

```
function gtag(){dataLayer.push(arguments);}
gtag('js', new Date());

gtag('config', 'G-KKRNX0LPKF');
</script>
```

티스토리나 워드프레스 같은 웹 사이트 운영 서비스는 애널리틱스를 설치하는 플러그인을 제공하기도 합니다. 이러한 플러그인은 대부분 측정 아이디만 요구하므로 애널리틱스의 스트림 설정 화면에서 복사해 붙여 넣기만 하면 됩니다. 잠시 후 「04-3」절에서 GTM을 활용할 때도 측정 아이디만 활용합니다.

## GTAG를 페이지별로 넣어야 할까?

데이터를 수집하는 GTAG는 분석하길 원하는 데이터가 발생하는 모든 페이지에 넣어야 합니다. 만약 웹 사이트가 많은 페이지로 만들어졌다면 모든 페이지에 GTAG를 넣기가 수고로울 수 있습니다. 그러나 보통 웹 사이트는 같은 코드를 줄여 효율적으로 개발하고자 모든 페이지에 공통으로 포함되는 영역이 있습니다. 모든 페이지가 공유하고 있는 이 공통 영역에 GTAG를 삽입하면 됩니다.

예를 들어 이지스퍼블리싱 홈페이지(easyspub.co.kr/Main/pub)에서 메인 메뉴가 있는 위쪽은 어느 페이지에서나 보이므로 공통 영역으로 만들어졌을 것입니다.

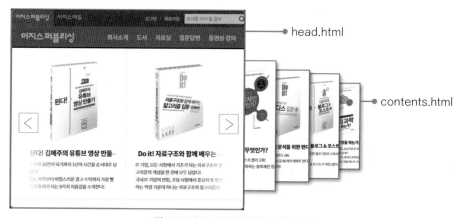

**그림 4-16** 웹 사이트의 헤더와 콘텐츠 영역

이처럼 분석 대상 웹 사이트에 GTAG를 삽입할 때는 웹 사이트의 구성을 파악하고 있어야 합니다. 그리고 공통 영역이 적용되지 않은 페이지, 예를 들면 팝업 창 같은 곳에는 GTAG를 별도로 넣어야 할 수도 있습니다. 만약 웹 사이트를 자신이 직접 개발하지 않았다면 담당자나 개발자와 협의해 GTAG를 삽입할 적당한 위치를 정합니다.

---

**잠깐 퀴즈** 다음 중 GA4의 측정 ID는 어떤 형태일까요?

① G-XXXXXXXXX　　　② UA-XXXXXXX-X　　　③ AW-XXXXXXX

정답 ①

---

## Do it! 실습 ▸ GTAG 디버그 모드 시작하기

앞에서 데모 페이지를 만들고 GTAG를 삽입해 페이지 뷰 데이터가 애널리틱스에 수집되는 것을 확인했습니다. 그런데 데이터 수집 계획에 따라 원하는 데이터가 제대로 수집되는지 확인하려면 디버깅이 필요합니다. 디버깅<sup>debugging</sup>은 애플리케이션에서 결함을 찾아 수정하는 과정을 말합니다. 애널리틱스에서 데이터 수집을 디버깅하려면 **디버그 뷰**<sup>DebugView</sup>를 이용합니다. 디버그 뷰에서는 실시간으로 수집되는 데이터를 좀 더 세세하게 들여다 볼 수 있습니다.

**01 단계** 데이터 수집을 디버깅하려면 먼저 GTAG를 디버그 모드로 등록해야 합니다. 데모 페이지의 소스 코드에 접근한 후 앞에서 추가한 GTAG 스크립트에서 config라는 코드가 있는 줄을 찾습니다. 이 줄은 GTAG가 데이터를 수집하는 데 필요한 구성을 등록하는 명령입니다. 이 명령에 디버그 모드를 켜는 코드인 {'debug_mode': true}를 추가합니다. 그러면 GTAG가 디버그 모드로 등록됩니다.

**GTAG 스크립트**

```
<!-- Google tag (gtag.js) -->
<script async src="https://www.googletagmanager.com/gtag/js?id=G-KKRNX0LPKF"></script>
<script>
  window.dataLayer = window.dataLayer || [];
  function gtag(){dataLayer.push(arguments);}
  gtag('js', new Date());

  gtag('config', 'G-KKRNX0LPKF', {'debug_mode': true});
</script>
```

> 이 코드를 추가하세요.

**02 단계** 이제 애널리틱스에서 [관리 → 데이터 표시 → DebugView]로 이동합니다. 그러면 "디버그 이벤트 대기 중"이라는 문구가 표시됩니다.

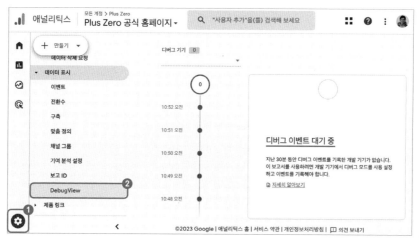

그림 4-17 디버그 뷰

**03 단계** 이제 데이터 수집 대상 웹 페이지에 접속해 페이지 뷰 데이터가 전송되도록 합니다.* 그리고 다시 디버그 뷰 화면을 보면 데이터 수집 기록을 확인할 수 있습니다. 디버그 뷰 왼쪽 위에 표시된 [디버그 기기]를 클릭하면 현재 디버그 모드로 데이터를 보낸 모든 기기가 표시됩니다. 내가 접속한 기기를 클릭하면 해당 기기에서 수집된 데이터를 확인할 수 있습니다.

\* 이 책에서는 티스토리 블로그로 실습하므로 해당 주소에 접속해 페이지를 새로 고침 합니다.

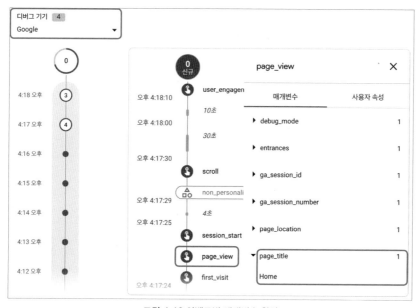

그림 4-18 이벤트별 매개변수 확인

그리고 디버그 뷰 화면에 표시된 시간별 데이터 수집 기록에서 이벤트 이름을 클릭하면 오른쪽에 매개변수 목록이 출력됩니다. 예를 들어 `page_view` 이벤트를 클릭하고 매개변수 목록에서 `page_title`을 클릭하면 해당 매개변수에 들어 있는 값(예에서는 **Home**)을 볼 수 있습니다. 이처럼 디버그 모드에서 기기별로 실시간 데이터 수집 기록을 보면서 특정 데이터가 의도에 맞게 수집되는지 확인할 수 있습니다.

---

**page_view 외에 다른 이벤트는 무엇인가요?**

디버그 뷰에서 page_view 외에 first_visit과 session_start, user_engagement를 볼 수 있습니다. 이는 3장에서 배운 자동 수집 이벤트입니다. first_visit은 사용자가 처음 웹 사이트에 접속할 때 수집되며, session_start는 사용자의 세션이 시작될 때, user_engagment는 사용자가 마지막 이벤트에서 얼마간의 시간이 지난 뒤 다른 페이지로 이동할 때 수집됩니다. 모두 데이터 분석에 유용한 이벤트입니다.

---

디버그 모드로 등록한 GTAG는 실제 서비스에 배포하지 않도록 주의합니다. 디버그 모드를 켠 채로 배포하면 디버그 뷰에 모든 사용자의 데이터가 나타나 내가 디버깅하려고 보낸 특정 데이터를 찾기가 어렵습니다. 따라서 데이터 수집 디버깅은 서비스를 배포하기 전이나 데이터를 통제할 수 있는 테스트 서버에서 진행해야 합니다. 그런데 잠시 후 다룰 GTM을 이용하면 내가 보내는 데이터만 디버깅할 수 있는 방법이 있습니다. 「04-3」절에서 이 방법을 살펴보겠습니다.

---

**GA4에서 수집되는 데이터를 바로 확인할 수 있는 기능이 <u>아닌</u> 것은?**

① 실시간 보고서

② 디버그 뷰

③ 일반 보고서

정답 ③

---

## 이벤트 태깅하기

이제 03장에서 한분석 대리가 데이터를 수집하려고 했던 영역에 이벤트 태깅을 진행해 보겠습니다. 「03-3」절에서 한분석 대리는 다음처럼 네 곳을 태깅하여 클릭 데이터를 수집하기로 했습니다.

**그림 4-19** 메인 페이지 태깅 영역

그리고 이벤트를 오른쪽 표처럼 설계했습니다. 이 가운데 Logo_click 이벤트만 GTAG로 태깅해 보고 GNB_click 이벤트는 다음 절에서 GTM을 이용해서 태깅해 보겠습니다.

**표 4-1** 메인 페이지 이벤트 설계

| 번호 | 이벤트 이름 | 매개변수 |
|------|-------------|----------|
| 1 | Logo_click | click_text |
| 2 | GNB_click | click_text<br>click_position |
| 3 | Cookie_consent | consent |
| 4 | scroll_button_click | click_position |

그런데 이벤트를 태깅하려면 HTML 문서를 작성할 수 있어야 하며 때로는 자바스크립트와 CSS에 대한 지식이 필요하기도 합니다. 간단히 HTML만으로도 이벤트를 태깅할 수 있지만, 조금 더 다채롭게 태깅하려면 자바스크립트와 CSS를 공부하는 것이 좋습니다. HTML과 자바스크립트, CSS는 내용이 방대하고 주제를 벗어나므로 이 책에서는 간단히 체험만 해보고 자세히 다루지는 않습니다.* 만약 본인이 직접 태깅하기 어려울 때는 개발자에게 도움을 요청해 보세요.

\* 필자의 유튜브 채널에 이벤트 태깅을 위한 CSS 기본기 영상을 올려 두었으니 참고 바랍니다.
www.youtube.com/watch?v=NoX2lK4FsgA

HTML<sup>HyperText Markup Language</sup>은 태그로 이뤄진 웹 문서입니다. 앞에서 데모 페이지도 <head>, <body>를 비롯하여 <div>, <button>, <img>, <a> 등 여러 가지 태그로 작성되었습니다. 우리가 태깅할 영역은 이런 태그 가운데 하나로 감싸 있습니다. 그 태그를 찾아 애널리틱스로 데이터를 전송하도록 해야 합니다.

결국 GTAG로 애널리틱스의 이벤트를 태깅한다는 것은 웹 페이지에서 데이터를 수집할 특정
영역에 GTAG를 삽입하는 것입니다. 그러면 GTAG가 해당 영역에서 발생하는 이벤트를 애널
리틱스에 전송해 줍니다. 여기서는 데모 페이지에 로고 클릭 이벤트를 태깅해 보겠습니다.

**01 단계** 먼저 앞에서 만든 데모 페이지에서 로고를 출력하는 코드를 찾습니다. 로고는 보통
이미지이므로 **<img>** 태그를 찾아 보세요. 다음과 같은     * 티스토리 스킨 편집 창에 보이는 코드와 같지
코드*를 확인할 수 있습니다.                      만 책에서는 보기 좋게 정렬했어요.

**로고 영역 소스 코드**

```
<a class="navbar-brand" href="/">
  <img
    src="https://pluszero.co.kr/static/img/plus-zero-logo.99b73b22e87a.svg"
    alt="pluszero"
    style="height: 24px"
  />
</a>
```

**<img>**를 **<a>** 태그가 감싸고 있습니다. **<img>**는 이미지를 출력하는 태그이고, **<a>**는 링크를
걸어 주는 태그입니다. 즉, 이미지(로고)를 클릭하면 지정한 페이지로 이동하는 코드입니다.
이동할 페이지의 경로는 **<a>** 태그의 **href** 속성에 작성하는데, **"/"**는 홈 페이지를 의미합니다.

**질문
있어요!**   **class는 무엇인가요?**
HTML 태그의 속성 가운데 id와 class가 있습니다. 두 속성은 CSS로 스타일을 지정할 때 선
택자로 사용됩니다. id 속성은 태그를 구분하는 역할을 하므로 이 속성에 지정하는 값은 같은
페이지에서 중복할 수 없습니다. 반면에 class 속성은 태그의 부류를 지정하는 역할을 하므로
이 속에 지정하는 값은 중복할 수 있습니다. 즉, id와 class 속성을 이용하면 페이지에서 원하
는 태그를 선택해 스타일을 지정할 수 있습니다.

**02 단계** HTML 속성 가운데 onclick에는 해당 태그가 클릭될 때 수행할 동작을 지정합니다. 이를 활용해 onclick 속성에 GTAG를 등록하면 클릭 이벤트를 태깅할 수 있습니다. HTML 편집 창에서 &lt;a&gt; 태그의 onclick 속성에 다음처럼 GTAG를 작성합니다.

**로고 영역에 GTAG 삽입**

```
<a
  class="navbar-brand"
  href="/"                                      이 코드를 추가하세요.
  onclick="gtag("event", "Logo_click", {"click_text": "pluszero"})"
  >
  <img
    src="https://pluszero.co.kr/static/img/plus-zero-logo.99b73b22e87a.svg"
    alt="pluszero"
    style="height: 24px"
  />
</a>
```

**03 단계** 이제 웹 사이트에 접속한 후 로고를 클릭합니다. 그리고 애널리틱스의 디버그 뷰에서 데이터를 확인해 보세요. Logo_click 이벤트가 기록된 것을 확인할 수 있습니다. 그리고 Logo_click 이벤트를 클릭하면 GTAG에 명시한 click_text 매개변수와 그 값인 pluszero도 보입니다.

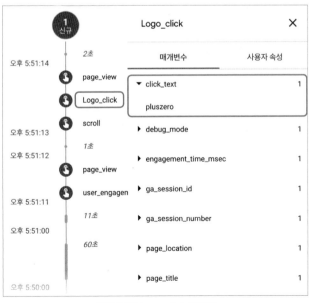

**그림 4-20** Logo_click 디버깅

## GTAG 이벤트 수집 형태

GTAG로 이벤트를 수집할 때는 다음과 같은 형태로 작성합니다. **gtag()** 안에 **"event"**라고 지정하고 이벤트 이름을 작성합니다. 그리고 매개변수와 매개변숫값 묶음을 중괄호 안에 작성합니다.

**GTAG 이벤트 수집 형태**

```
gtag("event", "이벤트_이름",
  {
    "매개변수1_이름": "매개변수1_값",
    "매개변수2_이름": "매개변수2_값"
  }
);
```

**Logo_click 이벤트를 수집하는 GTAG**

```
gtag("event", "Logo_click",
  {
    "click_text": "pluszero"
  }
);
```

만약 **GNB_click** 이벤트를 수집한다면 다음처럼 작성할 수 있습니다.

**gtag GNB_click 이벤트**

```
gtag("event", "GNB_click",
  {
    "click_text": "블로그",
    "click_position": "2"
  }
);
```

## 전자상거래 이벤트 태깅 방법

이번에는 전자상거래 이벤트 태깅 방법을 알아보겠습니다. 전자상거래 데이터도 이벤트를 통해 수집할 수 있다고 했습니다. 그런데 전자상거래 이벤트를 태깅하는 코드를 보면 일반 이벤트 태깅 코드와 다른 점을 발견할 수 있습니다.

예를 들어 GNB_click 이벤트를 태깅하는 코드와 전자상거래 이벤트인 purchase를 태깅한 코드를 비교해 보겠습니다.

**GNB_click 이벤트**

```
gtag("event", "GNB_click",
  {
    "click_text": "블로그",
    "click_position": "2"
  }
);
```

**purchase 이벤트**

```
gtag("event", "purchase",
  {
    "transaction_id": "T_12345",
    "value": 40000,
    "currency": "KRW",
    "items": [
      {
        "item_id": "SKU_12345",
        "item_name": "Do it! GA4",
        "currency": "KRW",
        "item_brand": "이지스퍼블리싱",
```

```
        "item_category": "책",
        "item_category2": "IT",
        "item_category3": "Analytics",
        "item_category4": "GA",
        "price": 20000,
        "quantity": 2,
      }
    ]
  }
);
```

사실 구입한 상품 정보를 나타내는 items 매개변수 때문에 전자상거래 이벤트 태깅 코드가 조금 더 복잡해 보일 뿐입니다. items 매개변수를 제외하면 GNB_click 이벤트와 같은 구조입니다. items에는 문자나 숫자가 아닌 배열 데이터가 들어가기 때문에 구조가 복잡해 보입니다.

## 배열 데이터

**배열**<sup>array</sup>은 같은 범주에 속하는 여러 데이터를 묶는 개념으로 이해하면 쉽습니다. 예를 들어 다음 그림에서 과일이라는 배열에는 사과·딸기·한라봉이 들어 있고, 동물이라는 배열에는 강아지·고양이·플라밍고가 들어 있습니다.

그림 4-21 배열의 형태

이를 자바스크립트 코드로 표현하면 다음처럼 작성할 수 있습니다. fruits라는 이름의 배열에 사과·딸기·한라봉을 넣고, animals라는 이름의 배열에는 강아지·고양이·플라밍고를 넣었습니다.

**과일과 동물 배열 선언**

```
var fruits = ["사과", "딸기", "한라봉"];
var animals = ["강아지", "고양이", "플라밍고"];
```

자바스크립트에서 배열은 대괄호([])로 표현합니다. 같은 원리로 상품이라는 범주 안에 Do it! 도서가 3개 들어 있다고 가정하면 다음처럼 표현할 수 있습니다.

그림 4-22 상품 배열

purchase 이벤트의 items 매개변수 역시 배열입니다. items가 배열인 이유는 여러 상품을 동시에 구입할 수 있기 때문입니다. 즉, 구입하는 상품을 모두 수집하기 위해서입니다. 그래서 다른 매개변수와는 다르게 값 부분이 복잡해 보입니다.

> **items 배열**
>
> ```
> var items = [
>   "Do it! 자바스크립트 입문",
>   "Do it! BERT와 GPT로 배우는 자연어 처리",
>   "Do it! 딥러닝 교과서"
> ];
> ```

## 키와 값 구조

이제 GTAG에서 중괄호({})와 쌍점(:), 쉼표(,) 등을 설명할 차례입니다. 자바스크립트 문법과 관련하여 각각은 다음과 같은 의미가 있습니다.

- **중괄호**: 객체를 표현하는 방법으로 중괄호 안에는 속성을 나열합니다.
- **쌍점**: 속성에서 키와 값의 구분자입니다.
- **쉼표**: 속성의 구분자입니다.

자바스크립트에서 객체[object]는 '키:값'으로 구성된 속성[property]들을 중괄호 {}로 감싼 구조입니다. 예를 들어 다음 코드에서 "click_text"와 "click_position"이 속성의 키이고, "블로그"와 "2"가 속성의 값입니다.

**GNB_click 이벤트**

```
gtag("event", "GNB_click",
  {
    "click_text": "블로그",
    "click_position": "2"
  }
);
```

GTAG는 이처럼 '키:값' 구조로 이벤트의 매개변수를 표현합니다. 그리고 purchase 이벤트의 items 매개변수 역시 '키:값' 구조로 속성을 표현합니다.

이제 GTAG를 더 쉽게 이해할 수 있겠죠? 예를 들어 3개의 상품을 구입한 코드는 다음과 같습니다. 각 상품의 속성은 앞에서 제시했으므로 일부를 생략했지만 GTAG의 전체 구조를 파악할 수는 있습니다.

**책을 3개 구입한 purchase 이벤트**

```
gtag("event", "purchase",
  {
    "transaction_id": "T_12345",
    "value": 59400,
    "currency": "KRW",
    "items": [
      {
        "item_id": "SKU_12345",
        "item_name": "Do it! 자바스크립트 입문",
        (... 생략 ...)
      },
      {
        "item_id": "SKU_32443",
        "item_name": "Do it! BERT와 GPT로 배우는 자연어 처리",
        (... 생략 ...)
      },
      {
        "item_id": "SKU_76457",
        "item_name": "Do it! 딥러닝 교과서",
        (... 생략 ...)
```

```
        },
      ]
    }
);
```

다른 매개변수는 값이지만, `items` 매개변수는 상품 객체로 구성된 배열(`[]`)입니다. 그리고 각 객체(`{}`)는 '키:값' 구조로 상품의 속성 데이터를 담고 있습니다. 여기서 주의할 점은 쉼표 사용입니다. **`items` 배열에서 각 상품은 쉼표로 구분하며, 키와 값으로 구성된 속성도 쉼표로 구분합니다.** 쉼표를 누락하면 데이터가 수집되지 않으니 항상 주의하세요.

지금까지 GTAG로 전자상거래 데이터를 어떻게 수집하는지 알아봤습니다. 여기서는 `purchase` 이벤트만 알아봤지만 다른 이벤트도 똑같은 방식으로 태깅하면 됩니다. 다음 주소에서 전자상거래 이벤트별 샘플 코드를 제공하므로 참고하기 바랍니다.

- **전자상거래 이벤트 태깅법**: developers.google.com/analytics/devguides/collection/ga4/reference/events?client_type=gtag&hl=en

## 매개변숫값을 변수로 처리하기

그런데 한 가지 중요한 사실을 짚고 넘어가야 합니다. 전자상거래 사이트에서는 많은 사람이 접속하여 저마다 다른 상품을 구입할 것입니다. 따라서 매개변수에 들어가는 값을 특정 값으로 고정하면 안 되고 사용자의 거래에 따라 동적으로 변하게 해야 합니다. 즉, 앞에서 든 예처럼 상수$^{constant}$ 대신 다음처럼 변수$^{variable*}$로 수집해야 합니다. 이렇게 하면 GTAG가 동작할 때마다 매개변숫값이 변경됩니다.

> \* 변수는 다음 절의 「태그와 트리거, 변수」 단락에서 좀 더 살펴보겠습니다.

**매개변숫값 변수 처리**

```
gtag("event", "purchase",
  {
    "transaction_id": t_id,
    "value": revenue,
    "currency": "KRW",
    "items": [
      {
        "item_id": product_id,
        "item_name": product_name,
```

```
      "currency": "KRW",
      "price": price,
      "quantity": q,
    }
  }
);
```

이렇게 작성하려면 웹 페이지의 데이터 구성을 알아야 하며 그러려면 자바스크립트 코드를
볼 수 있어야 합니다. 만약 코드를 직접 작성하지 않고 개발자에게 요청해야 한다면 이벤트가
발생할 때마다 변경되는 값이 들어가야 한다는 것을 알려줘야 합니다.

---

**items 매개변수의 자료형은 무엇인가요?**

① array

② string

③ number

정답 ①

---

# 04-3 | 구글 태그 관리자로 데이터 수집하기

앞 절에서는 GTAG를 이용해 데이터를 수집해 봤습니다. GA4는 이벤트 데이터만 수집하면 되므로 태깅이 UA보다 어렵지 않지만 GTAG를 직접 코드에 작성하는 일은 역시 쉽지 않습니다. 왜냐하면 이벤트를 새로 추가할 때마다 코드를 다시 배포해야 하기 때문입니다.

만약 오늘 프로모션 페이지를 오픈해서 바로 이벤트를 수집해야 하는데 개발 환경 때문에 배포가 7일 뒤에나 가능하다면 어떨까요? 7일이나 데이터 수집을 할 수 없게 됩니다. 구글 태그 관리자를 이용하면 코드 배포 없이도 데이터를 수집할 수 있습니다.

## 구글 태그 관리자

구글 태그 관리자(이하 GTM은)는 이름 그대로 GTAG를 관리하는 온라인 도구입니다. GTM을 이용하면 코드에 GTAG를 직접 추가하지 않아도 GTM에서 이벤트를 태깅할 수 있습니다. 하지만 모든 것이 가능한 것은 아닙니다.

예를 들어 전자상거래 이벤트 태깅은 앞 절에서 배운 것처럼 사용자의 거래에 따라서 동적으로 다른 데이터가 수집되어야 하므로 직접 코드를 작성할 수밖에 없습니다. 하지만 기본적인 이벤트 태깅은 GTM으로 쉽게 태깅할 수 있어 편리합니다.

참고로 여기서는 GTM으로 데이터를 수집하는 최소한의 방법만 소개합니다. 조금 더 깊이 있게 공부하고 싶다면 필자의 유튜브 채널을 참고하세요.

### Do it! 실습 ▶ GTM 설치하기

**01 단계** 구글 태그 관리자 홈페이지(tagmanager.google.com)에 접속한 후 오른쪽에 〈계정 만들기〉를 클릭합니다.

**그림 4-23** GTM 메인 화면

**02 단계** GTM도 애널리틱스의 '계정 → 속성' 구조와 비슷하게 '계정 → 컨테이너' 구조를 가지고 있습니다. 애널리틱스에서 속성마다 서로 다른 사이트를 연결했듯이 GTM도 사이트마다 컨테이너를 생성해 등록하는 방식입니다. 계정 설정에서 이름과 국가를 다음 그림처럼 설정합니다.

**그림 4-24** GTM 계정 설정

**03 단계** 아래쪽 컨테이너 설정에서는 컨테이너 이름*을 입력하고 타깃 플랫폼으로 웹을 선택한 후 〈만들기〉를 클릭합니다.

\* 입력란의 힌트에는 URL로 안내하지만 한글로 이름을 지어도 무관합니다.

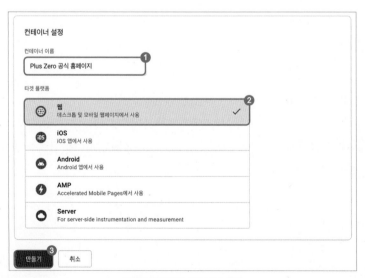

**그림 4-25** GTM 컨테이너 설정

**타깃 플랫폼이 무엇인가요?**

컨테이너 설정에서 '타깃 플랫폼'은 GTM을 등록할 대상 플랫폼을 의미합니다. GTM은 웹에서 동작하는 HTML의 태그와 유사한 형태로 웹에서 활용도가 높습니다. iOS나 안드로이드에서는 그 성능을 모두 활용할 수 없어 잘 사용되지 않습니다. 그 외에 AMP는 웹 컴포넌트 프레임워크에서 사용할 때, Server는 서버 측에서 사용할 때 설정합니다.

**04 단계** 서비스 이용 약관이 표시되면 오른쪽 위에 있는 〈예〉를 클릭합니다. 그러면 계정이 만들어지고 GTM 설치 안내 창이 나옵니다. 우선 〈확인〉을 클릭합니다.

그림 4-26 GTM 컨테이너 생성 완료 화면

**05 단계** 계정 만들기를 완료하면 다음 그림처럼 작업 공간이 보입니다. 이 화면에서 오른쪽 위에 있는 'GTM-'으로 시작하는 **GTM 컨테이너 아이디**를 클릭합니다. 그러면 앞 단계에서 확인한 GTM 설치 안내 창을 다시 볼 수 있습니다.

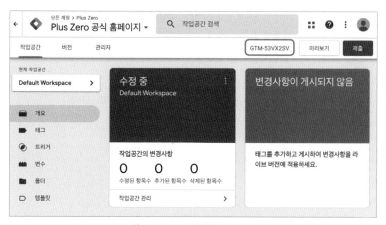

그림 4-27 GTM 컨테이너 코드 클릭

**06 단계** 대상 사이트에 GTM을 설치하려면 설치 안내 창에서 위에 표시된 코드 뭉치를 <head> 영역에 넣고, 아래에 표시된 코드 뭉치를 <body> 영역에 넣습니다.

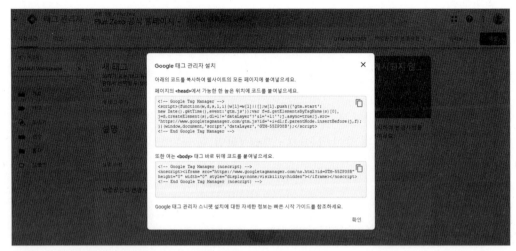

그림 4-28 GTM 설치 안내 창

HTML 편집 창에서 기존에 작성했던 GTAG와 로고 이벤트 태깅을 지우고 설치 안내에 따라 각 위치에 코드 뭉치를 넣습니다.

```
GTM 설치하기

<!DOCTYPE html>
<html class="no-js" lang="en">
  <head>
    <meta charset="utf-8" />
    <title>Home</title>
    <!-- Bootstrap CSS -->
    (... 생략 ...)
    <!-- Google tag (gtag.js) -->
    <script
      async
      src="https://www.googletagmanager.com/gtag/js?id=G-KKRNX0LPKF"
    ></script>
    <script>
      window.dataLayer = window.dataLayer || [];
      function gtag() {
        dataLayer.push(arguments);
      }
```

```
        gtag("js", new Date());
        gtag("config", "G-KKRNX0LPKF", { debug_mode: true });
      </script>
      <!-- Google Tag Manager -->
      <script>
        (function (w, d, s, l, i) {
          w[l] = w[l] || [];
          w[l].push({ "gtm.start": new Date().getTime(), event: "gtm.js" });
          var f = d.getElementsByTagName(s)[0],
            j = d.createElement(s),
            dl = l != "dataLayer" ? "&l=" + l : "";
          j.async = true;
          j.src = "https://www.googletagmanager.com/gtm.js?id=" + i + dl;
          f.parentNode.insertBefore(j, f);
        })(window, document, "script", "dataLayer", "GTM-53VX2SV");
      </script>
      <!-- End Google Tag Manager -->
  </head>

  <body>
    <!-- Google Tag Manager (noscript) -->
    <noscript>
      <iframe
        src="https://www.googletagmanager.com/ns.html?id=GTM-53VX2SV"
        height="0"
        width="0"
        style="display: none; visibility: hidden"
      ></iframe>
    </noscript>
    <!-- End Google Tag Manager (noscript) -->
    <nav class="navbar navbar-expand-lg navbar-light sticky-navbar">
      <div class="container-xxl">
        <a
          class="navbar-brand"
          href="/"
          onclick='gtag("event", "Logo_click", {"click_text": "pluszero"})'
        >
(... 생략 ...)
  </body>
</html>
```

**태그 어시스턴트 사용해보기**

이제 GTM이 제대로 설치됐는지 확인할 차례인데 이후에도 유용하게 활용할 수 있는 크롬의 확장 프로그램을 설치해 확인해 보겠습니다.

**01 단계** 크롬 브라우저를 실행한 후 확장 프로그램을 내려받을 수 있는 **크롬 웹 스토어** (chrome.google.com/webstore/category/extensions)에 접속합니다. 크롬 웹 스토어에서 "Tag Assistant"를 검색합니다. 검색 결과에서 [Tag Assistant Companion]을 클릭합니다.

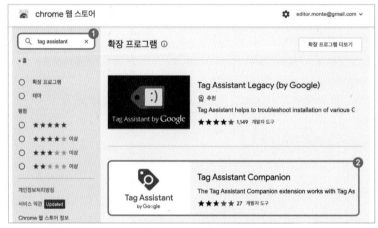

그림 4-29 크롬 웹 스토어에서 Tag Assistant 검색

**02 단계** 다음처럼 상세 페이지가 나오면 오른쪽에 〈Chrome에 추가〉를 클릭하고 이어지는 팝업 창에서 〈확장 프로그램 추가〉를 클릭해 설치합니다.

그림 4-30 태그 어시스턴트 설치

**03 단계** 설치를 완료하면 주소 창 오른쪽에 퍼즐 모양의
아이콘(✸)을 클릭하고 [Tag Assistant Companion]을
클릭해 실행합니다.

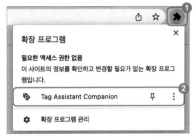

그림 4-31 태그 어시스턴트 실행

**04 단계** 그럼 다음처럼 태그 어시스턴트가 열립니다. 여기서 〈Add domain〉을 클릭합니다.

그림 4-32 태그 어시스턴트

**05 단계** 이전 실습에서 GTM을 설치한 페이지의 주소를 입력한 후 〈Connect〉를 클릭하여
태그 어시스턴트에 연결합니다.

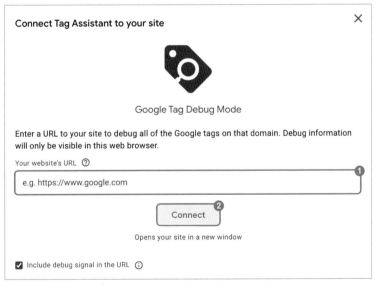

그림 4-33 태그 어시스턴트에 도메인 연결

**06 단계** 사이트에 접속되고 오른쪽 아래의 태그 어시스턴트 창에 "Tag Assistant Connected"가 출력되면 GTM이 정상으로 설치된 것입니다. 확인한 후 〈Finish〉를 클릭합니다.

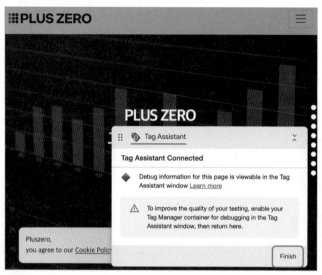

그림 4-34 GTM 설치 확인

**다음 중 GTM 컨테이너 ID는 무엇일까요?**

① GTM-55ZP38B

② G-X3WL86Q70P

③ UA-5938728-1

정답 ①

## 태그와 트리거, 변수

GTM을 설치했으니 페이지 뷰 데이터를 수집해 보겠습니다. 실습 전에 GTM의 3가지 요소인 **태그, 트리거, 변수**에 관해 알아보겠습니다.

### 태그

GTM에서 태그<sup>tag</sup>란 **데이터가 명시된 꼬리표**입니다. GTM은 웹 사이트에서 수집되는 이벤트에 이러한 꼬리표를 붙여 애널리틱스로 전송합니다. 예를 들어 이벤트 이름이 `page_view`이고 매개변수는 `page_title`, 값은 `home`이라고 명시된 페이지 뷰 이벤트의 꼬리표는 다음 그림처럼 표현할 수 있습니다.

그림 4-35 페이지 뷰 이벤트 꼬리표

## 트리거

트리거[trigger]는 **태그를 어느 시점에(When), 어디(Where)에서 애널리틱스로 전송할 것인지를 결정하는 조건**입니다. 예를 들어 메인 페이지에(Where) 도착했을 때(When) 태그를 전송하도록 트리거 조건을 설정할 수 있습니다. GTM으로 데이터를 수집할 때 태그와 트리거는 꼭 설정해야 합니다.

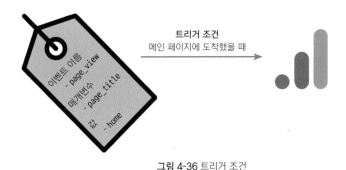

그림 4-36 트리거 조건

태그와 트리거 조건은 데이터를 수집할 항목마다 만들어야 합니다. 만약 5개 메뉴의 클릭 이벤트를 수집한다면 메뉴별로 태그(5개)와 트리거 조건(5개)을 모두 10개 만들어야 합니다. 그런데 다음에 소개할 변수를 이용하면 태그와 트리거 한 쌍으로 모든 메뉴를 태깅할 수 있습니다.

## 변수

변수[variable]는 '변하는 수'라는 의미로 프로그래밍에서는 **데이터를 저장하는 메모리 공간**을 가리킵니다. 메모리 공간에 데이터를 썼다가 새 데이터를 덮어 쓸 수 있는 것처럼, 변수에는 바뀌는 값을 담을 수 있습니다. 이와 반대되는 개념으로는 상수가 있습니다. 상수[constant]는 변하지 않는 수로 고정된 값 그 자체를 가리킵니다.

앞에서 예로 든 `page_title` 매개변수의 값은 페이지마다 바뀌어야 합니다. 만약 태그에 home 이라는 고정된 값을 설정해 놓으면 모든 페이지에서 home이라는 데이터가 전송되어 페이지를 구분할 수 없게 됩니다. 따라서 페이지가 바뀔 때 해당 페이지에 맞는 `page_title` 값을 전달받으려면 변수를 이용해야 합니다.

**Do it! 실습** ▶ **GTM으로 페이지 뷰 데이터 수집하기**

**01 단계** GTM에 접속합니다. 왼쪽 메뉴에서 [태그]를 클릭하고 태그 화면이 나오면 오른쪽의 〈새로 만들기〉를 클릭합니다.

그림 4-37 GTM 태그

**02 단계** 위쪽의 '이름 없는 태그'로 표시된 부분에 태그 이름을 "GA4 구성"으로 작성하고 [태그 구성] 영역을 클릭합니다. 그리고 태그 유형 선택 화면에서 [Google 애널리틱스]를 클릭한 뒤 [Google 태그]를 클릭합니다.

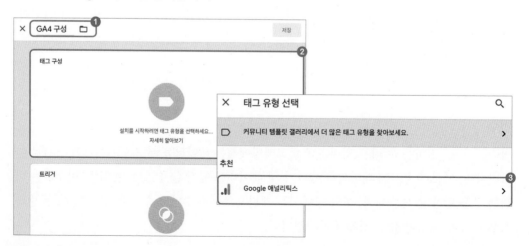

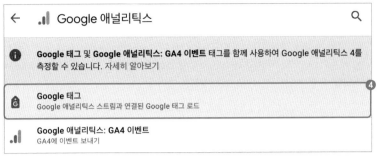

그림 4-38 Google 태그 유형 선택

**03 단계** 구글 태그 구성 화면이 나오면 태그 아이디 입력란에 스트림의 측정 아이디를 입력합니다. 애널리틱스 관리 화면에서 측정 아이디를 복사해 붙여 넣습니다.

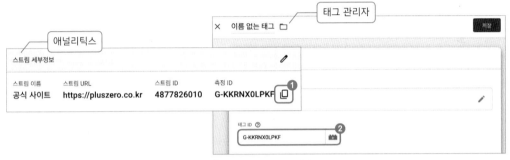

그림 4-39 태그 아이디 입력

이로써 "측정 아이디가 G-KKRNX0LPKF인 애널리틱스 속성으로 페이지 뷰 이벤트를 전송한다."는 태그를 만들었습니다. 이제 언제, 어디서 태그를 전송해야 하는지 트리거를 만들겠습니다. 트리거 영역을 클릭합니다.

**04 단계** 아직 아무 트리거도 만들지 않았지만 GTM에서 기본으로 제공하는 트리거가 3개 표시됩니다. 맨 위의 [All Pages] 트리거를 선택합니다. 이 트리거는 모든 페이지에서 페이지가 열릴 때 태그를 전송합니다.

그림 4-40 트리거 선택 화면

**05 단계** 모든 페이지에서 페이지가 열릴 때 페이지 뷰 이벤트를 애널리틱스로 전송하는 태그를 완성했습니다. 내부적으로는 GTM이 대상 사이트에 GTAG를 삽입하는 등 몇 가지 과정을 거치지만, 지금은 단순히 페이지 뷰를 애널리틱스로 전송한다고 이해하면 됩니다. 〈**저장**〉을 클릭합니다.

그림 4-41 Google 태그 구성 완료

 **잠깐 퀴즈**

**GTM에서 애널리틱스로 전송할 데이터를 명시하는 기능은?**

① 트리거

② 태그

③ 변수

정답 ②

---

**Do it! 실습** ▶ **GTM 미리 보기 기능 사용하기**

GTM으로 페이지 뷰 데이터를 수집하기 위한 준비가 끝났으므로 작업한 내용이 정상으로 작동하는지 확인하고 배포하는 방법을 알아보겠습니다. GTM은 태그와 트리거를 생성한 다음에 태그 관리자에서 오른쪽의 〈**제출**〉을 클릭해야 비로소 웹 사이트에 반영됩니다.

그림 4-42 제출 버튼

그런데 작업한 내용을 제출하기 전에 데이터가 제대로 수집되는지 확인할 수 있는 미리 보기 기능이 있습니다. 미리 보기 기능을 이용하면 태그와 트리거가 실제 웹 사이트에 적용되지는 않고, 현재 크롬 브라우저에서만 적용되므로 배포 전에 동작을 확인할 수 있어 편리합니다. 앞서 GTAG에서는 수집한 데이터를 디버그 모드에서 확인했는데, GTM에서는 미리 보기 기능으로 더 편리하게 디버깅할 수 있습니다.

**01 단계** GTM에서 오른쪽 위에 있는 〈미리보기〉를 클릭합니다.

그림 4-43 미리보기 버튼 클릭

**02 단계** 앞선 실습에서 설치한 태그 어시스턴트가 실행됩니다. GTM이 설치된 웹 사이트의 URL을 입력한 후 〈Connect〉를 클릭합니다. 그러면 새 창에 대상 웹 사이트가 열립니다. 다시 태그 어시스턴트가 열린 창으로 돌아와 〈Continue〉를 클릭합니다.

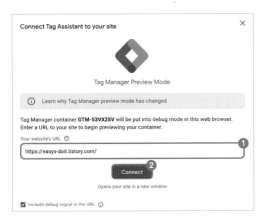

그림 4-44 태그 어시스턴트에 웹 사이트 연결하기

그러면 다음처럼 요약 화면을 볼 수 있습니다. Tags Fired(작동된 태그) 영역에 앞에서 만든
GA4 구성 태그가 있으면 정상입니다. 만약 태그가 Tags Not Fired(작동되지 않은 태그) 영
역에 있으면 작동하지 않은 것이므로 실습 과정을 다시 살펴보세요.

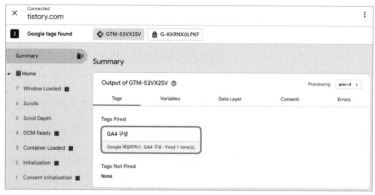

그림 4-45 태그 어시스턴트 요약 화면

## 태그 어시스턴트 화면 알아보기

태그 어시스턴트 화면을 잠시 살펴보고 넘어가겠습니다. 왼쪽
영역에는 현재 디버깅 중인 화면과 해당 화면에서 발생한 이벤
트가 표시됩니다. 각 이벤트를 클릭해 보면 GA4 구성이 작동
한 시점은 Container Loaded라는 것을 알 수 있습니다. 이
Container Loaded가 GTM의 All pages라는 트리거가 작동
하는 시점입니다.

왼쪽에서 이벤트를 클릭하면 가운데 영역에 해당 이벤트가 발
생한 시점의 정보가 4개 탭에 걸쳐 표시됩니다.

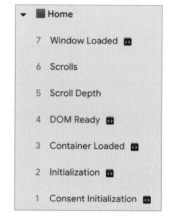

그림 4-46 태그 어시스턴트의 이벤트

- **Tags**: 태그가 작동했는지, 작동하지 않았는지 표시됩니다.
- **Variables**: 변수에 어떤 값이 들어 있었는지 표시됩니다.
- **Data Layer**: 소스 코드와 GTM이 서로 데이터를 주고받을 수 있게 해주는 dataLayer라는 자바스크
  립트 객체에 저장된 내용이 표시됩니다.
- **Errors**: 오류 내용이 표시됩니다.

GTM을 처음 접한다면 이러한 내용이 쉽지 않을 것입니다. 조금 더 자세한 설명이 필요한 독
자는 필자의 유튜브 채널에서 관련 영상을 확인하기 바랍니다.

## GA4 디버그 모드 활용하기

GTM의 미리 보기 기능과 애널리틱스의 디버그 모드를 활용하면 디버깅이 한결 편해집니다. 디버그 모드를 GTAG 스크립트에서 직접 켜면 모든 사용자의 데이터가 디버그 모드로 수집되지만, GTM에서 디버그 모드를 켠 채로 미리 보기 기능을 이용하면 내가 작업한 데이터만 디버그 모드에서 볼 수 있습니다.

GTM에서 디버그 모드를 켜려면 구성 태그를 다음처럼 설정합니다. [구성 설정]을 펼치고 debug_mode를 true로 설정하는 매개변수를 추가합니다. 이렇게 설정한 후 미리 보기를 하면 됩니다. 주의할 점은 GTM 작업 내용을 제출할 때는 디버그 모드 설정을 제거하는 것이 좋습니다.

그림 4-47 GA4 디버그 모드 활성화

**미리 보기와 디버그 모드의 차이점이 무엇인가요?**

미리 보기는 실제로 애널리틱스에 데이터가 수집되기 전에 정상으로 태깅한 영역이 작동하는지 확인하는 것이고, 디버그 모드는 실제로 애널리틱스에 수집된 데이터를 확인하는 것으로 다소 차이가 있습니다. 평소에는 미리 보기로도 충분합니다. 다만, 미리 보기로는 정상인데 애널리틱스에 데이터가 정상으로 수집되지 않는다면 디버그 모드를 활용해 보세요.

**Do it! 실습** **GTM 작업 내용 배포하기**

이제 GTM에서 작업한 내용을 배포해 보겠습니다. 배포해야 비로소 웹 사이트에 반영됩니다.

**01 단계** GTM에서 오른쪽 위에 있는 〈제출〉을 클릭합니다.

그림 4-48 제출 버튼 클릭

**02 단계** 다음처럼 제출 구성 화면이 나오면 버전 이름과 설명을 입력합니다. 자세히 입력할 수록 좋습니다. 혹시 잘못 배포했을 때는 이전 내용으로 돌아갈 수 있는데, 이때 버전에 대한 정보가 잘 입력돼 있으면 찾기가 쉽습니다. 입력이 끝났으면 오른쪽 위의 〈게시〉를 클릭합니다. 그러면 배포가 이뤄지고 요약 화면이 나옵니다.

그림 4-49 게시(왼쪽)와 게시 후 요약(오른쪽) 화면

**03 단계** 요약 화면을 닫으면 버전 화면이 보입니다(또는 위쪽에서 [버전] 탭 클릭). 현재 게 시된 버전이 보이고 아래쪽의 버전 목록에 이전 버전도 표시됩니다. 버전 목록에서 오른쪽의 더 보기 아이콘(⋮)을 클릭하면 현재 버전을 이전 버전으로 바꿀 수 있습니다. 혹시 잘못 배포 했을 때 배포 전의 버전으로 돌아갈 수 있습니다.

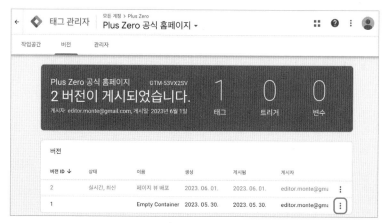

그림 4-50 버전 화면

Do it! 실습 ▶ **메뉴 클릭 이벤트 태깅하기**

마지막으로 GTM으로 이벤트를 태깅해 볼 차례입니다. 한분석 대리가 설계한 이벤트를 다시 한번 살펴보겠습니다.

앞에서 배웠듯이 GTM으로 이벤트를 태깅하려면 태그와 트리거, 변수를 만들어야 합니다. 우선 태그는 간단합니다. 이벤트 이름과 매개변수, 매개변숫값을 입력해 주면 됩니다.

표 4-2 메인 페이지 이벤트 설계

| 번호 | 이벤트 이름 | 매개변수 |
| --- | --- | --- |
| 1 | Logo_click | click_text |
| 2 | GNB_click | click_text<br>click_position |
| 3 | Cookie_consent | consent |
| 4 | scroll_button_click | click_position |

문제는 트리거와 변수입니다. **GNB_click** 이벤트를 태깅한다면 GNB 영역의 메뉴별로 태그와 트리거를 5개씩 만들어야 합니다. 그러나 이 실습에서는 태그와 트리거 한 쌍으로 해결하는 방법을 알아봅니다.

**01 단계** 우선 GTM 작업 공간에서 **[트리거]**로 이동한 후 오른쪽의 **[새로 만들기]**를 클릭합니다. 그리고 이어지는 화면에서 **[트리거 구성]** 영역을 클릭합니다. 오른쪽에 트리거 유형이 열리면 **[클릭 → 모든 요소]**를 클릭합니다. 여기서 **[링크만]**은 **\<a\>** 태그를 클릭했을 때만 동작하는 트리거입니다. 하지만 링크 기능이 **\<a\>** 태그에만 있는 것은 아니므로 보통 '모든 요소'를 더 많이 사용합니다.

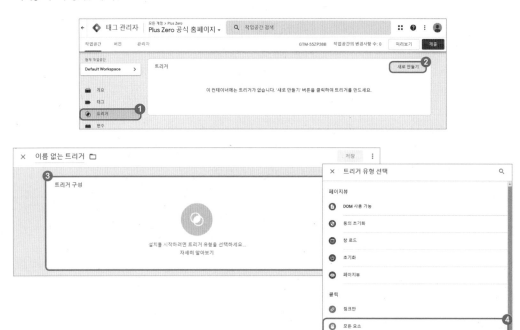

**그림 4-51** GTM 트리거 유형 선택 화면

**02 단계** 트리거 구성에서 **[모든 클릭]**을 **[일부 클릭]**으로 바꾸고 아래쪽의 조건 목록에서 **[기본 제공 변수 선택]**을 클릭합니다. 모든 클릭으로 설정하면 클릭할 때마다 트리거가 동작해 우리가 수집하려는 데이터뿐만 아니라 어디를 클릭하든 데이터가 수집됩니다.

**그림 4-52** 기본 제공 변수 선택

**03 단계** 다음 그림처럼 GTM이 제공하는 기본 변수가 나오면 **Click Element**를 선택합니다. Click Element에는 클릭한 요소(HTML 태그)에 대한 정보가 담겨 있어 사용자가 GNB 영역을 클릭했는지 판단할 수 있습니다.

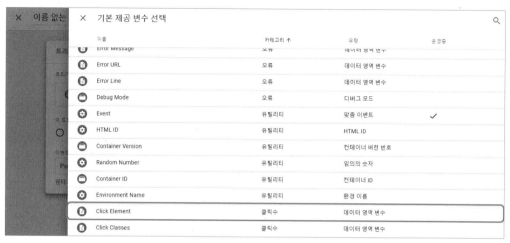

**그림 4-53** GTM 기본 제공 변수

**04 단계** 그런 다음 비교 조건을 [**CSS 선택 도구와 일치**]로 선택합니다. 여기서 CSS 선택 도구란 HTML 태그 정보와 앞에서 배웠던 태그의 속성 가운데 `class`와 `id`를 활용해 태깅하는 방법입니다.

**그림 4-54** 비교 조건 선택 CSS 선택 도구

**05 단계** 이제 조건 값을 입력해야 합니다. 하지만 CSS 선택 도구를 직접 작성하기에는 아직 어려울 수 있으니 자동으로 가져오는 방법을 사용해 보겠습니다. 웹 사이트에서 태깅할 메뉴 영역에 마우스 오른쪽 버튼을 클릭한 후 [**검사**]를 클릭합니다.

그림 4-55 메뉴에서 검사 클릭

그럼 다음처럼 메뉴 영역의 태그를 확인할 수 있습니다. `<li class="nav-item">` 태그를 찾고 그 아래에 `<a class="nav-link" ... </a>` 줄에서 마우스 오른쪽을 클릭한 후 [Copy → Copy selector]를 선택합니다.

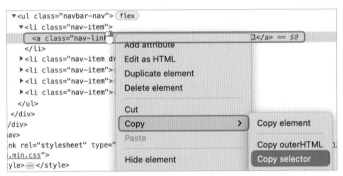
그림 4-56 CSS 선택자 복사

그럼 #navbarSupportedContent > ul > li:nth-child(1) > a라는 CSS 선택자가 복사됩니다. 그런데 이대로 붙여 넣기 하면 5개의 메뉴 가운데 [블로그]에만 태깅이 적용됩니다. 따라서 첫번째 `<li>` 태그로만 한정하는 구문을 삭제하고 5개의 태그가 모두 선택되도록 다음처럼 수정합니다.

    #navbarSupportedContent > ul > li > a

이렇게 변경하면 5개의 메뉴에 모두 트리거가 적용됩니다. 어떤 메뉴를 클릭해도 트리거가 적용된다는 의미입니다. 조금 어려울 수 있지만 정말 유용한 기능입니다. CSS 선택자에 대해 꼭 공부해 보세요.

**06 단계** 다시 트리거 구성 화면으로 돌아와 복사한 CSS 선택자를 조건 값을 입력하는 상자에 붙여 넣은 후 맨 위의 트리거 이름을 "Gnb_click 트리거"로 입력합니다. 그리고 〈저장〉을 클릭합니다.

그림 4-57 Gnb_click 트리거 완성

**07 단계** 이제 [태그]로 이동해서 〈새로 만들기〉를 클릭합니다. 그리고 태그 유형을 [Google 애널리틱스: GA4 이벤트]로 선택합니다.

그림 4-58 태그 구성 선택 화면

**08 단계** 태그 구성 화면이 나오면 다음처럼 설정합니다.

- **측정 ID**: 앞에서 만든 [Google 태그]에 집어넣은 것과 동일한 측정 ID를 삽입합니다.
- **이벤트 이름**: Gnb_click을 입력합니다.
- **이벤트 매개변수**: 매개변수 이름에 click_text를 입력합니다.

그림 4-59 이벤트 태그 구성

click_position은 변수를 생성하는 난이도가 높으니 태그 관리자로는 click_text만 만들어 보겠습니다. 이제 click_text 매개변수에 대한 값을 추가해야 합니다. 앞에서 살펴본 것처럼 클릭하는 메뉴마다 텍스트가 다르게 들어가야 합니다. 값 오른쪽에 블록 모양 아이콘(🎦)을 클릭합니다.

**09 단계** GTM은 자주 사용하는 변수를 기본으로 제공합니다. 변수 선택 화면에서 오른쪽 위에 있는 [**기본 제공 변수**]를 클릭합니다. 그리고 [**Click Text**]를 선택합니다. 해당 변수는 클릭이 일어날 때마다 클릭한 영역에 있는 텍스트를 추출합니다. 이 변수를 이용하면 메뉴의 텍스트를 가지고 올 수 있습니다.*

\* 텍스트로 구성된 메뉴만 가능합니다. 만약 이미지에 텍스트가 있다면 수집되지 않습니다.

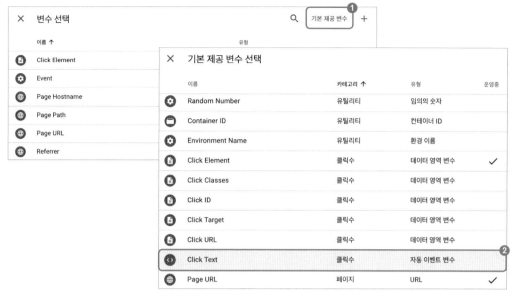

**그림 4-60** 기본 제공 변수 Click Text 선택

**10 단계** 다음처럼 태그가 완성됐습니다. 정리하면 `Gnb_click`이라는 이벤트에 `click_text`라는 매개변수와 값을 가진 태그를 GA4 구성에 설정돼 있는 속성으로 전송한다는 의미입니다.

**그림 4-61** Gnb_click 태그 구성 완료

**11 단계** 미리 만들어 둔 Gnb_click 트리거를 트리거 영역에 추가합니다. 그리고 적당한 태그 이름을 입력한 후 〈저장〉을 클릭합니다.

**그림 4-62** Gnb_click 태그, 트리거 구성 완료

**12 단계** 태그가 잘 동작하는지 GTM 미리 보기와 애널리틱스의 실시간 보고서를 통해 확인해 보겠습니다. 태그 관리자에서 **[미리보기]**를 클릭합니다. 태그 어시스턴트가 열리면 〈Connect〉를 클릭해 연결합니다. 이어서 홈페이지가 열리면 [블로그] 메뉴를 클릭합니다.

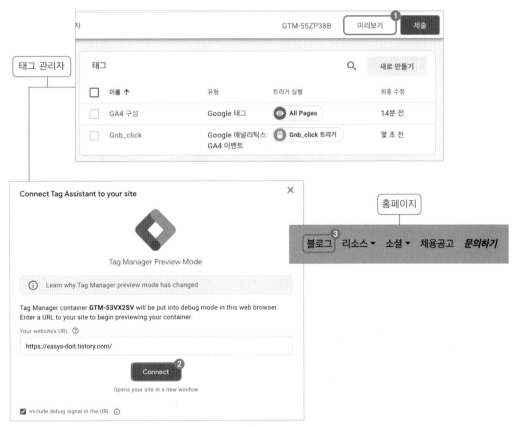

그림 4-63 미리보기에서 블로그 클릭

**13 단계** 태그 어시스턴트 화면 왼쪽의 이벤트 목록에서 [Click]을 클릭하면 Gnb_click 태그가 동작한 것을 확인할 수 있습니다. Gnb_click을 클릭하고 오른쪽 위에 있는 [Values] 옵션을 클릭하면 이벤트 이름과 이벤트 매개변수에 "Gnb_click", "click_text", "블로그" 등의 값을 확인할 수 있습니다.

**그림 4-64** Gnb_click 동작 확인

**14 단계** 이번엔 애널리틱스에서 실시간 데이터를 확인해 보겠습니다. 메뉴에서 [보고서 →
**실시간**]을 클릭하고 이벤트 영역을 보면 **Gnb_click**이 정상으로 수집된 것을 확인할 수 있습니다. Gnb_click을 클릭하고 **click_text**를 클릭해 보면 "블로그"라는 메뉴 이름이 정상으로
수집된 것을 확인할 수 있습니다.

**그림 4-65** 널리틱스에서 실시간 보고서 확인

지금까지 GTM으로 메뉴 클릭 이벤트를 태깅해 데이터를 수집해 보았습니다. 처음에는 어렵
게 느껴질 수 있지만, HTML과 자바스크립트, CSS 선택자를 조금만 공부하면 GTM을 더 쉽
게 이용할 수 있습니다.

잠깐**퀴즈**

**GTM 트리거를 구성할 때 활용하면 좋은 기능은?**

① CSS 선택자

② 변수

③ 복사, 붙여 넣기

정답 ①

# 04-4 | 데이터 수집 꿀팁

이 장의 마지막으로 데이터를 수집할 때 몇 가지 유용한 팁을 알아보겠습니다. 애널리틱스 입문자라면 지금은 가볍게 훑어보고 나중에 특별한 설정이 필요할 때 참고해 보세요.

## GTAG에서 기본 페이지 뷰를 막는 방법

GTAG를 웹 사이트에 삽입하면 자동으로 페이지 뷰가 전송됩니다. 하지만 페이지 뷰를 전송하고 싶지 않다면 GTAG 스크립트에서 **config**를 다음처럼 고치면 됩니다. 참고로 GTM에서는 태그를 구성할 때 send_page_view를 false로 설정하면 됩니다.

**GTAG 페이지 뷰 이벤트 전송하지 않기**

```
gtag('config', 'G-XXXXXXXXXX',
  {
    "send_page_view": false
  }
);
```

그림 4-66 GTM에서 기본 페이지 뷰 막기

## 여러 기기의 데이터 분석을 위한 user_id 태깅

요즘은 한 명의 고객이 웹과 앱을 넘나들며 웹 사이트에 접속하는 일이 다반사입니다. 애널리틱스는 한 사람이 3개의 다른 기기로 접속하면 서로 다른 3명으로 인식합니다. 그런데 그 방문자가 로그인한다면 3명을 한 명으로 인식하도록 설정할 수 있습니다. 보통 웹 사이트에 로그인한 사용자는 고유한 로그인 식별자를 가집니다. 그 식별자를 다음처럼 수집하면 애널리틱스가 3개의 기기로 접속한 고객을 모두 한 명으로 식별합니다.

---

**user_id 전송하기**

```
gtag('config', 'G-XXXXXXXXXX',
  {
    'user_id': '고유 식별자',
    'crm_id': '고유 식별자',
  }
);
```

---

여기서 user_id와 crm_id에는 똑같은 값이 들어갑니다. 그런데 왜 2개로 수집했을까요? 가끔 보고서에서 user_id를 가지고 특정 사용자들에게만 이메일을 전송하고 싶을 때가 있습니다. 하지만 user_id 매개변수로 수집하면 보고서에서 사용자 아이디를 눈으로 직접 확인할 수가 없습니다. 그래서 crm_id라는 변수에 user_id를 함께 수집했습니다. crm_id를 보고서에서 조회하는 방법은 10장에서 다시 소개하겠습니다.

GTM에서는 다음처럼 구성 매개변수로 user_id를 추가하고 이벤트 설정 변수*에서 [새 변수]를 클릭합니다.

\* GTM에서 여러 개의 GA4 속성으로 데이터를 전송하기 위해 구글 태그를 여러 개 생성하면 매개변수를 태그마다 만들어야 하는데 이를 변수로 만들어 쉽게 사용할 수 있게 해주는 기능입니다.

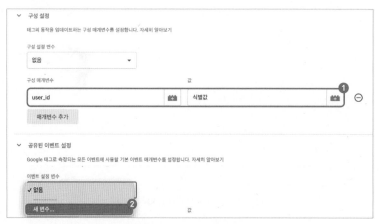

그림 4-67 user_id 전송하기

다음 그림처럼 변수 이름을 설정한 후 이벤트 매개변수 crm_id를 추가하고 〈저장〉을 클릭합니다.

**그림 4-68** 공유 이벤트 변수 설정

태그 구성 화면으로 돌아오면 〈저장〉을 클릭해 구글 태그 구성을 완료합니다. 이렇게 만든 공유 이벤트 변수는 GTM의 [변수] 메뉴에서 확인할 수 있습니다.

**그림 4-69** 구글 태그 구성 완료

**user_id를 GTM으로 어떻게 전달하죠?**

네, user_id 태깅이나 전자상거래 태깅 등을 위해 GTM으로 값을 전달해야 하는데요. 이때 '데이터 레이어'라는 것을 사용합니다. GTM은 내용이 워낙 방대해서 책 한 권으로 다 다루지는 못하지만, 필자의 유튜브 채널에서 데이터 레이어를 사용하는 방법을 확인할 수 있습니다.

• www.youtube.com/watch?v=eyyK9qD6WZo

## 모든 이벤트에 같은 매개변수 전송하기

GTAG와 GTM을 활용할 때 모든 이벤트에 특정 매개변수를 넣고 싶을 때가 있습니다. 매번 모든 이벤트에 매개변수를 넣는 것은 비효율적입니다. 이때는 GTAG 스크립트에서 set을 활용하면 앞으로 발생하는 모든 이벤트에 똑같은 매개변수를 넣을 수 있습니다. 다음 코드에서는 country와 currency를 넣었습니다. 이렇게 하면 앞으로 발생하는 모든 이벤트에 두 매개변수가 포함됩니다.

**모든 이벤트에 같은 매개변수 전송하기**

```
gtag('set',
  {
    'country': 'KR',
    'currency': 'USD',
  }
);
```

GTM에서는 [Google 태그]를 구성할 때 다음처럼 '공유된 이벤트 설정'에서 매개변수를 추가하여 각각의 이벤트([Google 애널리틱스: GA4 이벤트] 태그)를 만들 때 해당 매개변수를 사용할 수 있습니다.

그림 4-70 GTM에서 모든 이벤트에 매개변수 설정하기

## 추천 이벤트 매개변수 쉽게 찾기

GTM을 활용할 때 추천 이벤트 매개변수를 찾기가 힘들다면 태그 관리자의 갤러리에 등록된 템플릿을 이용할 수 있습니다. 다음 주소에 접속하면 템플릿 갤러리로 들어갈 수 있습니다. 여기서 "pluszero"로 검색하면 [GA4 Recommended Event Builder]를 확인할 수 있습니다.

- **템플릿 갤러리**: tagmanager.google.com/gallery/

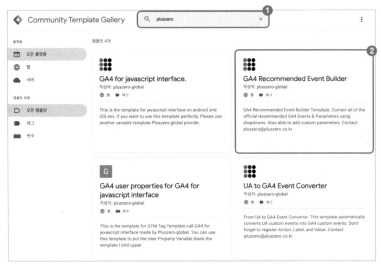

그림 4-71 템플릿 갤러리

이 태그를 내려받으려면 태그 관리자의 [**템플릿**]에서 태그 템플릿의 [**갤러리 검색**]을 클릭합니다.

그림 4-72 템플릿 메뉴에서 갤러리 검색

다음처럼 태그 템플릿 가져오기 창이 열리면 돋보기 아이콘을 눌러 "pluszero"로 검색한 후 [GA4 Recommanded Event Builder]를 클릭합니다. 그런 다음 이어지는 세부 정보에서 〈**작업 공간에 추가**〉를 클릭합니다.

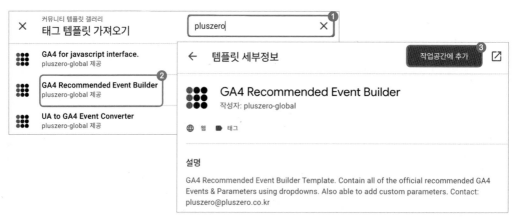

**그림 4-73** GA4 Recommended Event Builder 작업 공간에 추가

템플릿을 작업 공간에 추가했으면 이제 태그를 구성할 때 태그 유형에서 템플릿을 불러올 수 있습니다. 추천 이벤트 이름(예 search)을 선택하면 이와 관련한 매개변수(예 search_term)를 활용할 수 있습니다.

**그림 4-74** GA4 Recommended Event Builder 태그 유형

# 앱 데이터 수집하기

앞 장에서 웹 데이터를 수집해 봤습니다. 이번 장에서는 앱 데이터를 수집해 보겠습니다. 그런데 앱 데이터 수집은 앱을 개발해 본 경험이 없으면 개발자의 도움을 얻어야 하는 부분이 있습니다. 따라서 웹보다는 어려울 수 있습니다. 애널리틱스에서 앱 데이터를 수집할 때 주의해야 할 사항이 무엇인지, 어떻게 태깅하는지 등을 중점으로 살펴보겠습니다.

학습
목표

- 앱에서 데이터 수집 시 주의할 점을 학습한다.
- 앱에서 이벤트 태깅 방법을 학습한다.
- 하이브리드 앱에서 이벤트 태깅 시 주의할 점과 방법을 학습한다.

# 05-1 | 앱 데이터를 수집하기 전에

본격적으로 앱 데이터를 수집하기에 앞서 주의해야 할 부분이 있습니다. 이를 설명하려면 먼저 네이티브 앱과 하이브리드 앱이 무엇인지 알아야 합니다.

## 네이티브 앱과 하이브리드 앱

**네이티브 앱**native apps은 자바Java, 오브젝티브-C Objective-C, 코틀린Kotlin, 스위프트Swift 같은 네이티브 프로그래밍 언어로 개발한 앱을 의미합니다. 앱이 동작하는 운영체제(안드로이드 또는 iOS)에 최적화된 언어로 개발하므로 만들기는 어렵지만 성능이 우수한 특징이 있습니다. 반면에 **하이브리드 앱**hybrid apps은 HTML, CSS, 자바스크립트 같은 웹 기술로 개발한 앱을 의미합니다. 웹뷰WebView라는 기능을 이용하여 앱을 웹으로 씌우는 형태로 개발합니다. 웹 기술만 알면 비교적 개발하기가 쉽지만 성능은 네이티브 앱보다 다소 떨어진다는 평가를 받습니다.*

\* 요즘은 자바스크립트와 하드웨어 기술의 발전으로 성능 차이를 거의 느끼지 못한다는 평가도 있습니다.

네이티브 앱은 개발한 언어에 따라서 동작하는 운영체제가 제한됩니다. 즉, 자바나 코틀린 언어로 개발한 앱은 보통 안드로이드 운영체제에서만 동작하고, 오브젝티브-C나 스위프트 언어로 개발한 앱은 iOS 운영체제에서만 동작합니다. 그러나 하이브리드 앱은 웹 기술을 사용하므로 다양한 운영체제에서 동작할 수 있습니다. 따라서 요즘은 생산성과 유지·보수 면에서 유리한 하이브리드 앱으로 간편하게 개발하는 앱이 늘고 있습니다.

그런데 애널리틱스에서 앱 데이터를 수집할 때는 대상이 네이티브 앱인지 하이브리드 앱인지에 따라서 태깅 방법이 달라집니다. 이 부분을 놓치면 데이터 수집 품질이 떨어질 수 있으므로 항상 확인해야 합니다.

그림 5-1 하이브리드 앱(출처: 한국정보통신기술협회)

## 구글의 광고 데이터

애널리틱스에서는 단순히 웹이나 앱에서 수집된 데이터뿐만 아니라 구글에서 제공하는 광고 데이터도 활용할 수 있습니다. 광고 데이터는 구글의 알고리즘을 활용하여 사용자의 나이와 성별, 관심사 등을 추정하여 제공해 주는 데이터로, 이를 통해 사용자들의 특징을 확인할 수 있습니다.

구글은 세계에서 가장 많은 사용자가 이용하는 검색 엔진과 유튜브라는 세계 최대의 동영상 플랫폼을 가지고 있습니다. 아울러 안드로이드라는 모바일 운영체제를 제공하고 있으며, 구글 지도, 지메일, 구글 미트Meet와 같은 수많은 솔루션을 제공하고 있습니다. 그리고 구글 애드센스AdSense라는 광고 네트워크에 포함된 수많은 제휴 사이트가 있어서 이러한 데이터 소스로부터 사용자들의 다양하고 폭넓은 행동 정보를 얻고 있습니다.

이처럼 광범위한 데이터를 기반으로 다음 그림처럼 개인 구글 계정에서 광고 설정을 켜 놓은 사용자를 대상으로 머신러닝machine learning 알고리즘을 활용하여 성별, 연령, 관심사 정보 등을 분류classification하여 추정된 결과를 도출합니다. 물론 이 정보들은 익명으로 취급됩니다. 이렇게 도출된 데이터를 애널리틱스 사용자에서 제공하기도 하고 구글 애즈의 광고 타깃팅을 정교하게 만들기도 합니다.

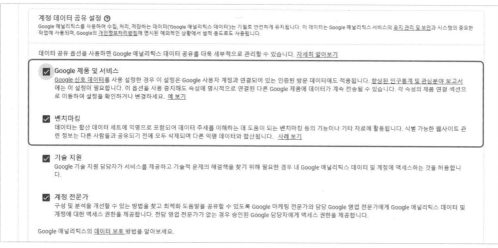

**그림 5-2** 계정 데이터 공유 설정

즉, 애널리틱스에서 구글 애즈를 통해 광고를 내보낼 때 구글은 애널리틱스에 수집된 데이터가 어떤 사용자의 것인지 알고 있어야 합니다. 그렇다면 구글은 내 사이트에 방문한 A라는 사람, 다른 사이트에 방문한 B라는 사람인지 어떻게 알아낼까요?

## 웹과 앱의 사용자 구분 방식

웹에서는 쿠키라는 기능을 이용해 사용자가 누구인지 구분합니다. 구글 애즈에서 광고를 집행할 때도 쿠키를 통해 사용자를 구분합니다. 그런데 안드로이드와 iOS에서는 각각 ADID<sup>advertising industry standard unique identifier</sup>와 IDFA<sup>identifier for advertisers</sup>라는 고유한 식별자를 활용해서 사용자를 구분합니다.

이 식별자는 스마트폰에서 원할 때마다 새로 발급받을 수 있고 수집을 거부할 수도 있습니다. 스마트폰 앱을 사용하다 보면 사용자의 활동을 추적하도록 승인할지 선택할 때가 있는데 바로 이 식별자에 관한 이야기입니다.

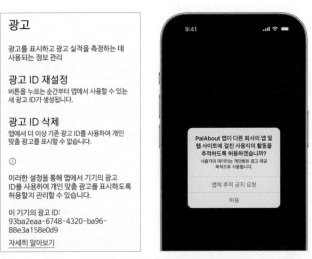

그림 5-3 안드로이드의 광고 ID 재설정과 삭제 메뉴(왼쪽), iOS의 사용자 활동 추적 허용 선택 창(오른쪽)

ADID나 IDFA 같은 식별자가 애널리틱스로 전송되려면 애널리틱스가 설치된 앱이 스마트폰에서 해당 식별자를 조회한 후 구글로 전송해야 합니다. 그런데 하이브리드 앱의 웹(웹뷰) 영역에서는 이러한 식별자를 전송할 수 없습니다. 즉, **하이브리드 앱의 웹 영역에서 단순히 GTM을 설치해 애널리틱스로 페이지 뷰 데이터를 전송하면 데이터가 정상으로 수집되지 않습니다.** 이것을 알고 태깅해야 사용자의 성별, 연령, 관심사 데이터 등을 정상으로 수집하고 구글 애즈 등에서 활용할 수 있습니다.

- **웹에서 사용자 식별**: 여러 사이트의 쿠키에 저장된 값으로 사용자 식별
- **앱에서 사용자 식별**: 구글의 ADID와 애플의 IDFA로 사용자 식별

## 하이브리드 앱에서 잘못된 태깅 사례 보기

하이브리드 앱에서 데이터를 수집할 때 태깅을 잘못하면 어떻게 되는지 사례를 들어 살펴보겠습니다. 다음 그림은 똑같은 앱에서 똑같은 시점의 데이터를 대상으로 앱의 네이티브 영역에서 태깅한 결과와 웹뷰 영역에서 GTM으로 태깅한 결과를 보여 줍니다.

**그림 5-4** UA 추정 데이터(왼쪽)과 GA4 추정 데이터(오른쪽)

데이터 수집 결과를 보면 UA에서는 25–34세 사용자만 18명으로 예측했지만, GA4에서는 모두 154명의 사용자를 예측했습니다(GA4 추정 데이터에서 unknown은 구글이 추측하지 못한 사용자 정보이므로 논외로 하겠습니다).

이번엔 관심사 데이터를 볼까요? 이번에도 똑같은 앱에서 똑같은 시점에 수집된 데이터입니다. 먼저 GA4에서는 51개의 꽤 많은 관심 분야와 171명의 사용자 데이터가 수집됐습니다.

| 관심분야 ▼ | +  | ↓사용자 | 새 사용자 수 | 참여 세션수 | 참여율 | 사용 |
|---|---|---|---|---|---|---|
| 총계 | | 171<br>총계 대비 100% | 1,569<br>총계 대비 100% | 18,192<br>총계 대비 100% | 91.75%<br>평균과 동일 | |
| 1  Media & Entertainment/Comics & Animation Fans | | 149 | 88 | 882 | 94.84% | |
| 2  Shoppers | | 148 | 88 | 867 | 95.07% | |
| 3  Food & Dining/Cooking Enthusiasts | | 122 | 72 | 755 | 95.09% | |
| 4  Technology/Mobile Enthusiasts | | 110 | 62 | 655 | 95.34% | |
| 5  Banking & Finance/Avid Investors | | 105 | 63 | 725 | 91.89% | |
| 6  Technology/Technophiles | | 105 | 65 | 656 | 94.39% | |
| 7  Media & Entertainment/Music Lovers | | 93 | 49 | 664 | 90.59% | |
| 8  News & Politics/Avid News Readers | | 81 | 43 | 724 | 89.71% | |
| 9  Lifestyles & Hobbies/Business Professionals | | 79 | 46 | 669 | 90.65% | |
| 10  Food & Dining/Foodies | | 78 | 46 | 615 | 91.52% | |

**그림 5-5** 관심 분야 데이터

반면에 UA에서는 14개의 관심 분야와 39명의 사용자 데이터가 수집됐습니다. 이처럼 앱에서 데이터를 수집할 때 정확한 결과를 얻으려면 어느 영역에서 태깅하는지가 중요합니다.

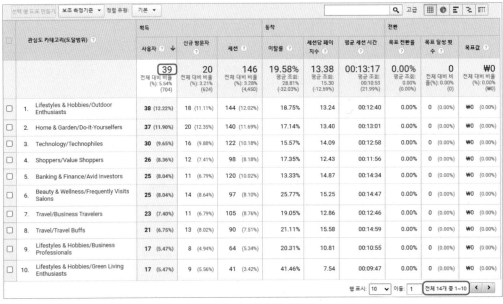

**그림 5-6** UA 관심 분야 데이터

**잠깐 퀴즈**

**다음 중 앱 데이터를 태깅할 때 주의해야 할 영역은?**

① 웹뷰

② 네이티브 앱

③ 푸시 메시지

정답 ①

## 어떻게 유입 정보를 얻어야 할까요?

웹 사이트에서 데이터를 분석할 때 "사용자가 어디에서 우리 사이트로 접속했는가?"를 집중적으로 분석합니다. 이를 **유입**^acquisition 정보라고 합니다. 앱에서도 유입 정보를 얻을 수 있지만 웹과는 차이가 있습니다. 앱은 설치하는 개념이므로 앱에서 유입 정보란 어떤 경로로 설치했는지를 의미합니다. 웹에서 유입 정보는 브라우저가 보유하고 있는 **레퍼러**^referral라는 '이전 페이지 정보'를 활용하여 알아냅니다. 하지만 앱에서는 이전 페이지 정보를 알 수 없습니다. 대신 설치 경로를 알 수 있는 장치가 있습니다. 따라서 우리는 앱의 네이티브 영역에 애널리틱스를 설치하는 것만으로 앱의 유입 정보(설치 경로)를 수집할 수 있습니다.

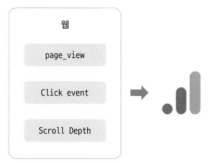

**그림 5-7** 네이티브 영역에서 애너리틱스로 데이터 전송

하지만 하이브리드 앱은 문제가 있습니다. 웹뷰 영역에서 태깅하면 안 되고 다음 그림처럼 웹에서 발생한 데이터를 일단 앱으로 옮긴 뒤 앱에서 수집해야 합니다.

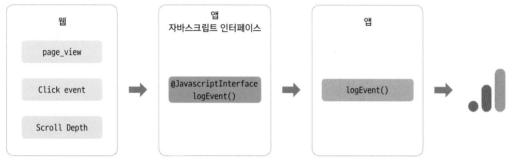

**그림 5-8** 자바스크립트 인터페이스 활용

그림을 살펴보면 가장 왼쪽은 앱의 웹뷰 영역(❶)이고, 가운데가 웹과 앱의 중간 다리 역할을 해주는 인터페이스$^{interface}$(❷)이며, 가장 오른쪽이 네이티브 앱 영역(❸)입니다. 즉, **웹에서 발생한 페이지 뷰를 인터페이스를 통해 앱으로 옮긴 다음, 앱에서 애널리틱스로 데이터를 전송하는 방식**입니다. 이렇게 하면 유입 정보나 사용자 정보가 유지되는 것뿐만 아니라 앱 버전, 기기 정보 등 더 자세한 정보를 얻을 수 있습니다.

**질문 있어요!** 　**그렇다면 GTM을 사용할 수 없나요?**
앞에서 설명한 방식으로 태깅하더라도 웹뷰 영역에서 GTM으로 인터페이스를 이용할 수 있습니다. GTM의 맞춤 HTML을 활용할 수도 있고 이 책에서 제공하는 GTM 템플릿을 활용하는 방법도 있습니다. 05-5절에서 살펴보겠습니다.

# 05-2 | 앱 데이터 수집하기

지금까지 앱 데이터를 수집하기 전에 주의할 내용을 알아봤습니다. 이제 앱 데이터를 수집해 보겠습니다. 이 실습은 앱 개발 지식이 필요합니다. 만약 개발자가 아니라면 꼭 개발자의 도움을 받으세요.

**Do it! 실습** ▶ **안드로이드 앱의 스크린 뷰 태깅하기**

**01 단계** 우선 안드로이드부터 진행해 보겠습니다. 애널리틱스의 관리 화면에서 [속성 → 데이터 수집 및 수정 → 데이터 스트림]으로 이동합니다. 오른쪽 위에서 [스트림 추가 → Android 앱]을 클릭합니다.

그림 5-9 안드로이드 앱 스트림 추가

**02 단계** 그러면 앱 등록 단계가 시작됩니다. 만약 개발자라면 안드로이드 앱의 build. gradle 파일에 명시된 **패키지 이름**과 **앱 이름**을 적고, 아니라면 앱 개발자에게 요청하면 됩니다. 그리고 Firebase 서비스 약관에 **동의**한 후 〈앱 등록〉을 클릭합니다.

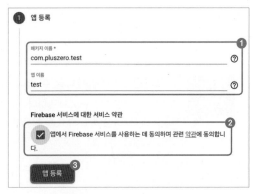

그림 5-10 안드로이드 앱 정보 등록

**03 단계** 그다음 'Google Cloud 프로젝트 프로비저닝 및 구성' 과정이 진행됩니다. 모두 완료되면 〈다음〉을 클릭한 뒤 구성 파일 다운로드 단계에서 〈**google-services.json 다운로드**〉를 클릭하여 파일을 내려받습니다.

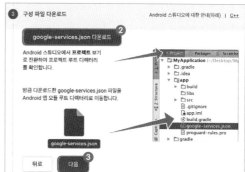

**그림 5-11** 구성 파일 내려받기

**04 단계** 내려받은 google-services.json 파일을 안드로이드 앱 개발 프로젝트에서 app 폴더에 넣습니다. 안드로이드 앱은 보통 '안드로이드 스튜디오'라는 도구로 개발합니다. 안드로이드 스튜디오의 탐색 창에서 [Project] 보기를 선택하고 app 폴더에 붙여 넣습니다. 이 부분도 개발자에게 요청하면 됩니다

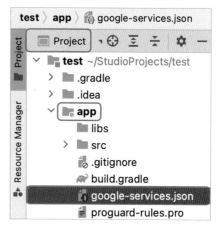

**그림 5-12** 안드로이드 프로젝트에 구성 파일 추가

**05 단계** 그다음은 앱에 파이어베이스 SDK를 추가하는 안내가 나옵니다. 개발자라면 안내대로 적용하면 되고, 아니면 03단계에서 내려받은 구성 파일과 함께 해당 내용을 개발자에게 그대로 전달하여 적용을 요청합니다.

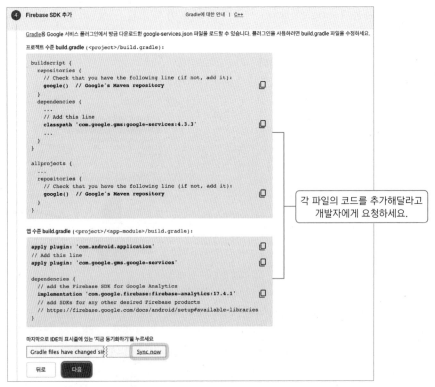

그림 5-13 파이어베이스 SDK 추가

**06 단계**  그런 다음 앱을 실행하여 설치를 확인하는 단계가 나오는데 [이 단계 건너뛰기]를 클릭합니다.

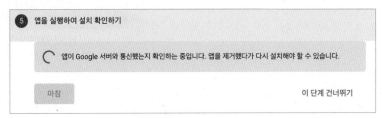

그림 5-14 앱을 실행하여 설치 확인하기(건너뛰기)

**07 단계**  그러면 다음처럼 결과 화면이 출력됩니다. 이로써 안드로이드 앱 스트림을 만들었습니다

앱 이름
**test**

플랫폼
Android

패키지 이름
com.pluszero.test

스트림 ID
5582402791

FIREBASE 앱 ID ⑦
1:569064870836:android:40a399b15e15f7eb7c18e1

추가 설정

🔑 **측정 프로토콜 API 비밀번호**
추가 이벤트가 측정 프로토콜을 통해 이 스트림으로 전송될 수 있도록 A...  ❯

👆 **이벤트 수정**
수신 이벤트 및 매개변수를 수정합니다. 자세히 알아보기  ❯

⚟ **맞춤 이벤트 만들기**
기존 이벤트로 새 이벤트를 만듭니다. 자세히 알아보기  ❯

그림 5-15 안드로이드 앱 스트림 생성 완료

---

 **질문 있어요!**

**google-services.json 파일은 무엇인가요?**

애널리틱스를 앱에 태깅할 때는 google-services.json 파일이 필요합니다. 앱에서 애널리틱스로 데이터를 전송할 때 이 구성 파일에 있는 스트림 ID 같은 정보를 활용합니다. 이 파일은 애널리틱스뿐만 아니라 파이어베이스 같은 구글이 제공하는 서비스를 이용할 때도 사용합니다. 따라서 google-services.json 파일이 이미 앱에 설치돼 있을 수 있습니다. 이때는 이미 설치된 파일을 활용하는 것을 추천합니다.

---

**08 단계** 앱 스트림을 생성했으면 이제 앱에서 데이터를 수집할 수 있습니다. 모든 액티비티*에서 다음 코드를 통해 애널리틱스 인스턴스를 생성해 주면 됩니다. 이는 개발자의 몫입니다.

\* 액티비티는 안드로이드 개발 용어로 사용자의 활동에 따라 실행되는 컴포넌트를 의미합니다.

**애널리틱스 인스턴스 생성하기**

```
var mFirebaseAnalytics:FirebaseAnalytics = FirebaseAnalytics.getInstance(this)
```

**09 단계** 앱에서 인스턴스를 추가한 후에 앱을 실행하면 애널리틱스의 실시간 보고서에서 데이터를 확인할 수 있습니다.

**그림 5-16** 안드로이드 앱 스트림 실시간 보고서

웹에서는 기본 이벤트가 **page_view**였지만, 앱에서는 **screen_view**로 전송됩니다. 앱은 웹과 달리 페이지 뷰라는 용어를 사용하지 않고 스크린 뷰라는 용어를 사용하는데 매개변수에도 조금 차이가 있습니다. 페이지 뷰는 기본적으로 URL이나 타이틀 정보 등과 함께 수집되지만, 스크린 뷰는 애플리케이션의 액티비티 정보 등과 함께 수집됩니다.

**Do it! 실습** ▶ iOS 앱의 스크린 뷰 태깅하기

**01 단계** 이번에는 iOS 앱의 데이터 스트림을 생성해 보겠습니다. 애널리틱스의 관리 화면에서 [속성 → 데이터 수집 및 수정 → **데이터 스트림**]으로 이동합니다. 오른쪽 위에서 [스트림 추가 → **iOS 앱**]을 클릭합니다.

**그림 5-17** iOS 스트림 추가

**02 단계** 앱 등록 화면에서 iOS 번들 ID와 **앱 이름**, 그리고 선택 사항으로 앱 스토어 ID를 추가한 뒤 〈앱 등록〉을 클릭합니다. 각 항목에 입력할 내용은 개발자에게 문의하세요.

그림 5-18 iOS 앱 등록

**03 단계** 구성 파일을 내려받는 화면이 나옵니다. 〈GoogleService-Info.plist 다운로드〉를 클릭해 파일을 내려받습니다.

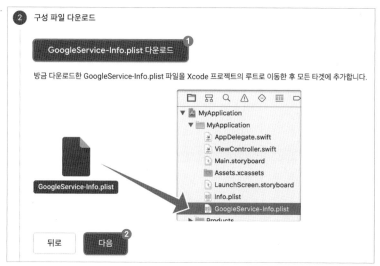

그림 5-19 구성 파일 내려받기

**04 단계** 내려받은 GoogleService-Info.plist 파일을 안내에 따라 iOS 앱 개발 프로젝트에 추가합니다. 개발자에게 요청하세요.

그림 5-20 iOS 프로젝트에 구성 파일 추가

**05 단계** 다음으로 파이어베이스 SDK를 추가하는 안내가 나옵니다. 해당 내용을 그대로 개발자에게 전달합니다.

**그림 5-21** 파이어베이스 SDK 추가

**06 단계** 그런 다음 iOS의 `AppDelegate` 클래스에 초기화 코드를 추가합니다. 역시 개발자에게 전달합니다.

**그림 5-22** AppDelegate 초기화 코드 추가

**07 단계** 앱을 실행하여 설치를 확인하는 단계가 나오는데 [**이 단계 건너뛰기**]를 클릭합니다.

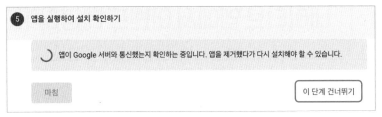

**그림 5-23** 앱을 실행하여 설치 확인하기(건너뛰기)

**08 단계** 그러면 다음처럼 결과 화면이 출력됩니다. 이로써 iOS 앱 스트림을 만들었습니다.

**그림 5-24** iOS 앱 스트림 생성 완료

이제 앱을 실행한 뒤 실시간 보고서를 확인해 보면 데이터를 확인할 수 있습니다.

**잠깐 퀴즈**

**다음 중 앱에서 애널리틱스를 설치할 때 필요한 파일이 <u>아닌</u> 것은?**

① GoogleService-Info.plist

② google-services.json

③ android-setting.plist

정답 ③

# 05-3 | 네이티브 앱에서 이벤트 태깅하기

이번에는 네이티브 앱에서 이벤트를 어떻게 수집하는지 알아보겠습니다. 기본적인 개념은 앞에서 살펴본 웹 데이터 수집 방법과 크게 다르지 않습니다. 웹 데이터를 수집할 때처럼 앱에서도 데이터 수집 준비를 마치면 screen_view 이벤트가 자동으로 전송됩니다. 물론 전송되지 않게 설정할 수도 있습니다.

## 이벤트 데이터 수집하기

실습을 진행하기 앞서 이벤트 데이터를 수집하기 위해 어떤 코드를 사용해야 하며 웹과 비교해 차이점은 무엇인지 알아보겠습니다.

다음은 안드로이드 앱에서 이벤트를 수집하는 코드입니다. 첫 번째 줄에서 Bundle이라는 것을 이용해 parameters를 만듭니다. 두세 번째 줄에서 parameters에 매개변수 이름과 값을 넣습니다. 마지막 줄에서 mFirebaseAnalytics.logEvent에 이벤트 이름과 함께 parameters를 전달합니다.

**안드로이드 이벤트 수집 코드**

```
var parameters:Bundle = Bundle()
parameters.putString("매개변수_이름", "값")
parameters.putString("두_번째_매개변수_이름", "값")
mFirebaseAnalytics.logEvent("이벤트_이름", parameters)
```

다음은 iOS 앱에서 이벤트를 수집하는 코드입니다. 마지막 줄의 Analytics.logEvent("이벤트_이름", parameters)를 통해 데이터가 전달되며 parameters에 매개변수 이름과 값을 넣어 줍니다.

```
let parameters = [
    "매개변수_이름": "값",
    "두_번째_매개변수_이름": "값",
]
Analytics.logEvent("이벤트_이름", parameters)
```

안드로이드 또는 iOS 앱에 추가한 코드가 실행되어 이벤트가 수집되게 하는 시점은 웹과 다르지 않습니다. 버튼 클릭이 될 수도 있고 네이티브에서 상품이 클릭될 때, 전자상거래 등 상호 작용이 일어났을 때 등 특정한 시점에 코드가 실행되도록 하면 됩니다.

**Do it! 실습** ▶ **안드로이드 이벤트 데이터 수집하기**

**01 단계** 안드로이드 앱에서는 액티비티에 다음과 같은 코드를 입력합니다.

안드로이드 이벤트 수집 코드

```
var mFirebaseAnalytics:FirebaseAnalytics = FirebaseAnalytics.getInstance(this)
var parameters:Bundle = Bundle()
parameters.putString("매개변수_이름", "값")
mFirebaseAnalytics.logEvent("이벤트_이름", parameters)
```

**02 단계** 그런 다음 해당 코드를 실행하면 다음처럼 실시간 보고서에서 데이터가 쌓이는 것을 확인할 수 있습니다.

그림 5-25 실시간 보고서 확인

**01 단계** iOS에서는 먼저 뷰 컨트롤러에 FirebaseAnalytics라는 라이브러리를 추가해줘야
합니다.

---

**뷰 컨트롤러에 라이브러리 추가**

```
import FirebaseAnalytics
```

---

그리고 앞에서 살펴본 이벤트 데이터 수집 코드를 작성합니다.

---

**iOS 이벤트 수집 코드**

```
let parameters = [
    "iOS_매개변수": "iOS_값"
]
Analytics.logEvent("iOS_이벤트_이름", parameters)
```

---

**02 단계** 그런 다음 해당 코드를 실행하면 다음처럼 실시간 보고서에서 데이터가 쌓이는 것
을 확인할 수 있습니다.

그림 5-26 실시간 보고서 확인

---

**잠깐 퀴즈**

**다음 중 앱에서 이벤트 태킹 시 사용하는 함수가 아닌 것은?**

① mFirebaseAnalytics.logEvent()

② Analytics.logEvent()

③ mFirebaseAnalytics.goEvent()

정답 ③

---

# 05-4 | 앱 디버깅하기

앞서 04장에서는 웹에서 이벤트를 태깅할 때 디버깅 방법도 알아봤습니다. 앱에서도 디버깅을 진행할 수 있습니다. 이번 절에서는 앱을 디버깅할 수 있는 방법을 알아보겠습니다.

## 안드로이드에서 앱 디버깅

안드로이드에서 디버그 모드를 활용하려면 개발자들의 도움을 받아 안드로이드 스튜디오 에뮬레이터를 사용하는 것이 좋습니다.

안드로이드 스튜디오의 터미널 창에서 다음의 명령어를 실행해 디버그 모드를 시작할 수 있습니다. 여기서 <pakage_name>에는 애널리틱스 스트림을 만들 때 활용했던 애플리케이션 ID를 작성합니다. 이 책에서는 com.pluszero.test입니다.

그림 5-27 안드로이드 에뮬레이터

**디버그 모드 시작**

```
adb shell setprop debug.firebase.analytics.app <package_name>
```

디버그 모드를 종료할 때는 다음의 명령어를 실행합니다.

**디버그 모드 종료**

```
adb shell setprop debug.firebase.analytics.app .none.
```

그런 다음 안드로이드 스튜디오에서 에뮬레이터로 앱을 실행하면 다음처럼 디버그 모드가 정상으로 동작하는 것을 확인할 수 있습니다. `screen_view`부터 `login` 이벤트까지 정상으로 전송되고 있습니다.

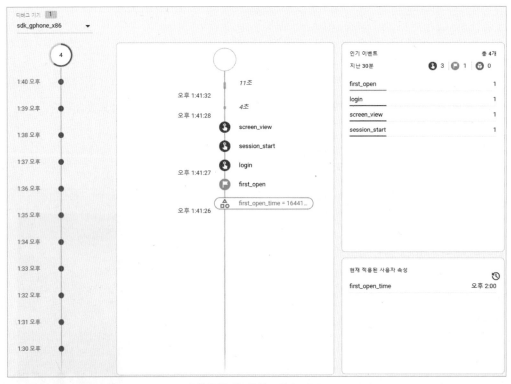

그림 5-28 안드로이드 디버그 모드

 **adb 명령어가 없다고 나오는데요?**

adb 명령어는 보통 안드로이드 스튜디오를 설치할 때 함께 설치됩니다. 만약 설치되지 않았다면 안드로이드 스튜디오의 SDK 매니저에서 [Android SDK Platform-Tools]를 설치하면 됩니다. 그래도 작동하지 않는다면 해당 platform-Tools가 운영체제의 환경 변수에 등록되지 않은 것이므로 등록만 해주면 정상으로 동작할 것입니다.

## iOS에서 앱 디버깅

iOS에서는 에뮬레이터에서 앱을 실행하기 전에 명령 줄에 -FIRDebugEnabled라는 인수를 넣으면 됩니다. 그리고 디버그 모드를 종료할 때는 -FIRDebugDisabled 인수를 넣습니다. Xcode에서 [Product → Scheme → Edit Scheme] 메뉴를 클릭합니다. 그리고 다음처럼 [Arguments] 탭에서 -FIRDebugEnabled를 추가합니다.

그림 5-29 명령 줄 인수 입력

이제 실시간 보고서에서 정상으로 동작하는지 확인할 수 있습니다.

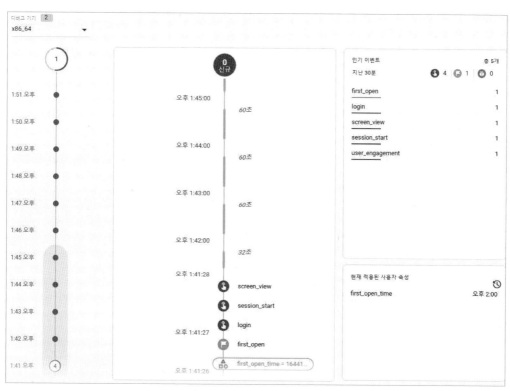

그림 5-30 iOS 디버그 모드

**다음 중 iOS 디버그 모드를 위해 사용하는 인수가 <u>아닌</u> 것은?**

① FIRDebugDisabled

② -FIRDebugEnabled

③ -FIRDebugDisabled

정답 ①

# 05-5 | 웹뷰에서 이벤트 태깅하기

마지막으로 하이브리드 앱의 웹뷰에서 이벤트 태깅 방법을 알아보겠습니다. 이미 「05-1」절에서 이야기했던 대로 하이브리드 앱에서의 데이터 수집은 웹 영역에서 네이티브 영역으로 데이터를 전달한 후 앱에서 애널리틱스로 전달하면 됩니다.

이렇게 하지 않으면 두 가지 문제점이 발생합니다. 첫째는 성별, 연령 데이터에 문제가 생기고 구글 애즈에서 데이터를 활용할 때도 문제가 발생합니다. 둘째는 애널리틱스로 유입된 데이터가 유실됩니다.

우리는 사용자가 앱을 구글에서 내려받았는지 광고를 눌러서 내려받았는지 궁금합니다. 하지만 웹에서 그냥 데이터를 수집해버리면 앱의 네이티브 영역과 웹 영역이 서로 끊어져 유입 데이터를 분석할 수 없게 됩니다. 따라서 **하이브리드 앱의 데이터를 제대로 수집하려면 모든 데이터가 앱의 네이티브 영역을 거쳐서 애널리틱스로 전송되어야 합니다.**

웹뷰에서 이벤트를 태깅하는 자세한 방법은 다음의 도움말을 참고하세요. 하지만 온라인 도움말의 내용이 완벽하지 않습니다. 따라서 이어지는 실습에서 작업에 필요한 코드를 제공합니다.

- **안드로이드**: developers.google.com/analytics/devguides/collection/firebase/android/webview
- **iOS**: developers.google.com/analytics/devguides/collection/firebase/ios/webview

### Do it! 실습 ▶ 웹뷰에서 데이터 수집하기

웹뷰에서 데이터를 수집하는 실습을 진행해 보겠습니다. 그런데 이 실습을 진행하려면 「05-2」절의 애널리틱스 코드가 앱의 소스 파일에 작성돼 있어야 합니다. 이를 전제로 다음의 실습을 진행합니다.

**01 단계** 우선 안드로이드와 iOS의 웹 영역에서 데이터를 전달할 인터페이스를 추가해야 합니다. 해당 코드는 다음의 URL에서 얻을 수 있으며 개발자의 도움을 받아 앱에 추가합니다.

- **안드로이드**: github.com/pluszero-global/GA4_App_Tagging/blob/main/AnalyticsWeb Interface.kt
- **iOS**: github.com/pluszero-global/GA4_App_Tagging/blob/main/controller%20function. swift

**02 단계** 안드로이드나 iOS에서 웹을 출력하는 영역을 웹뷰라고 부릅니다. 이전 단계에서 등록한 클래스를 웹뷰에서 사용할 수 있도록 연결해야 합니다. 웹뷰 옵션에 다음의 내용을 등록합니다.

안드로이드는 웹뷰에 다음처럼 javaScriptEnabled 옵션을 설정합니다.

**안드로이드 웹뷰에 자바스크립트 인터페이스 사용 등록**

```
webView.setting.javaScriptEnabled = true
if (Build.VERSION.SDK_INT >= Build.VERSION_CODES.JELLY_BEAN_MR1) {
  webView.addJavascriptInterface(AnalyticsWebInterface(this), AnalyticsWebInterface.
TAG)
} else {
  Log.w("Log_TAG", "Not adding JavaScriptInterface, API Version: " + Build.VERSION.
SDK_INT);
```

iOS는 WKWebViewConfiguration을 통해 다음처럼 javaScriptEnabled 옵션을 설정합니다.

**iOS 웹뷰에 자바스크립트 인터페이스 사용 등록**

```
let webConfiguration = WKWebViewConfiguration()
let contentController = WKUserContentController()
webConfiguration.userContentController = contentController
webConfiguration.preferences.javaScriptEnabled = true
webConfiguration.userContentController.add(self, name: "firebase")
webView = WKWebView(frame: self.view.frame, configuration: webConfiguration)
```

**03 단계** 이제 네이티브 영역에서 데이터를 전송할 준비는 모두 완료됐습니다. 이제 웹 영역에서 앱 영역으로 데이터를 보낼 수 있도록 처리해야 합니다. 웹에 삽입해야 하는 코드는 다음 URL에서 얻을 수 있습니다. GTAG처럼 해당 코드를 통해 데이터를 전송할 것이므로 모든 페이지에서 될 수 있는 한 가장 높은 곳에 작성합니다.

- **자바스크립트 코드**: github.com/pluszero-global/GA4_App_Tagging/blob/main/javascript_handler.js

**04 단계** 이제 데이터를 전송하기 위한 태깅을 진행합니다. logEvent와 setUserProperty라는 함수로 데이터를 전송하면 됩니다.

**이벤트 데이터 전송**

```
logEvent("이벤트_이름", {
    "매개변수_이름": "매개변수_값"
});
```

gtag 대신 logEvent일 뿐 데이터 구성은 동일합니다. 다만 사용자 속성 데이터를 전송할 때는 setUserProperty를 이용해서 데이터를 넣어야 합니다. 이때도 setUserProperty를 설정한 뒤 곧바로 logEvent로 이벤트를 전송해야 사용자 속성이 애널리틱스로 전달됩니다.

**사용자 속성 데이터 전송**

```
setUserProperty({
    "user_id": "ABCD_123"
});

logEvent("이벤트_이름", {
    "매개변수_이름": "매개변수_값"
});
```

## 주의할 점

지금까지 하이브리드 앱에서 태깅 방법을 알아보았는데 추가로 꼭 주의할 점 2가지가 있습니다. 첫 번째는 「05-2」절에서 실습한 것처럼 앱에 코드를 삽입하면 screen_view가 자동으로 전송됩니다. 이렇게 하면 웹에서 전송하는 page_view와 screen_view가 중복됩니다. 따라서 앱에 애널리틱스 코드를 작성할 때 screen_view가 전송되지 않도록 설정해야 합니다. 각 운영체제에서 설정 방법을 알아보겠습니다.

## 스크린 뷰 자동 수집 막기

안드로이드의 AndroidManifest.xml 파일 안에 다음의 코드를 작성합니다. 그럼 맨 처음 앱을 실행하자마자 발동하는 screen_view가 전송되지 않습니다.

**안드로이드 기본 screen_view가 동작하지 않도록 설정하는 코드**

```
<meta-data android:name="google_analytics_automatic_screen_reporting_enabled"
android:value="false" />
```

그림 5-31 안드로이드 코드 삽입

iOS는 프로젝트 폴더에서 Info.plist 파일의 FirebaseAutomaticScreenReportingEnabled 항목을 0으로 설정합니다.

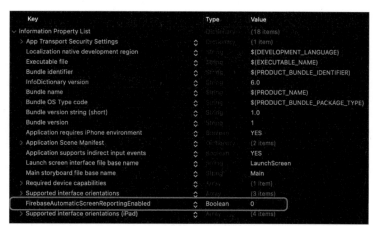

그림 5-32 info.plist 파일에서 설정

## 스크린 뷰 매개변수 설정

두 번째 주의할 점은 스크린 뷰 관련 매개변수입니다. 앱에서 데이터를 전송하면 웹에서 스크린 뷰를 직접 태깅해야 합니다. 이때 페이지 뷰나 스크린 뷰 가운데 어떤 것을 활용해도 상관없지만 스크린 뷰 이벤트를 사용하는 것이 좋습니다.

**페이지 뷰 이벤트 전송**

```
logEvent("page_view");
```

**스크린 뷰 이벤트 전송**

```
logEvent("screen_view");
```

그런데 문제는 이벤트 이름이 아닙니다. 바로 URL, 페이지 제목 등 웹 페이지 관련 정보가 해당 이벤트에 들어있지 않다는 것입니다. 웹에서 데이터를 수집하면 페이지 뷰 이벤트에 페이지 URL, 페이지 제목 등이 매개변수로 수집됩니다. 하지만 앱에서는 이런 기본 데이터가 전송되지 않습니다. 따라서 다음처럼 매개변수를 직접 넣어줘야 합니다.

**스크린 뷰 데이터 전송**

```
logEvent("screen_view" {
  "page_location": "https://pluszero.co.kr/",
  "page_title": "home",
  "page_path": "/"
  (...생략...)
});
```

보통은 다음과 같은 매개변수를 수집합니다.

표 5-1 추천 매개변수

| 매개변수 | 설명 | 예시 |
|---|---|---|
| page_title | 페이지 이름 | home |
| page_path | 페이지 경로 | / |
| page_location | 매개변수를 제외한 모든 URL | https://pluszero.co.kr/ |
| page_query | URL의 매개변수 | ?message=os&query=hello |
| host_name | 호스트 이름 | pluszero.co.kr |

이 매개변수들을 모두 수집하면 웹 분석에 문제가 없을 것입니다. 주의해야 할 점은 매개변수의 데이터가 너무 길어지면 오류가 발생합니다. 따라서 특정 페이지나 전체 URL이 너무 길 때는 URL을 2개의 매개변수로 분리하여 전송하는 등의 방안을 생각해야 합니다.

## GTM 활용하기

GTM에서 하이브리드 앱의 태깅을 진행할 수도 있습니다. 맞춤 HTML이라는 기능을 사용하면 됩니다. 해당 기능을 사용하면 자바스크립트 코드를 직접 HTML에 집어넣을 수 있습니다.

그림 5-33 맞춤 HTML

하지만 해당 기능을 조금 더 쉽게 이용할 수 있는 방법이 있습니다. 바로 GTM 커스텀 템플릿입니다. GTM 커스텀 템플릿은 구글이 아닌 개인이나 단체가 제공하는 태그입니다. GTM에서 다음 그림에 보이는 [GA4 for javascript interface]를 내려받아 사용하면 하이브리드 앱 태깅을 쉽게 할 수 있습니다.

그림 5-34 하이브리드 앱 태깅을 위한 커스텀 템플릿

---

**잠깐 퀴즈**

**다음 중 하이브리드 앱에서 데이터가 애널리틱스로 전달되는 과정은?**

① 웹 → 앱 → GA4

② 앱 → GA4

③ 웹 → GA4

정답 ①

---

# 애널리틱스 설정하기

드디어 첫째마당의 마지막 장입니다. 지금까지 애널리틱스와 데이터 수집을 위한 태깅 방법을 알아봤습니다. 둘째마당에서 본격적으로 데이터 분석을 시작하기 전에 필터, 사용자 아이디, 전환 등 애널리틱스의 필수 설정을 살펴보겠습니다.

학습
목표

- 필터 설정 방법을 배운다.
- 전환 설정과 맞춤 정의 방법을 배운다.
- 구글의 사용자 아이디에 관해 이해한다.

# 06-1 | 데이터 필터 설정하기

애널리틱스에는 2가지 필터가 있습니다. 하나는 애널리틱스에 수집되는 데이터를 걸러 내는 **데이터 필터**이고, 다른 하나는 보고서에서 데이터를 확인할 때 보고 싶은 데이터만 걸러 내는 **보고서 필터**입니다. 여기서는 데이터 필터를 알아보겠습니다. 데이터 필터는 수신된 데이터를 애널리틱스에서 처리하도록 포함하거나 제외할 수 있습니다.

### Do it! 실습 ▶ 내부 트래픽 필터링

데이터를 수집하다 보면 회사 내부 사용자들의 여러 가지 활동으로 수집되는 데이터가 있습니다. 이런 데이터는 실제 사용자의 행동 패턴과 상관이 없으므로 데이터 수집 대상에서 제외해야 합니다.

애널리틱스에서는 IP 주소를 설정하고 해당 IP 주소에서 발생하는 데이터를 수집하지 않도록 하는 **내부 트래픽 필터** 기능이 있습니다. 이 기능을 알아보겠습니다.

**01 단계** 애널리틱스 관리 화면에서 [속성 → **데이터 스트림**]으로 이동한 후 앞에서 만든 **웹 스트림**을 클릭합니다. 그리고 웹 스트림 화면의 맨 아래에서 [**태그 설정 구성**]을 클릭합니다.

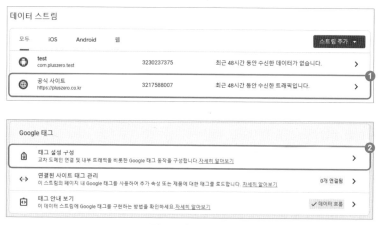

그림 6-1 태그 설정 구성

**02 단계** 이어지 화면에서 스크롤을 아래로 내리면 설정 영역이 있습니다. 설정 영역의 오른쪽 위 모서리에 [모두 표시]를 클릭한 후 [내부 트래픽 정의]를 클릭합니다.

그림 6-2 내부 트래픽 정의

**03 단계** 내부 트래픽을 정의하는 화면이 나오면 오른쪽의 〈만들기〉를 클릭합니다.

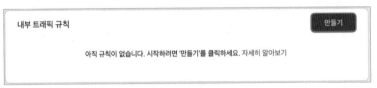

그림 6-3 내부 트래픽 규칙

**04 단계** 내부 트래픽으로 정의할 IP 주소를 설정합니다. IP 주소를 설정하는 검색 유형은 총 6가지입니다. 이 가운데 하나를 골라서 사용하면 되는데 보통은 **CIDR 표기법***을 선택하지만, 네트워크 지식이 없다면 나머지 5가지 유형을 사용하는 것을 추천합니다.

\* CIDR(Classless Inter-Domain Routing)은 인터넷상의 데이터 라우팅 효율성을 향상시키는 IP 주소 할당 방법을 의미합니다.

1. IP 주소가 다음과 같음
2. IP 주소가 다음으로 시작
3. IP 주소가 다음으로 끝남
4. IP 주소에 다음이 포함
5. IP 주소가 다음 범위 내에 있음(CIDR 표기법)
6. IP 주소가 정규 표현식과 일치함

각 항목에 다음 그림처럼 값을 입력한 후 〈만들기〉를 클릭합니다. 'traffic_type 값'에 입력된 기본값은 **internal**입니다. 이 값으로 내부 트래픽을 걸러 내므로 바꾸면 안 됩니다.

그리고 IP 주소 입력란에는 필터링할 내부 아이피를 입력합니다. 여기서는 필자의 IP 주소 일부를 입력했습니다.

**그림 6-4** 내부 트래픽 규칙 만들기

이렇게 하면 수집되는 모든 이벤트에 `traffic_type` 매개변수가 추가되며, 지정한 IP를 포함하는 주소에서 수집되는 이벤트에는 `traffic_type` 매개변수에 `internal`이 기록됩니다.

**05 단계** 내부 트래픽 규칙을 만들었으므로 해당 IP에서 발생한 트래픽에 어떤 변화가 있는지 디버깅 화면에서 확인해 보겠습니다. 다음 그림을 보면 해당 IP 주소에서 애널리틱스로 전송한 page_view 이벤트에 `traffic_type`이라는 매개변수가 생긴 것을 확인할 수 있습니다. 그리고 `traffic_type` 매개변수 안에는 앞 단계에서 규칙을 만들 때 확인했던 `internal`이 들어 있습니다.

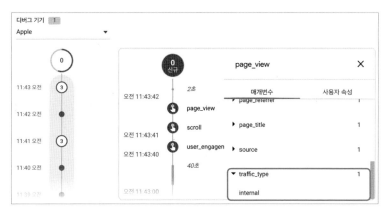

**그림 6-5** 매개변수 확인

**06 단계** 이제 `traffic_type` 매개변숫값이 `internal`일 때 애널 리틱스가 데이터를 처리하지 않도록 설정하겠습니다. 애널리틱스 의 [관리 → 데이터 수집 및 수정 → **데이터 필터**]로 이동합니다.

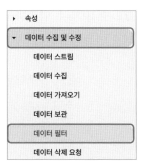

그림 6-6 데이터 필터 설정 메뉴

**07 단계** 데이터 필터 메뉴에 접속하면 Internal Traffic이라는 필터가 이미 만들어져 있습니 다. [Internal Traffic] 필터를 클릭합니다.

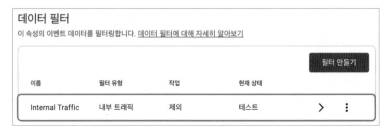

그림 6-7 데이터 필터 화면

필터 세부 정보를 보면 `traffic_type` 매개변숫값이 `internal`인 데이터를 제외하도록 설정돼 있습니다. 여기서 주목할 점은 필터 상태입니다. 현재 필터 상태가 '테스트'로 되어 있습니다.

**필터 세부정보**

데이터 필터 이름

Internal Traffic

필터 연산 ⑦

제외

**다음 매개변수 값이 있는 이벤트 필터링**
이 매개변수를 제 이벤트에 추가하려면 어떻게 해야 하나요?

매개변수 이름    매개변수 값

traffic_type    internal

**요약**
매개변수 값 *traffic_type*가 *internal*과 정확하게 일치하는 이벤트를 제외합니다.

**필터 상태**

◉   **테스트**
이 필터가 평가되고, 일치하는 데이터를 보고에서 사용할 수 있는 측정기준인 '데이터 필터 이름 테스트'로 식별됩니다.

○   **사용중**
이 필터는 평가된 후 수신 데이터에 적용합니다. 일치하는 데이터는 처리 대상에서 제외합니다.

○   **운영중지**
이 필터는 평가되지 않습니다.

그림 6-8 Internal traffic 필터 화면

**08 단계**  일단 애널리틱스에서 [보고서 → **실시간**]으로 이동해 보겠습니다. 그럼 실시간 보고서를 볼 수 있습니다. 실시간 보고서에서 보고 싶은 데이터만 볼 수 있는 기능을 사용해 보겠습니다. 위쪽의 [**모든 사용자**]를 클릭합니다.

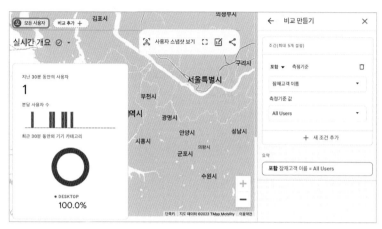

그림 6-9 실시간 보고서

**09 단계**  그럼 오른쪽에 다음 그림처럼 '비교 만들기' 창이 열립니다. 이 창에서 측정 기준을 [**테스트 데이터 필터 이름**]으로, 검색 유형은 [**다음을 포함**]을 선택합니다. 그리고 값에는 "**Internal Traffic**"을 입력합니다. 그리고 〈적용하기〉를 클릭합니다.

데이터 비교 기능은 일종의 보고서 필터입니다. 즉, 보고서에서 내가 보고 싶은 데이터만 확인할 수 있는 기능입니다. 여기서 [테스트 데이터 필터 이름]이란, 이전 단계에서 확인했던 필터입니다. 따라서 Internal Traffic 필터를 지정하면 해당 필터에 포함되는 데이터만 확인할 수 있습니다.

그림 6-10 실시간 보고서 비교 기능

**10 단계**  그런데 실시간 보고서에서 비교를 만들어도 내부 트래픽에서 발생한 데이터가 그대로 표시되는 것을 확인할 수 있습니다. 그 이유는 **07 단계**에서 Internal Traffic 필터의 상태를 테스트로 설정했기 때문입니다. 다시 [관리 → 속성 → 데이터 설정 → **데이터 필터**]로 돌아와서 필터 상태를 [**사용중**]으로 선택합니다. 그러면 활성화 확인 창이 나오는데 여기서 [**필터 활성화**]를 클릭합니다. 그리고 변경 사항을 저장합니다.

- **테스트**: 필터를 테스트하는 단계로 데이터가 걸러지진 않지만 "테스트 데이터 필터 이름" 측정 기준을 통해 해당 데이터만 걸러서 확인할 수 있습니다.
- **사용중**: 실제로 데이터가 수집되지 않습니다.
- **운영중지**: 해당 필터를 동작하지 않는 상태로 둡니다.

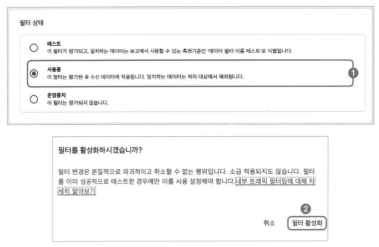

그림 6-11 필터 상태를 활성으로 변경

이제 홈페이지를 새로 고침 해도 디버깅 화면에서 데이터가 표시되지 않습니다. 테스트 설정은 필터를 바로 적용했다가 중요한 데이터를 유실하면 안 되기 때문에 존재합니다. 테스트로 하루 정도 경과를 지켜본 후에 활성화해도 늦지 않습니다. 활성화하기 전에 한번 더 확인하는 습관을 가져야 합니다.

지금까지 IP를 기준으로 내부 트래픽을 필터링해 보았습니다. UA 버전에서는 IP 외에 다른 기준으로도 필터링할 수 있었는데, GA4에서는 `traffic_type` 매개변수의 값을 직접 수정하는 방법으로 필터링 기준을 설정할 수 있습니다. 다음 절에서 조금 더 알아보겠습니다.


## 외부 망 IP 필터링하기

IP 주소는 통신이 가능한 기기들이 네트워크에 연결될 때 부여되는 주소입니다. 앞에서 살펴본 내부 트래픽 필터는 이 IP 주소를 기준으로 내부에서 발생하는 트래픽을 제외합니다.

그런데 사무실에 컴퓨터가 많다면 일일이 IP 주소를 필터 조건에 추가해야 할까요? 다행히 그렇지 않습니다. 인터넷은 내부 망(private)과 외부 망(public)이 존재하는데 애널리틱스와 통신하는 공간은 회사 외부에서 사용하는 외부 망입니다.

회사에 컴퓨터가 10대 있다고 해서 외부 망 IP가 10개인 것은 아니며, 하나의 IP(외부 망)에 회사의 모든 컴퓨터가 연결될 수 있습니다. 회사의 외부 망 대역을 네트워크 담당자에게 문의한 후 해당 외부 망 IP로 내부 트래픽 필터 규칙을 설정하면 됩니다. 인터넷에서 내 IP를 찾아볼 수도 있지만 회사에서 사용하는 외부 망 IP가 여러 개일 수도 있으므로 네트워크 담당자에게 확인하는 것이 좋습니다.

**잠깐퀴즈**

**애널리틱스가 지원하는 필터로 바르지 않은 것은?**

① 보고서에 데이터가 수집되게 만드는 필터

② 보고서에서 보고 싶은 데이터만 확인하기 위한 필터

③ 데이터를 상쾌하게 만들기 위한 필터

정답 ③

# 06-2 │ 이벤트 수정과 만들기

UA에서는 필터로 여러 가지 작업을 할 수 있었습니다. 예를 들어 'https://naver.com/search' 같은 URL이 있다고 가정하면 '페이지'라는 공간에는 /search라는 데이터가 수집되고, '호스트 이름'이라는 공간에는 naver.com이라는 데이터가 수집됩니다. 그러면 필터 기능으로 두 데이터를 합쳐 naver.com/search라는 데이터를 만들 수 있었습니다. GA4에서도 **이벤트 수정**과 **이벤트 만들기**라는 기능으로 이러한 작업을 수행할 수 있습니다.

이벤트 수정과 만들기는 이벤트를 잘못 수집했거나 기존 이벤트를 이용해 새로운 이벤트를 추가할 때 사용할 수 있습니다. 예를 들어 'login'이라고 수집되어야 하는 이벤트 이름이 'lognn'이라고 수집되고 있었고 태깅을 수정하기 어렵다면 이벤트 수정을 활용할 수 있습니다. 또는 '전환'을 위해 몇 가지 매개변수를 이용해 이벤트를 만들 수도 있습니다.

**'전환'이 무엇인가요?**
전환이란 '사용자들이 사이트에서 했으면 하는 궁극적인 목표 행동'이라고 할 수 있습니다. 전환은 유입 채널들의 성과를 측정할 때 중요한 지표로 사용됩니다. 특정 이벤트를 전환으로 설정하고 관리하는 방법은 「06-5」절에서 자세히 다룹니다.

**Do it! 실습** ▶ 이벤트 수정하기

**01 단계** 애널리틱스 관리 화면에서 [데이터 수집 및 수정 → **데이터 스트림**]으로 이동한 후 **웹 스트림**을 클릭합니다. 웹 스트림 세부 정보 가운데에 이벤트 영역을 보면 [이벤트 수정], [맞춤 이벤트 만들기]를 확인할 수 있습니다. [이벤트 수정]을 클릭합니다.

그림 6-12 웹 스트림 세부 정보 화면

참고로 애널리틱스의 [데이터 표시 → **이벤트**]에서도 〈이벤트 수정〉과 〈이벤트 만들기〉를 찾을 수 있습니다.

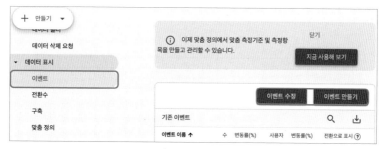

그림 6-13 이벤트 화면

**02 단계** 이벤트 수정 화면에서 〈만들기〉를 클릭합니다.

그림 6-14 이벤트 수정 화면의 〈만들기〉

'lognn'을 'login'으로 변경해 보겠습니다. 수정 이름란에 적절한 이름을 입력하고 event_name 매개변숫값이 lognn과 같을 때로 일치 조건을 설정합니다. 여기서 event_name은 이벤트 이름을 의미합니다. 그리고 매개변수 수정 부분에서 event_name을 다시 login으로 설정합니다. 그러면 이벤트 이름이 lognn인 데이터를 골라 login으로 수정하는 작업을 진행합니다. 오른쪽 위의 〈만들기〉를 클릭합니다.

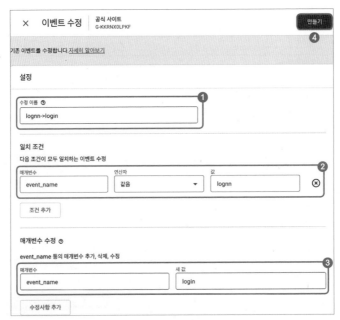

**그림 6-15** 이벤트 이름 수정하기

**03 단계** 디버그 뷰에서 실제로 이벤트가 변경된 것을 확인해 보겠습니다.

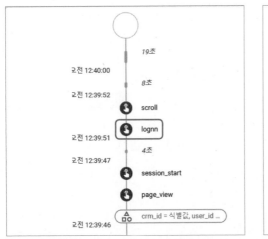 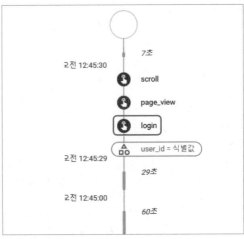

**그림 6-16** 이벤트 수정 적용 전(왼쪽)과 후(오른쪽)

**04 단계** 그런데 매개변수를 살펴보니 method 매개변수에 "google"이라는 텍스트가 수집돼야 하는데 "goo"만 수집되었습니다. 다시 한번 이벤트를 수정해 "goo" 뒤에 "gle"를 붙여 보겠습니다.

그림 6-17 잘못 수집된 매개변수

**05 단계** 앞에서 만든 이벤트 수정을 다시 클릭해서 조건을 추가해 보겠습니다. 〈조건 추가〉와 〈수정사항 추가〉를 클릭한 후 method 매개변숫값이 "goo"인 데이터를 "google"로 변경하도록 설정합니다. 참고로 이벤트 수정은 기존 이벤트에는 영향을 주지 않고 지금부터 수집되는 이벤트에만 영향을 줍니다.

그림 6-18 잘못 수집된 매개변수 변경

**06 단계** 이제 다시 한번 변경된 내용을 확인해 보면 정상으로 수집되는 것을 확인할 수 있습니다.

그림 6-19 정상으로 수집된 매개변수

질문
있어요!

**매개변수를 제거할 수는 없나요?**

이벤트에서 특정 매개변수를 제거하고 싶다면 매개변수 수정 부분에서 제거할 매개변수를 선택한 후 값 입력란을 비워 두면 됩니다. 그러면 애널리틱스는 해당 매개변수를 수집하지 않습니다.

## 이벤트 수정으로 필터링하기

만약 'lognn'으로 수집된 이벤트를 'login'으로 고치지 않고 아예 필터링하고 싶다면 매개변수 수정 부분을 다음처럼 작성할 수 있습니다. 앞 절에서 traffic_type 매개변숫값이 internal인 데이터를 필터링했으므로 이를 이용하는 설정입니다.

그림 6-20 이벤트 수정으로 traffic_type 매개변수 추가

traffic_type 매개변수를 추가하고 값을 internal로 설정했습니다. 이렇게 하면 조건에 일치하는 이벤트에 internal값으로 traffic_type 매개변수가 추가되어 필터로 걸러집니다.

## 이벤트 만들기

이벤트 만들기는 특정 이벤트가 수집될 때 해당 이벤트를 매개체로 또 다른 이벤트를 만드는 기능입니다. 어떤 이벤트가 발생하는 시점에 매개변수를 변경하여 다른 이벤트를 만드는 용도로 사용할 수 있지만, 자주 사용하지는 않습니다. 앞에서 살펴본 이벤트 수정과 비슷한 과정으로 수행되므로 직접 활용해 보길 바랍니다.

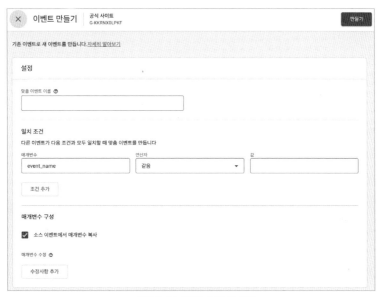

그림 6-21 이벤트 만들기 화면

**잠깐 퀴즈**

**애널리틱스에서 이벤트 수정을 통해 할 수 <u>없는</u> 것은?**

① 이벤트 이름 수정

② 이벤트 매개변수 제거

③ 새로운 이벤트 생성

정답 ③

# 06-3 │ 추천 제외 설정하기

둘째마당에서 더 자세히 살펴보겠지만 애널리틱스는 사용자가 어디에서 접속했는지를 나타내는 **유입 정보**를 가지고 있습니다. 예를 들어 네이버 검색으로 사이트에 접속하면 '네이버'와 '자연 검색', 구글 검색에서 광고를 클릭했다면 '구글'과 '유료 검색' 같은 데이터가 수집됩니다. 만약 다나와(danawa.com)에서 접속하면 '다나와' 그리고 '추천' 같은 데이터가 수집됩니다.

애널리틱스에서는 이처럼 '자연 검색', '유료 검색', '추천' 등의 카테고리를 **매체**$^{medium}$라고 부릅니다. '추천'은 애널리틱스의 분류 체계에 없는 사이트에서 유입될 때 분류하는 카테고리 중 하나입니다. 자세한 분류 기준은 10장에서 살펴보겠습니다.

그런데 추천 카테고리에서 발생하는 트래픽을 제외해야 할 때가 있습니다. 예를 들어 네이버 결제를 이용하는 전자상거래 사이트를 운영한다고 가정해 보겠습니다. 사용자가 구글에서 접속해 상품을 고른 후 결제를 시도하면 네이버의 결제 창으로 이동했다가 결제 완료 후에 다시 운영 중인 사이트의 결제 완료 페이지로 돌아온다는 가정입니다.

그림 6-22 네이버 결제를 통한 결제 프로세스

애널리틱스는 결제 완료 시점에 실제로는 구글에서 유입된 것이지만 네이버 결제에서 유입된 것으로 판단합니다. 그렇다면 구글의 성과를 네이버가 가져가게 되는 것인데, 이를 방지하려면 추천 제외를 설정해야 합니다.

**01 단계** 애널리틱스 관리 화면에서 [속성 → 데이터 스트림]에서 웹 스트림을 클릭합니다. 그다음 [태그 설정 구성]을 클릭하고 설정 영역에서 [모두 표시]를 클릭합니다. 그리고 [**원치 않는 추천 나열**]을 클릭합니다.

그림 6-23 태그 설정에서 [원치 않는 추천 나열] 선택

**02 단계** 구성 창이 나타나면 조건에 맞게 도메인을 입력하면 됩니다. 다만 도메인 입력란에 'http://'나 'https://' 등을 붙이거나 'com', 'co.kr' 뒤에 다른 내용을 포함하지 않습니다. 예를 들어 네이버 결제 화면의 도메인을 설정하려면 'pay.naver.com'라고 입력합니다.

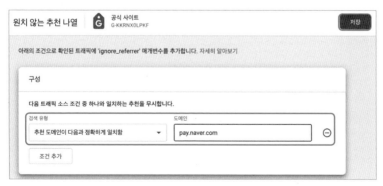

그림 6-24 네이버 결제 도메인 제외

간단하게 추천 제외 설정이 끝났습니다. 국내 주요
결제 업체의 도메인은 다음 표를 참고하세요.

**표 6-1** 주요 결제 업체의 도메인

| 번호 | 업체 | 도메인 |
|---|---|---|
| 1 | 네이버 결제 | `pay.naver.com` |
| 2 | 이니시스 | `inicis.com` |
| 3 | 페이코 | `payco.com` |
| 4 | 카카오페이 | `pg-web.kakao.com` |
| 5 | KCP | `kcp.cp.kr` |

**잠깐 퀴즈**

**애널리틱스에서 추천 제외를 등록할 때 도메인 형태로 올바른 것은?**

① pay.naver.com/

② pay.naver.com

③ https://pay.naver.com

정답 ②

# 06-4 | 사용자 아이디 수집하기

요즘에는 한 사람이 여러 기기에서 인터넷을 이용하므로 **교차 기기 분석**이 필수입니다. 교차 기기 분석을 하려면 고유한 사용자 아이디[User-ID]를 수집해야 합니다. 예를 들어 어떤 사람이 휴대폰으로 접속해 장바구니에 넣은 상품을 컴퓨터로 결제했다고 가정해 보겠습니다. 만약 애널리틱스가 사용자 아이디를 모르면 각각 다른 사람으로 인식하지만, 사용자 아이디를 알고 있다면 같은 사람으로 인식합니다.

GA4는 이러한 교차 기기 분석을 쉽게 할 수 있도록 계정, 속성, 스트림 구조로 변경되었습니다. GA4는 사용자 아이디 외에도 구글 시그널 아이디, 머신러닝 등을 통해 교차 분석이 가능하지만 이는 100% 정확하지 않기 때문에 로그인을 지원하는 사이트라면 사용자 아이디 태깅을 진행하는 것을 추천합니다.

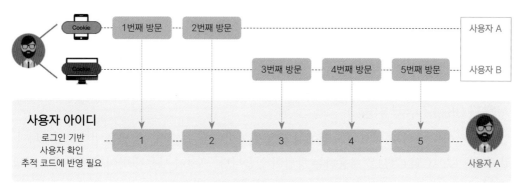

**그림 6-25** 사용자 아이디를 통한 교차 기기 분석

## 사용자 아이디란 무엇일까?

사용자 아이디란 애널리틱스에서 사용자를 식별하는 데 사용하는 고유한 값으로, 웹 사이트의 회원 아이디와는 다른 값입니다. 애널리틱스는 기본적으로 익명의 사용자를 구분하기 위해 사용자의 브라우저나 앱에 고객 아이디[Client-ID]를 부여합니다. 고객 아이디는 애널리틱스가 사용자를 구분하기 위해 임의로 부여하는 값이므로 컴퓨터와 휴대폰을 모두 이용하는 사용자를 구별할 수 없습니다. 따라서 어느 기기에서나 같은 사용자임을 식별하여 교차 기기 분석을 하려면 고유한 사용자 아이디를 직접 태깅해야 합니다.

사용자 아이디로는 데이터베이스의 회원 테이블에서 고윳값을 주로 사용합니다. 사용자가 웹 사이트에 회원가입을 하면 아이디나 이메일과는 다른 고유한 값이 데이터베이스에 부여됩니다. 다음은 번호, SID, 로그인 아이디, 이메일로 구성된 회원 테이블을 보여 줍니다. 여기서 SID값은 고유하면서도 개인 정보를 나타내지 않으므로 사용자 아이디로 활용할 수 있습니다.

**표 6-2** 회원 테이블 예

| 번호 | SID | 로그인 아이디 | 이메일 |
|------|-----|---------------|--------|
| 1 | BDJFIEJS48285 | easys | easys@easys.com |
| 2 | NVJGJEIW24552 | pub | pub@easys.com |

하지만 사내 보안 정책상 데이터베이스에 있는 값을 애널리틱스에 그대로 적재하는 것을 허용하지 않을 수 있습니다. 이때는 해시[hash] 알고리즘으로 암호화하면 됩니다. 해시로 암호화한 값은 원래 값으로 되돌릴 수 없습니다.

예를 들어 'easys'를 해시 알고리즘으로 암호화하면 '304ae... (중략) ...50b47'와 같은 값으로 변환되고, 이 값은 다시 'easys'로 되돌릴 수 없습니다. 즉, 암호화할 때는 항상 같은 값으로 변환되지만 한 번 바뀌면 다시 되돌릴 수 없어 보안에 문제가 없습니다. 따라서 데이터베이스의 고유한 값을 해시로 변환한 다음 애널리틱스의 사용자 아이디로 태깅합니다.

## 사용자 아이디 수집 방법

웹, 안드로이드, iOS, 하이브리드 앱에서 사용자 아이디를 수집하는 방법을 알아보겠습니다. 웹에서는 GTAG와 GTM을 사용하는 방법이 있습니다. 그런데 사용자 아이디는 앞에서 설명한 대로 데이터베이스에서 가져온 고윳값을 해시로 암호화하여 사용하므로 개발자의 도움을 얻어야 합니다. 각 코드에서 `USER_ID`로 표시한 부분에 실제 사용자 아이디가 담긴 식별자를 입력해야 합니다.

### 1. 웹(GTAG)

GTAG에서는 다음처럼 `config`의 `user_id` 키에 사용자 아이디를 입력하면 됩니다.

```
gtag('config', 'MEASUREMENT_ID', {
  'user_id': 'USER_ID',
  'crm_id': 'USER_ID'
});
```

## 2. 웹(GTM)

GTM에서는 태그 구성에서 '구성 매개변수' 영역에 필드 이름을 user_id로 선택하고 값에 사용자 아이디를 입력하면 됩니다. 그런데 이때는 사이트와 GTM이 데이터를 주고받을 수 있게 데이터 레이어(dataLayer)를 활용해야 합니다. 자세한 방법은 필자의 유튜브 채널에서 관련 영상(youtube.com/watch?v=eyyK9qD6WZo)을 참고하기 바랍니다.

그림 6-26 GTM으로 user_id 전송하기

## 3. 안드로이드(Kotlin)

안드로이드 앱에서는 다음처럼 setUserId() 함수에 사용자 아이디를 입력합니다. 코드를 입력한 후에 이벤트를 애널리틱스로 한 번 전송해야만 사용자 아이디가 수집되니 이 부분을 주의하세요.

```
mFirebaseAnalytics.setUserId("USER_ID");
mFirebaseAnalytics.setUserProperty("crm_id", "USER_ID");
```

## 4. iOS(Swift)

iOS 앱에서는 **setUserID()**라는 함수를 이용합니다. 마찬가지로 애널리틱스로 이벤트를 한 번 전송해야 합니다.

---

**iOS 앱에서 사용자 아이디 만들기**

```
Analytics.setUserID("USER_ID")
Analytics.setUserProperty("USER_ID", forName: "crm_id")
```

---

## 5. 하이브리드 앱

하이브리드 앱에서는 「05-5」절을 참고하여 다음처럼 코드를 작성하면 됩니다.

---

**하이브리드 앱에서 사용자 아이디 만들기**

```
setUserProperty({
  "user_id": "USER_ID",
  "crm_id": "USER_ID"
});
```

---

**crm_id는 무엇인가요?**

user_id는 애널리틱스 UI에서 조회할 수 없습니다. 즉, 사용자 아이디를 직접 사용할 수 없습니다. 하지만 특정 고객들에게 이메일을 보내고 싶다면 대시보드에서 직접 조회할 수 있어야 합니다. 그러려면 crm_id도 수집하는 것을 추천합니다. 실제로 데이터를 조회하는 방법은 08 장에서 '맞춤 측정 기준'이라는 기능을 설명할 때 살펴보겠습니다.

# 06-5 | 전환 설정하기

애널리틱스에 수집되는 이벤트 가운데 중요한 것들은 전환으로 설정하여 별도로 관리할 수 있습니다. 일반적으로 전환$^{conversion}$은 **'사용자들이 사이트에서 했으면 하는 궁극적인 목표 행동'**이라고 할 수 있습니다. 이렇게 설정된 전환은 유입 채널들의 성과를 측정하고 사이트에서 고객 경험이 잘 이뤄지고 있는지 판단하는 데 중요한 지표로 사용됩니다. 애널리틱스에서 전환을 설정하고 관리하는 방법을 살펴보겠습니다.

## 전환이란 무엇일까?

고객의 행동 데이터를 세부적으로 수집할 수록 면밀한 분석이 가능합니다. 그러나 너무 많은 데이터가 수집되면 어떤 데이터를 봐야 할지 혼란스러울 수 있습니다. 분석의 효율성을 높이고 더 분명한 통찰을 얻으려면 데이터를 통해 얻고자 하는 바를 명확히 설정하고 그에 필요한 주요 행동이 무엇인지 정의하는 것이 중요합니다. 애널리틱스에서는 이런 작업을 **전환 설정**이라고 부릅니다.

축구 시합을 예로 든다면 목표와 지표, 필요 행동을 다음처럼 설정할 수 있습니다.

**표 6-3** 축구 시합의 목표, 지표, 필요 행동

| 목표 | 내가 원하는 것은? | 경기 승리 |
|---|---|---|
| 지표 | 이를 위해 가장 필요한 것은? | 득점, 실점 방지 |
| 필요 행동 | 선수들이 해야 할 행동은? | 유효 슈팅, 정확한 패스, 태클 성공, 골키퍼의 선방 등 |

축구 시합에서 목표는 경기에 승리하는 것입니다. 경기에 승리하려면 골을 넣어 득점하고 실점을 방지해야 합니다. 이때 '득점'과 '실점 방지'를 목표를 이루기 위한 '전환'이라고 할 수 있습니다. 그리고 '유효 슈팅', '정확한 패스', '태클 성공', '골키퍼 선방' 등은 전환을 위한 보조적인 전환으로 생각할 수 있습니다.

데이터를 분석할 때는 목표를 명확하게 세워야 합니다. 그렇지 않으면 진행 중에 일이 틀어지거나 잡음이 발생할 수 있습니다. 예를 들어 축구 시합을 승리가 아닌 건강 유지라는 목표로 뛴다면 어떻게 될까요? 그들에게는 운동량이나 부상 방지가 주요 전환이 될 수 있습니다. 승리라는 목표 아래 뛰는 것과 건강을 위해 뛰는 것은 전혀 다른 결과를 냅니다.

애널리틱스 사용이 수집을 위한 수집, 분석을 위한 분석이 되지 않게 하려면 무엇보다도 분명한 목표를 구성원 모두가 공유하고 있어야 합니다.

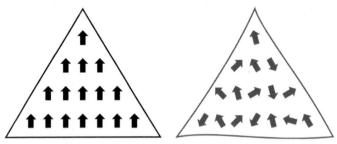

그림 6-27 목표가 합의된 조직 VS 목표가 합의되지 않은 조직

웹 사이트 또한 운영 목표를 명확하게 정하는 일이 중요합니다. 예를 들어 과일바구니를 판매하는 쇼핑몰을 운영하고 있다고 가정하면 목표는 아주 명확합니다. 더 많은 과일바구니를 판매하여 높은 매출을 올리는 것입니다.

표 6-4 과일 바구니 판매를 위한 목표 설정

| 목표 | 내가 원하는 것은? | 판매 증가 |
|---|---|---|
| 지표 | 이를 위해 가장 필요한 것은? | 과일바구니 판매 |
| 필요 행동 | 선수들이 해야 할 행동은? | 회원가입, 로그인, 장바구니 담기, 체크아웃 등 |

우선 '과일바구니 판매'를 전환으로 설정할 수 있습니다. 아울러 판매에 필요한 회원가입, 로그인, 장바구니 담기, 체크아웃 등의 행동은 보조 전환으로 설정할 수 있습니다. 또는 고객이 제품의 상세 페이지를 보거나 이벤트에 응모하는 것도 보조 전환으로 고려할 수 있습니다.

## 애널리틱스 전환 설정하기

전환은 중요한 행동을 중심으로 적게 운영하는 것이 좋습니다. 전환은 지속적인 관리와 모니터링이 필요한데 너무 많으면 어려울 뿐만 아니라 자칫하면 중요한 통찰이 가려질 수도 있습니다. 아울러 애널리틱스에서는 전환으로 설정할 수 있는 이벤트 개수가 제한되어 있습니다.

애널리틱스는 전환으로 취급되는 기본 이벤트 외에 속성별로 30개의 전환 이벤트(유료 사용자는 50개)를 설정할 수 있습니다. 기본 전환 이벤트는 다음과 같습니다.

- purchase(웹 및 앱)
- first_open(앱만)
- in_app_purchase(앱만)
- app_store_subscription_convert(앱만)
- app_store_subscription_renew(앱만)

또한 애널리틱스에서 이벤트를 전환으로 설정하면 이전에 발생한 이벤트는 변경되지 않고 전환 설정을 한 시점부터 적용됩니다. 참고로 전환 설정 후 반영까지 최대 24시간이 소요될 수 있습니다.

**Do it! 실습** ▶ **전환 설정하기**

지금부터 이벤트를 전환으로 설정해 보겠습니다. 기존에 회원가입(sign_up) 이벤트를 태깅해서 데이터를 수집하고 있다는 가정하에 진행해 보겠습니다.

**01 단계** 애널리틱스 관리 화면에서 [데이터 표시 → **전환수**]로 이동한 후 오른쪽 위의 〈**새 전환 이벤트**〉를 클릭합니다. 아무것도 만들지 않아도 전환 이벤트가 존재하는 것을 확인할 수 있는데 이는 GA가 자동으로 설정한 이벤트들입니다. 만약 전환으로 설정하고 싶지 않다면 [전환으로 표시] 스위치를 끄면 됩니다.

그림 6-28 전환수 구성

**02 단계** 앞 단계에서 〈새 전환 이벤트〉를 클릭하면 새 이벤트 이름* 입력란이 나옵니다. 여기에 전환으로 측정할 이벤트 이름을 입력합니다. 회원 가입 이벤트를 전환으로 측정할 것이므로 **sign_up**이라고 입력하고 〈저장〉을 클릭합니다.

* 입력란 위에 '새 이벤트 이름'으로 써 있어서 이벤트를 새로 만드는 것으로 생각 수 있는데, 기존의 이벤트를 전환으로 바꾼다는 의미입니다.

**그림 6-29** sign_up 이벤트 전환 설정

**03 단계** 전환 설정이 완료되면 다음 그림처럼 전환 이벤트가 등록되고 전환 수를 조회할 수 있습니다.

| 전환 이름 ↑ | 수 | 변동률(%) | 값 | 변동률(%) | 전환으로 표시 ⓘ | |
|---|---|---|---|---|---|---|
| sign_up | 0 | 0% | 0 | 0% | ⬤ | ⋮ |

전환 이벤트ㅤㅤ네트워크 설정ㅤㅤㅤㅤㅤㅤㅤㅤㅤ⬇ㅤ새 전환 이벤트

**그림 6-30** sign_up 이벤트 전환 설정 완료 화면

다음 그림은 11장에서 다룰 탐색 분석 보고서의 한 장면입니다. 이벤트를 전환으로 설정하면 이처럼 '전환'이라는 측정 항목을 조회할 수 있습니다.

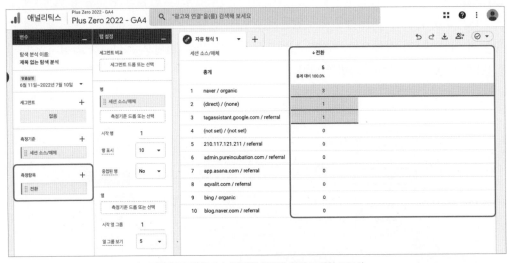

**그림 6-31** 세션 소스/매체와 전환을 함께 조회한 보고서

한 가지 주의할 점은 전환을 설정할 때 이벤트 이름만 이용하므로 매개변숫값은 전환에 이용할 수 없습니다. 만약 매개변숫값에 따라서 전환을 다르게 입력해야 한다면 이벤트를 다시 수집하거나 「06-2」절에서 배운 이벤트 만들기를 활용해야 합니다.

## 전환 집계 방법

전환을 집계하는 방법에는 '**이벤트당 한 번**'과 '**세션당 한 번**' 옵션이 있습니다. 한 명의 사용자는 여러 번 사이트에 접속할 수 있고 한 번의 접속으로 여러 번의 이벤트가 발생할 수 있습니다. '이벤트당 한 번'은 한 번 접속에서 전환 이벤트가 5번 발생하면 5번 모두 전환으로 집계하겠다는 의미이고, '세션당 한 번'은 한 번 접속에서 전환 이벤트가 5번 발생하더라도 한 번만 전환으로 측정하겠다는 의미입니다.

기본은 '이벤트당 한 번'으로 설정되어 있으나 만약 로그인과 같이 한 세션에 한 번만 측정해야 하는 이벤트나 검색과 같이 너무 많이 발생할 수 있는 이벤트를 전환으로 설정할 때는 '세션당 한 번'을 추천합니다.

**그림 6-32** 집계 방법 변경하기

---

**애널리틱스에서 전환 설정을 하기 위해 사용하는 것은?**

① 이벤트 매개변수

② 이벤트 이름

③ 이벤트 값

정답 ②

---

# 06-6 | 사용자 추가하기

애널리틱스를 다룰 때 보고서에 접근할 수 있는 사용자를 관리할 수 있습니다. 이때 몇 가지 옵션을 선택할 수 있습니다. 예를 들어 어떤 사람은 단순히 보고서 데이터만 조회하도록 하고, 어떤 사람에게는 모든 권한을 부여할 수 있습니다. 애널리틱스에서는 원하는 사람에게 원하는 권한을 부여할 수 있습니다. 애널리틱스에서 역할은 다음처럼 나눌 수 있습니다.

- **관리자**: 계정에 대한 최고 권한을 가집니다. 사용자를 추가하거나 제거할 수 있습니다.
- **편집자**: 사용자 추가·제거를 제외하고 모든 권한을 가집니다.
- **마케팅 담당자**: 데이터 조회 분석 외에 잠재 고객 생성 등 일부 설정 권한을 가집니다.
- **애널리스트**: 데이터를 조회하고 분석을 진행할 수 있으며 대시보드를 생성·관리할 수 있습니다.
- **뷰어**: 단순히 데이터를 조회만 할 수 있습니다.
- **없음**: 아무 권한이 없는 상태이며 거의 사용하지 않습니다.

대시보드를 팀 단위로 함께 사용하다 보면 권한을 주고받아야 할 때가 생깁니다. 이때 해당 사용자에게 필요한 최소한의 권한을 부여하는 것이 바람직합니다. 관리자 권한은 될 수 있으면 제한하는 것이 좋으며 편집자 또한 데이터에 영향을 줄 수 있으므로 애널리스트나 마케팅 담당자로 부여하는 것이 좋습니다.

또한 GA4에서 새로 생긴 기능으로 '비용 측정항목에 대한 액세스 권한 없음'과 '수익 측정항목에 대한 액세스 권한 없음'이 있습니다. 해당 옵션을 활용하면 애널리틱스의 비용이나 수익 항목에 대한 접근 권한이 없어집니다. 회사의 수익을 가린 상태로 사용자의 데이터만 제공할 때 활용할 수 있습니다.

그림 6-33 역할 및 데이터 제한

애널리틱스의 관리 화면을 보면 계정과 속성 영역에 액세스 관리 메뉴가 있습니다. [계정 액세스 관리]에서 권한을 부여하면 계정 안에 있는 모든 속성에 영향을 주지만, [속성 액세스 관리]에서 권한을 부여하면 지금 조회하고 있는 특정 속성에만 영향을 줍니다.

그림 6-34 계정과 속성의 액세스 관리

**01 단계** 애널리틱스 관리 화면에서 [속성 → **속성 액세스 관리**]를 클릭합니다.

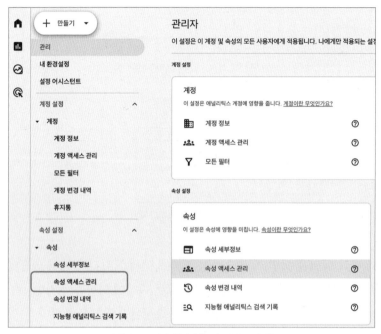

그림 6-35 관리 화면의 [속성 액세스 관리]

**02 단계** 그러면 사용자 목록이 보입니다. 오른쪽 위의 더하기(+) 버튼을 클릭하고 [**사용자 추가**]를 클릭합니다.

그림 6-36 속성 액세스 관리 화면

**03 단계** '역할 및 데이터 제한 추가' 화면이 나오면 이메일 주소를 입력한 후 역할을 선택합니다. 그리고 오른쪽 위의 〈**추가**〉를 클릭합니다. 그러면 사용자 목록에 방금 추가한 사용자가 나타납니다. 이메일 주소를 여러 개 입력하면 사용자를 여러 명 추가할 수 있습니다.

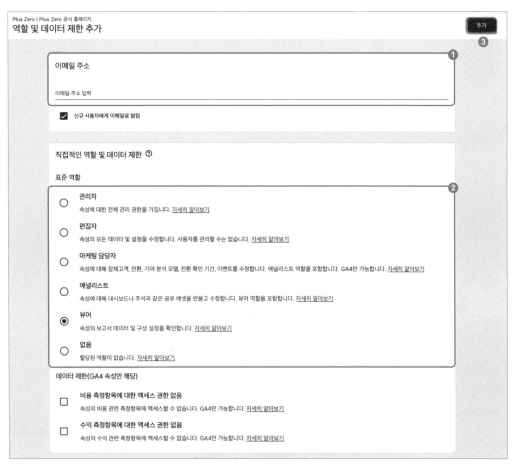

그림 6-37 역할 및 데이터 제한 추가 화면

**애널리틱스에서 권한은 어떻게 부여해야 하는가?**

① 일단 '뷰어' 권한을 부여하고 본다.

② 모두가 사용자를 추가·제거할 수 있도록 한다.

③ 사용자의 작업에 필요한 최소한의 권한을 부여한다.

정답 ③

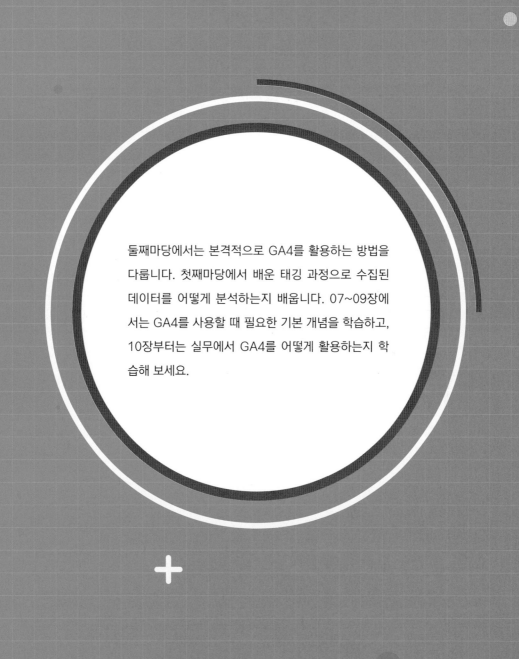

둘째마당에서는 본격적으로 GA4를 활용하는 방법을 다룹니다. 첫째마당에서 배운 태깅 과정으로 수집된 데이터를 어떻게 분석하는지 배웁니다. 07~09장에서는 GA4를 사용할 때 필요한 기본 개념을 학습하고, 10장부터는 실무에서 GA4를 어떻게 활용하는지 학습해 보세요.

# 측정 기준과 측정 항목

애널리틱스의 보고서를 활용해 데이터를 이해하고 분석할 때 '측정 기준'과 '측정 항목'이라는 개념을 알아야 합니다. 이는 모든 데이터 분석에서 중요한 개념이므로 제대로 이해하고 활용할 수 있어야 합니다. 이 장에서는 측정 기준과 항목, 예측 측정 항목을 자세히 알아보고, GA4의 유료 버전인 애널리틱스 360도 알아보겠습니다.

학습
목표

- 측정 기준과 측정 항목의 차이를 이해한다.
- GA4의 측정 기준과 항목을 알아본다.
- 애널리틱스 360의 혜택을 알아본다.

# 07-1 | 측정 기준과 측정 항목

애널리틱스에 수집된 데이터는 **측정 기준**<sup>dimension</sup>과 **측정 항목**<sup>metric</sup>으로 분류할 수 있습니다. 여기서는 이를 분류하는 몇 가지 규칙을 살펴보겠습니다. 참고로 실무에서는 측정 기준을 '디멘션' 또는 '차원'이라고 부르며, 측정 항목을 '메트릭' 또는 '지표'라고 부릅니다.

## 측정 기준은 '문자', 측정 항목은 '숫자'

가벼운 예로 시작해 보겠습니다. 다음은 특정 지하철역 인근의 거주 인구와 유동 인구를 가상으로 나타낸 표입니다. 여기서 1개의 측정 기준과 2개의 측정 항목을 찾을 수 있습니다. 무엇이 기준이고 무엇이 항목일까요?

표 7-1 측정 기준과 측정 항목 예1

| 지하철역 | 거주 인구 수 | 유동 인구 수 |
| --- | --- | --- |
| 서울 | 50,000 | 70,000 |
| 합정 | 30,000 | 20,000 |
| 신도림 | 70,000 | 100,000 |

기준은 '지하철역'이고 항목은 '거주 인구'와 '유동 인구'입니다. 다른 말로 표현하면 지하철역이라는 기준은 거주 인구와 유동 인구라는 2개의 항목을 가집니다. 지하철역이라는 **측정 기준값은 문자**<sup>text</sup>이고, 거주 인구, 유동 인구라는 **측정 항목값은 숫자**<sup>numeric</sup>입니다.

예를 하나 더 보겠습니다. 다음 표는 측정 기준이 2개인 데이터입니다. 측정 기준과 항목을 구분할 수 있나요? '도시'와 '브라우저'는 값이 문자이고, '세션 수', '세션당 페이지 수'는 값이 숫자입니다. 따라서 측정 기준은 '도시'와 '브라우저'이며, 측정 항목은 '세션 수'와 '세션당 페이지 수'입니다.

**표 7-2** 측정 기준과 측정 항목 예2

| 도시 | 브라우저 | 세션 수 | 세션당 페이지 수 |
|------|----------|---------|------------------|
| 서울 | Chrome | 5,000 | 2.1 |
| 서울 | Internet Explorer | 4,000 | 4.3 |
| 부산 | Chrome | 2,000 | 3.5 |
| 부산 | Safari | 1,000 | 2.2 |
| 부산 | Firefox | 500 | 5 |

## 측정 기준에 의미를 부여하는 측정 항목

그렇다면 연령은 측정 기준일까요? 측정 항목일까요? 측정 기준입니다. 연령은 자칫 숫자라고 생각하기 쉽지만, 데이터 분석에서는 연령에 사칙 연산을 하지 않고 데이터를 분류하는 기준으로 취급합니다.

성별은 어떨까요? 측정 항목일까요? 성별은 그 자체가 기준이 되어 남자·여자라는 문자로 된 값을 가집니다. 따라서 측정 기준입니다. 그러나 이대로는 성별의 종류만 나타낼 뿐 어떤 의미도 나타내지 못합니다. 여기에 측정 항목이 있어야 비로소 의미가 생깁니다.

'신규 사용자 수'와 '참여 세션 수'라는 측정 항목을 남성과 여성이라는 측정 기준에 붙여 봅시다. 비로소 '남성의 신규 사용자 수', '여성의 참여 세션 수'가 되어 의미 있는 데이터가 됩니다. 그러면 왜 남성의 신규 사용자 수는 여성의 신규 사용자 수보다 높은지, 여성의 참여 세션 수가 낮은 이유는 무엇인지 등 비로소 분석할 수 있는 데이터가 됩니다. 이처럼 측정 항목은 측정 기준에 의미를 부여합니다.

| 첫 사용자 기본 채널 그룹 ▾ | 국가 ▾ | ✕ | ↓새 사용자 수 | 참여 세션수 | 참여율 |
|---|---|---|---|---|---|
| 총계 | | | 66,498<br>총계 대비 100% | 69,618<br>총계 대비 100% | 62.54%<br>평균과 동일 |
| 1 Direct | United States | | 10,978 | 16,014 | 68.92% |
| 2 Direct | China | | 6,681 | 3,816 | 53.43% |
| 3 Organic Search | United States | | 6,366 | 7,970 | 72.22% |
| 4 Organic Search | India | | 3,159 | 2,647 | 64.31% |
| 5 Display | United States | | 2,927 | 1,484 | 36.05% |
| 6 Paid Search | United States | | 2,027 | 1,764 | 66.77% |
| 7 Direct | India | | 1,936 | 1,607 | 52.18% |
| 8 Organic Search | China | | 1,418 | 1,021 | 66.56% |
| 9 Organic Search | United Kingdom | | 1,396 | 1,590 | 69.49% |
| 10 Direct | (not set) | | 1,389 | 1,515 | 58.95% |

**그림 7-1** GA4의 측정 기준(왼쪽)과 측정 항목(오른쪽)

**특정 수치가 급격히 감소하는 사례**

한분석 대리는 월요일 출근하자마자 지난 주 데이터를 확인하였습니다. 그런데 화들짝 놀라고 말았습니다. 지난 주 사용자 수가 그 전 주 사용자 수 대비 50%가 감소한 것입니다.

실무에서도 이처럼 극단적이지는 않지만 특정 수치가 급격히 감소하는 일이 일어날 수 있습니다. 예를 들어 사이트가 전면 개편되었을 때 사용자들이 새로운 사이트에 익숙하지 않아 이탈이 증가할 수 있으며, 캠페인을 중단했을 때 유입이 감소하기도 합니다. 이때 급감 요인을 어떻게 확인해야 할까요? 상황에 따라 다를 수 있지만 일반적인 예를 들어 설명해 보겠습니다.

한분석 대리는 지난달 진행했던 마케팅 중에서 무엇이 잘못됐는지 파악하기로 했습니다. 사용자가 어떤 채널을 통해 사이트에 유입했는지 알 수 있는 '세션 기본 채널 그룹'이라는 측정 기준을 활용하여 다른 마케팅 채널은 전월 대비 소폭 증가한 상황인데, 검색 광고 유입만 전월 대비 대폭 감소한 것을 발견했습니다. 이로써 검색 광고에 문제가 있음을 파악했습니다. 그런데 검색 광고를 집행하는 곳은 한두 군데가 아니므로 어디가 문제인지 추가로 확인해야 합니다.

검색 광고에 '세션 소스와 매체'라는 측정 기준을 활용하여 한 단계 더 들어가 보니 네이버를 통한 사용자 유입이 가장 크게 감소한 것을 발견했습니다. 한분석 대리는 네이버에서 집행한 검색 광고를 키워드 그룹과 광고 소재별로 더 깊숙히 들여다 보았습니다. 이러한 접근 과정을 도식화하면 다음과 같습니다.

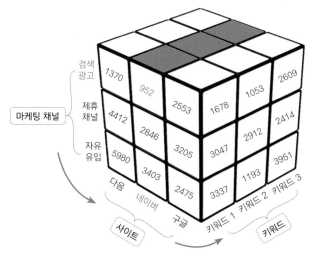

**그림 7-2** 측정 기준이 차원임을 보여 주는 예

## 측정 기준은 차원이다

그림을 보면 '사용자'라는 측정 항목을 '마케팅 채널', '사이트' 그리고 '키워드'라는 측정 기준에 따라 나눈 것을 볼 수 있습니다. 여기서 측정 기준은 차원이라는 사실을 쉽게 이해할 수 있습니다. '분석'은 나눌 '분(分)'과 쪼갤 '석(析)'이 합쳐진 단어이니 분석이란 '나누어서 보기'라고 말할 수 있습니다. 이처럼 측정 기준이 차원이라는 개념을 이해하고 나면 데이터를 바라보는 관점이 달라집니다.

차원이 더해질수록 숫자는 나뉘고 궁극적으로 측정 항목값이 가지는 의미가 명료해집니다. 1차원, 2차원, 3차원으로 차원을 늘려 가며 원인을 찾아 들어가는 분석 과정은 채굴 과정과 비슷하다고 해서 '드릴 다운 분석<sup>drill down analysis</sup>'이라고 합니다. 또는 지표를 차원으로 계속 나눈다고 해서 '브레이크 다운 분석<sup>break down analysis</sup>'이라고도 합니다.

지금까지 살펴본 측정 기준이 가지는 의미를 정리하면 다음과 같습니다.

- 측정 기준은 문자고, 측정 항목은 숫자다.
- 측정 기준은 측정 항목이 붙어야 의미를 가진다.
- 측정 기준에는 사칙 연산을 적용할 수 없다.
- 측정 기준은 개수를 늘려 다차원으로 분석할 수 있다.

---

**잠깐 퀴즈**

**다음 중 측정 기준에 대한 설명으로 틀린 것은?**

① 측정 기준은 문자고, 측정 항목은 숫자다.
② 측정 기준은 측정 항목이 붙어야 의미가 있다.
③ 측정 기준에 사칙 연산을 적용할 수 있다.

정답 ③

---

## 자주 사용하는 측정 항목

애널리틱스에서 자주 사용하는 측정 항목은 '트래픽 획득 보고서' 보면서 설명하겠습니다. 참고로 트래픽 획득 보고서는 웹 사이트나 앱의 방문자가 어디에서 유입되는지 파악하는 용도로 사용하며 신규 사용자와 재방문자의 유입 경로가 구체적으로 표시됩니다. 신규 사용자가 최초 어디에서 유입되는지 보여 주는 '사용자 획득 보고서'와는 다릅니다.

| 세션 기본 채널 그룹 ▾ ＋ | 사용자 | ↓세션수 | 참여 세션수 | 세션당 평균 참여 시간 | 사용자당 참여 세션수 | 세션당 이벤트 | 참여율 | 이벤트 수 모든 이벤트 ▾ | 전환 모든 이벤트 ▾ | 총 수익 |
|---|---|---|---|---|---|---|---|---|---|---|
| 총계 | 385 총계 대비 100% | 593 총계 대비 100% | 351 총계 대비 100% | 0분 36초 평균과 동일 | 0.91 평균과 동일 | 18.40 평균과 동일 | 59.19% 평균과 동일 | 10,909 총계 대비 100% | 1.00 총계 대비 100% | ₩0 |
| 1    Direct | 206 | 271 | 149 | 0분 27초 | 0.72 | 14.34 | 54.98% | 3,887 | 1.00 | ₩0 |
| 2    Organic Search | 124 | 238 | 168 | 0분 54초 | 1.35 | 24.16 | 70.59% | 5,749 | 0.00 | ₩0 |

**그림 7-3** 자주 사용하는 측정 항목

보고서를 보면 [세션 기본 채널 그룹]을 기준으로 10개의 측정 항목이 나열되어 있습니다. 유입된 사용자 총 385명이 채널별로 구분되어 있습니다. 그리고 세션 수는 사용자보다 많은 593개이고, 참여 세션 수는 사용자보다 적은 351개입니다. 각 측정 항목이 어떤 의미인지 살펴보겠습니다.

## 1. 사용자 ─ 몇 명이나 접속했을까?

'사용자'는 사이트에 접속한 사용자 수입니다. 만약 한 달 동안 10명이 홈페이지에 접속했다면 사용자는 10으로 집계됩니다. 만약 같은 아이디로 10번 접속하면 사용자는 1로 집계됩니다.

구글 애널리틱스는 클라이언트 아이디<sup>Client ID</sup>, 사용자 아이디<sup>User ID</sup>, 구글 신호 데이터<sup>Google signal data</sup> 등으로 사용자를 식별하는데, 사용자 측정 항목은 이러한 식별자의 고유 개수라고 할 수 있습니다.

데이터가 수집될 때 애널리틱스는 사용자를 구분하는 고윳값(클라이언트 아이디)을 무작위로 만든 후 웹 브라우저나 앱에 쿠키로 저장합니다. 그리고 다음과 같은 과정을 거쳐 신규 방문과 재방문을 구분합니다.

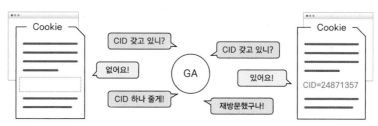

**그림 7-4** 애널리틱스가 사용자를 구분하는 방법

애널리틱스에서 사용자 측정 항목은 '총 사용자'와 '활성 사용자'로 나뉩니다. 총 사용자는 사이트에 접속한 모든 사용자를 뜻하며, 활성 사용자는 잠시 후 살펴볼 참여 세션을 발생시킨 사용자입니다. 참고로 앞에서 본 보고서에서 사용자는 활성 사용자를 나타냅니다.

## 2. 세션 수 ─ 몇 번 접속했을까?

'세션 수'는 사이트에 방문한 횟수입니다. 예를 들어 한 사용자가 사이트에 5번 방문했다면 세션 수는 5가 됩니다. 여기서 **세션**<sup>session</sup>이란 쉽게 말해 웹 사이트와 클라이언트(사용자)의 연결 상태를 의미합니다.

사용자가 사이트에 방문하면 연결됐다가 30분이 지나면 세션이 끊어집니다. 사용자가 웹 사이트에 아무리 오래 머물러도 세션 수는 1로 집계되지만 상호 작용이 없으면 즉, 아무런 이벤트가 발생하지 않고 30분*이 지나면 세션이 끊깁니다. 그리고 다시 방문하면 새로운 세션이 연결됩니다. 즉, 사용자가 웹 브라우저를 닫지 않아도 30분 동안 아무런 행동을 하지 않으면 세션이 끊깁니다.

\* GA4의 세션 만료 시간 30분은 기본 설정입니다. [웹 스트림 → 태그설정 더보기 → 세션 제한 시간 조정]에서 사이트의 특성에 맞게 변경할 수 있습니다.

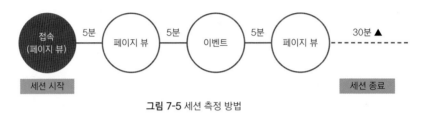

그림 7-5 세션 측정 방법

### 3. 참여 세션 수 — 유의미한 참여 세션은 몇 개일까?

참여 세션 수는 GA4에서 새로 생긴 측정 항목입니다. 세션 수가 단순히 사이트에 접속한 전체 횟수를 의미한다면, 참여 세션 수는 더 구체적으로 아래 조건 중 하나라도 충족한 방문 횟수를 나타냅니다.

- 10초 이상 사이트에 머무름
- 1개 이상의 전환 이벤트 발생
- 2번 이상의 이벤트 데이터 수집

즉, 한 사람이 사이트에 접속한 뒤 최소 10초 이상 사이트에 머무르거나 전환 이벤트가 발생하거나 페이지 뷰를 포함한 이벤트가 2개 이상 발생해야 참여 세션 수 측정 항목이 집계됩니다.

앞서 본 트래픽 획득 보고서에서 세션 수는 593개로 사용자보다 많은데 참여 세션 수는 오히려 사용자보다 적은 351개였습니다. 이는 유의미한 상호 작용 없이 종료된 방문이 242개(세션 수 593개 — 참여 세션 수 351개)라는 의미로 해석할 수 있습니다.

예를 들어 실수로 광고를 클릭해서 들어왔거나 방문 페이지만 대충 보고 흥미를 잃어 10초가 되기 전에 떠나는 경우 등이 포함될 수 있습니다. 따라서 세션 수와 참여 세션 수를 함께 보면서 유입 매체의 실제 성과와 사용자가 느끼는 문제점은 없는지 분석해 보고, 사용자 방문의 가치를 모니터링하는 데 활용할 수 있습니다.

참고로 참여 세션 수는 방문 페이지 안에 스크롤 같은 이벤트를 수집하거나 전환 이벤트를 설정하는 등 의도한다면 얼마든지 측정치를 높일 수 있습니다. 하지만 이러한 작업들이 무분별하게 지표만 올리려는 목적이라면 데이터를 잘못 해석하거나 사이트의 문제점을 찾는 데 방해가 될 수도 있습니다.

### 4. 세션당 평균 참여 시간 — 얼마나 오래 머물렀을까?

해당 지표는 참여 지표이므로 참여 세션 수와 같은 조건을 만족해야 집계됩니다. 세션당 웹 사이트나 앱을 이용한 평균 시간입니다. 즉, 어떤 사용자가 웹 사이트에 접속하여 5분 동안 머물렀다면 5분이 집계됩니다. 그리고 두 번째 사용자가 3분 동안 머물렀다면 세션당 평균 참여 시간은 4분((5 + 3) / 2)이 됩니다.

### 5. 사용자당 참여 세션 수 — 사용자는 참여 세션을 몇 번 일으킬까?

참여 세션 수를 사용자로 나눈 값입니다(참여 세션 수 / 사용자). 즉, 한 사용자가 웹 사이트에 몇 번의 참여 세션을 일으키는지 확인할 수 있는 측정 항목입니다. 만약 기간 내에 10명의 사용자가 접속했고 참여 세션을 20번 일으켰다면 사용자당 참여 세션 수는 5가 됩니다. 이 측정 항목 또한 참여 지표이므로 참여 세션 수와 같은 조건에서 집계됩니다.

### 6. 세션당 이벤트 — 세션당 이벤트를 몇 번이나 일으킬까?

GA4에서는 이벤트라는 개념이 매우 중요합니다. 페이지 뷰나 클릭 등 애널리틱스와 사용자의 모든 상호 작용이 이벤트이므로 한 세션에서 발생한 이벤트 수에 주목해야 합니다. 세션당 이벤트는 해당 데이터를 확인할 수 있는 측정 항목입니다. 한 사용자가 10번의 이벤트를 발생시켰다면 세션당 이벤트는 10입니다.

### 7. 참여율 — 참여 세션 비율은 얼마일까?

참여율은 전체 세션 수에 대한 참여 세션 수의 비율입니다. '참여 세션 수 / 세션 수 × 100'으로 구할 수 있습니다. 참여율은 사용자가 웹 사이트를 얼마나 활발하게 이용하는지 알 수 있는 지표입니다.

## 8. 이벤트 수 — 얼마나 많은 이벤트가 발생했을까?

페이지 뷰, 클릭 등 모든 이벤트가 발생한 횟수입니다. 어떤 사용자가 웹 사이트에 접속해 페이지 뷰 10번, 클릭 20번을 했다면 총 30으로 집계됩니다.

## 9. 전환 — 얼마나 많은 전환이 발생했을까?

사용자가 우리가 원하는 최종 목표에 도달했는지를 측정하는 중요한 항목입니다. 예를 들어 상품 구매, 회원가입, 또는 특정 이벤트에 참여하는 등의 행동을 전환이라고 부릅니다. 전환은 직접 설정할 수 있으며 설정된 전환을 사용자가 완료하면 해당 측정 항목이 집계됩니다.

## 10. 총 수익 — 얼마를 지출했을까?

수익은 전환과 관련이 있습니다. 04장에서 살펴본 것처럼 전자상거래 이벤트를 태깅하면 사용자가 상품을 구매할 때 전환을 수집할 수 있습니다. 이때 사용자가 결제한 금액이 총 수익으로 집계됩니다.

## 11. 전환율 — 세션당 전환 비율은 얼마일까?

앞에서 본 보고서에는 나와 있지 않지만 GA4에서 활용할 수 있는 중요한 지표 중 하나가 바로 전환율입니다. 전환율은 전환 수와는 달리 '전환 수/세션'으로 계산됩니다. 예를 들어 네이버를 통해 2,000개의 세션과 200개의 전환이 발생했고, 구글을 통해 500개의 세션과 100개의 전환이 발생했다고 생각해보겠습니다. 네이버의 전환 수가 더 높으니 네이버에 더 투자해야 할까요? 각각의 전환율을 계산해 보겠습니다.

- 네이버: 200 / 2,000 = 10%
- 구글: 100 / 500 = 20%

전환율은 구글이 20%로 10% 포인트 더 높습니다. 따라서 이미 세션이 높은 네이버보다는 앞으로 세션을 높이면 전환이 더 많아질 것으로 기대되는 구글에 투자를 고려할 수 있습니다. 전환뿐만 아니라 전환율이라는 측정 항목도 잘 활용해야 합니다. 11장에서 배울 탐색 분석에서는 전환율 측정 항목을 활용합니다.

## 12. 이탈률 — 이탈한 비율은 얼마일까?

이탈률 또한 앞에서 본 보고서에는 나와 있지 않지만 자주 활용되는 지표입니다. UA 버전에서 이탈률은 웹 사이트에 접속하자마자 이탈한 사람의 비율입니다. 즉, 한 페이지에 접속해 페이지 뷰를 발생시키고 다른 페이지나 이벤트 등을 발생시키지 않고 이탈한 사람의 비율입니다.

하지만 GA4에서는 참여하지 않은 사용자의 비율이라고 할 수 있습니다. 즉, '1-참여율'로 계산할 수 있습니다. 이것은 UA와 유사하지만, 더 정확하고 실용적인 의미로 이탈을 정의한다고 할 수 있습니다.

이탈률을 통해 사이트에 들어와서 유의미한 행동(10초 이상 머물거나, 전환을 일으키거나, 다른 페이지로 넘어가는 등)을 하지 않은 사용자가 얼마나 되는지를 알 수 있습니다. 이를 이용해 방문한 페이지의 콘텐츠 매력도가 어떤지 평가해 볼 수 있으며, 광고 유입 채널이 진짜 관심을 가진 사용자들을 얼마나 잘 유입시키는지 확인해 볼 수도 있습니다.

## 자주 사용하는 측정 기준

GA4에는 사전에 정의된 측정 기준이 무려 100개가 넘습니다. 거의 200개에 가깝죠. 그중 자주 사용하는 측정 기준을 알아보겠습니다. 이 측정 기준에서 파생된 측정 기준도 많습니다. 예를 들어 잠재 고객 범주에서 '기기'의 경우 브랜드, 이름, 운영체제, 운영체제 버전, 브라우저 버전 등 세부 정보를 확인할 수 있으며, 앱에서는 앱 버전이나 운영체제 등도 확인할 수 있어 문제가 발생했을 때 원인을 파악하는 데 도움이 됩니다.

**표 7-3** 자주 사용하는 측정 기준

| 범주 | 측정 기준 |
|------|-----------|
| 잠재 고객 | 관심분야, 성별/연령, 국가, 지역, 도시, 기기, 브라우저, 운영체제 |
| 획득 | 세션 소스, 세션 매체, 세션 캠페인, 세션 기본 채널 그룹, 세션 수동 검색어, 세션 수동 광고 콘텐츠 |
| 행동 | 이벤트 이름, 방문 페이지, 앱 화면 이름, 페이지 리퍼러, 페이지 제목, 페이지 위치, 페이지 경로, 쿼리 문자열, 검색어, 제품 번호, 제품 이름, 상품 카테고리, 전환 이벤트임 |

**잠재 고객** 범주에는 사용자의 성별, 연령, 국가, 기기, 브라우저 등에 대한 정보가 들어있습니다. 만약 갑자기 특정 브라우저에서 오류가 발생한다면 브라우저 측정 기준을 활용해 문제를 발견하는 등 유용하게 쓰이는 측정 기준입니다.

**획득** 범주에는 소스, 매체, 캠페인, 검색어 등 사용자의 유입에 대한 정보가 들어있습니다. 만약 사용자가 네이버에서 직접 검색을 통해 접속했다면 소스는 네이버[naver], 매체는 자연 검색[organic]이 될 것이며 검색어는 사용자가 네이버에서 검색한 문자열이 될 것입니다. 애널리틱스에서는 아주 중요한 내용이니 잘 알아 둬야 합니다.

**행동** 범주에서는 이벤트 이름, 페이지 제목, 페이지 URL, 앱 화면 이름 등 웹 페이지와 앱 화면에 관련된 데이터들을 확인할 수 있습니다. 해당 데이터를 통해 사용자가 가장 많이 방문한 페이지, 앱 화면 등을 확인할 수 있습니다. 또한 상품에 대한 정보를 조회할 수 있으며 이후 학습하게 될 이벤트를 전환으로 설정할 경우 '전환 이벤트임' 측정 기준을 통해 해당 이벤트가 전환 이벤트인지 판단할 수 있습니다.

지금까지 GA4에서 자주 사용하는 측정 항목과 기준을 살펴봤습니다. 이 책에서는 이 외에도 유용한 측정치를 더 다룰 예정입니다. 다음 URL에서는 GA4에서 제공하는 모든 측정 항목과 기준을 확인할 수 있습니다.

- **GA4 측정 항목과 측정 기준:** support.google.com/analytics/answer/9143382

---

**다음 중 참여 지표에 대한 설명으로 맞지 <u>않은</u> 것은?**

① 사용자가 웹 사이트에 접속하면 참여 세션이 무조건 1만큼 집계된다.
② 사용자가 10초 이상 웹 사이트에 머물러야 참여 지표가 집계된다.
③ 사용자가 전환을 일으키면 참여 지표가 집계된다.

정답 ①

---

**'첫 사용자 소스/매체'와 '세션 소스/매체'는 무엇이 다른가요?**

아주 좋은 질문입니다. GA4에는 첫 사용자 소스, 첫 사용자 매체 등 '첫 사용자'가 붙은 측정 기준과 '세션'이 붙은 측정 기준이 있습니다.

GA4의 기본은 파이어베이스 애널리틱스(Firebase Analytics), 즉 애플리케이션 분석기가 모태입니다. 애플리케이션은 맨 처음 설치 당시의 소스 매체가 중요하고 이후에는 주로 앱을 직접 실행하므로 접속했을 당시의 소스, 매체가 웹보다는 덜 중요합니다. 그러다 보니 첫 사용자 소스/매체와 세션 소스/매체로 나뉜 것입니다.

사용자가 제일 처음 우리 사이트에 접속했던 정보를 보고 싶다면 '첫 소스/매체'를 참고하면 되고, 사용자가 우리 사이트에 접속한 당시의 정보를 보고 싶다면 '세션 소스/매체'를 이용해 보세요!

# 07-2 | 예측 측정 항목과 애널리틱스 360

GA4에서는 **예측 측정 항목**<sup>predictive metrics</sup>을 제공합니다. 예측 측정 항목이란 GA4가 머신러닝 기술로 예측한 지표를 의미합니다. 예를 들어 웹 사이트의 상품을 구매할 만한 사람을 미리 예측할 수 있다면 어떨까요? 향후 7일 내에 상품을 구매할 가능성이 있는 사용자에게 마케팅 활동을 한다면 훨씬 효율적일 것입니다.

이러한 기술을 이용하려면 프로그래밍이나 수학적인 지식이 있어야 하지만, GA4가 제공하는 예측 측정 항목을 이용하면 머신러닝 기술을 쉽게 적용해 볼 수 있습니다.

- **GA4 예측 측정 항목:** support.google.com/analytics/answer/9846734

## GA4의 예측 측정 항목

GA4의 예측 측정 항목은 다음을 지원합니다.

**표 7-4** 예측 측정 항목 (출처: 애널리틱스 도움말)

| 측정 항목 | 정의 |
|---|---|
| 구매 가능성 | 지난 28일 동안 활성 상태였던 사용자가 향후 7일 이내에 특정 전환 이벤트를 기록할 가능성입니다. |
| 앱 제거 가능성 | 지난 7일 동안 앱 또는 사이트에서 활성 상태였던 사용자가 다음 7일 동안 활성 상태가 아닐 가능성입니다. |
| 예측 수익 | 최근 28일 동안 활성 상태였던 사용자로부터 향후 28일 내에 발생하는 모든 구매 전환에서 예상되는 수익입니다. |

예측 측정 항목을 활용하려면 GA4에서 요구하는 방식으로 태깅되어 있어야 하고 몇 가지 조건을 충족해야 합니다. 표에 있는 3개의 측정 항목을 활용하려면 다음과 같은 기본 요건이 필요합니다.

❶ 구매자나 앱 제거 사용자의 긍정적/부정적 예시 수가 최소 요건을 충족해야 합니다. 최근 28일 동안 7일간의 기간에 대해 1,000명 이상의 재사용자가 관련 예측 조건(구매 또는 앱 제거)을 트리거했어야 하며, 1,000명 이상의 재사용자는 트리거하지 않았어야 합니다.

❷ 일정 기간 동안 모델 품질을 유지해야 요건을 충족할 수 있습니다.

❸ 구매 가능성과 앱 제거 가능성을 모두 사용하려면 속성에서 purchase(추천 이벤트) 또는 in_app_purchase(자동 수집 이벤트)를 전송해야 합니다. purchase 이벤트를 수집하려면 해당 이벤트에 대한 value와 currency 매개변수도 수집해야 합니다.

간단하게 이야기하면 특정 기간 동안 1,000명 이상의 사용자가 사이트에서 상품을 구매해야 하며 purchase나 in_app_purchase 이벤트가 수집되어야 합니다. ❷번 항목에서 이야기하는 모델이란 머신러닝이 예측을 하기 위해 만드는 엔진이라고 이해할 수 있습니다. ❶번과 ❸번 항목을 충족할 경우 해당 모델의 품질이 유지됩니다. 이러한 조건이 충족해야만 GA4에서 예측 측정 항목을 집계할 수 있고 해당 지표를 통해 직접 데이터를 추출하거나 구글 애즈에서 활용할 수 있습니다.

예측 측정 항목을 활용하는 방법은 이후에 세그먼트를 배울 때 한번 더 알아보겠지만, GA4에서 요구하는 자동 수집 이벤트나 추천 이벤트의 형식에 맞게 데이터가 수집되어야 기능이 정상으로 작동한다는 것을 알아야 합니다. GA4의 새로운 기능은 대부분 그러하므로 이벤트를 설계할 때 이부분을 항상 염두해 두세요.

---

**잠깐 퀴즈**

**예측 측정 항목이란 무엇일까요?**

① GA4에서 자동으로 이벤트를 수집해 주는 기능이다.

② GA4에서 제공하는 특별한 측정 항목으로 사용자의 구매 가능성을 예측해 준다.

③ 예측 측정 기준은 데이터를 맘대로 수집해도 알아서 GA4가 만들어 준다.

정답 ②

---

## 애널리틱스 360

구글 애널리틱스는 무료 버전뿐만 아니라 기업용 유료 버전도 제공합니다. 이런 유료 버전을 **구글 애널리틱스 360**이라 합니다. 360 서비스를 이용하려면 구글의 판매 파트너를 통해 구글과 별도의 계약을 체결해야 하며, 계약 체결 후 구글 마케팅 플랫폼[Google Marketing Platform, GMP] 조직 수준의 라이선스를 얻습니다. 유료 사용자는 이 GMP 조직 계정에 연결된 애널리틱스 속성을 필요에 따라 360 버전으로 업그레이드하거나 일반 버전으로 다운그레이드할 수 있습니다.

360 서비스는 대규모 데이터를 다루고 시스템 안정성이 중요한 기업 단위의 사용자가 주로
사용합니다. 구글은 360 사용자에게 서비스 수준 계약을 제공해 애널리틱스 시스템 중단 시
간을 최대한 방지하며, 태그 관리자 360 솔루션을 함께 제공합니다. 또한 360 서비스는 무료
버전보다 훨씬 폭넓은 기능을 제공하고 데이터 보존 기간이나 기능 제한을 더 확장해 줍니다.

## 데이터 보존 기간과 기능 제한 확장

360 서비스에서는 이벤트 매개변수의 제한이 기존 25개에서 100개로 확대되며, 이벤트 수
준 맞춤 측정 기준과 측정 항목이 각각 125개로 확대됩니다. 전환 이벤트는 30개에서 50개로
늘어나며, 잠재 고객도 100개에서 400개까지 늘어나 사용상 제한이 거의 없어집니다.

### 360 기능 한도

Google 애널리틱스 360은 Google 애널리틱스 4 속성 데이터 수집, 보고, 보관, BigQuery로 내보내기에 더 높은 한도를 제공합니다.

| 기능 | Google 애널리틱스 4 속성(표준) | 애널리틱스 360의 Google 애널리틱스 4 속성 |
|---|---|---|
| 이벤트 매개변수 | 이벤트당 25개 | 이벤트당 100개 |
| 사용자 속성 수 | 속성당 25개 | 속성당 100개 |
| 이벤트 범위 맞춤 측정기준 및 측정항목 | 속성당 이벤트 범위 맞춤 측정기준 50개<br>속성당 이벤트 범위 맞춤 측정항목 50개 | 속성당 이벤트 범위 맞춤 측정기준 125개<br>속성당 이벤트 범위 맞춤 측정항목 125개 |
| 상품 범위 맞춤 측정기준 | 속성당 10개 | 속성당 25개 |
| 전환수 | 30건 | 50건 |
| 잠재고객 | 100명 | 400명 |
| 탐색 분석 | 속성당 사용자별로 200개 생성<br>속성당 500개 공유 | 속성당 사용자별로 200개 생성<br>속성당 1,000개 공유 |
| 샘플링 한도 살펴보기 | 쿼리당 이벤트 1,000만 개 | 쿼리당 이벤트 10억 개 |
| 전체 데이터 탐색 분석 | 없음 | 샘플링되지 않은 결과: 속성당 일일 최대 500억 개의 이벤트 |
| API 할당량<br>대부분의 요청에서는 10개 미만의 토큰을 사용합니다. | 토큰 25,000개/일 | 토큰 250,000개/일 |
| 데이터 보관 | 최대 14개월 | 최대 50개월 |

**그림 7-6** 애널리틱스 360 기능 한도(출처: support.google.com/analytics/answer/11202874)

## 하위 속성과 롤업 속성 활용 가능

360 사용자는 데이터가 쌓인 기존의 소스 속성에서 하위 속성이나 롤업<sup>roll-up</sup> 속성을 만들 수 있습니다. **하위 속성**은 소스 속성에서 필터링하여 새로운 속성을 만드는 것인데, 보통 여러 조직에서 애널리틱스를 함께 사용할 때 사용자 관리나 데이터 보호 차원으로 활용하는 방법입니다. 데이터 자체는 소스 속성에서 가져오는 것이어서 하위 속성에 별도의 이벤트를 만들 수 없으며 소스 속성의 변경에 영향을 받습니다.

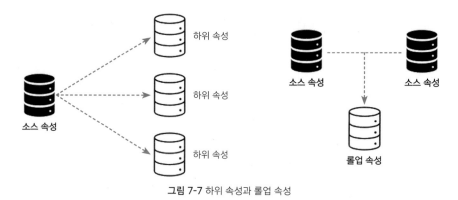

그림 7-7 하위 속성과 롤업 속성

**롤업 속성**은 2개 이상의 속성 데이터를 하나로 합쳐 새로운 속성을 만드는 것입니다. 보통 여러 사이트를 보유하고 있거나, 글로벌 비즈니스를 운영하여 여러 국가에 서비스하는 기업에서 데이터를 통합적으로 분석하고 활용하기 위해 이용합니다. 최대 50개의 속성을 합칠 수 있으며 롤업 속성을 만든 시점부터 데이터가 쌓이므로 이전 데이터는 제외됩니다. 롤업 속성 역시 하위 속성처럼 소스 속성으로부터 데이터를 가져오는 것이므로 독립적인 이벤트를 가질 순 없습니다.

---

잠깐 **퀴즈**

**다음 중 GA4 유료 버전의 롤업 속성에 대한 설명으로 올바른 것은?**

① 소스 속성에서 필요한 데이터만 별도로 처리하여 보기 위해 만든 속성이다.

② 두 가지 이상의 속성을 합쳐 하나의 속성에서 데이터를 보기 위해 만든 속성이다.

③ 속성 내 잠재 고객 생성을 최대 100개까지 할 수 있다.

정답 ②

---

# 맞춤 정의 활용하기

GA4에서는 기본으로 제공하는 측정 기준 외에 추가로 맞춤 측정 항목을 정의할 수 있습니다. 맞춤 정의는 GA4에서 기본으로 설정해야 하는 중요한 기능 중 하나이며 11장에서 배울 탐색 보고서를 다루기 전에 꼭 알아야 합니다.

학습
목표

- 맞춤 정의가 무엇인지 이해한다.
- 맞춤 측정 기준을 만드는 방법을 배운다.
- 사용자 속성과 범위에 대해 이해한다.

# 08-1 | 맞춤 정의 알아보기

GA4에서 중요한 기능 중 하나가 바로 **맞춤 정의**입니다. GA4가 기본으로 제공하는 100개가 넘는 측정 기준은 저마다 쓰임새가 있습니다. 따라서 그 밖의 측정 기준은 직접 만들어서 사용해야 합니다. 또한 GA4에서 제공하는 추천 이벤트를 만들 때도 데이터를 잘 활용하기 위해 맞춤 정의 기능을 사용합니다.

## 맞춤 측정 정의란?

맞춤 측정 정의는 크게 '맞춤 측정 기준'과 '맞춤 측정 항목'으로 나뉩니다. 07장에서 배운 측정 기준과 측정 항목을 직접 만들어 사용할 수 있다는 이야기입니다. 03장에서 한분석 대리가 설계했던 웹 사이트의 이벤트 내용을 보면 다음과 같습니다.

표 8-1 이벤트 설계 예시

| 번호 | 이벤트 이름 | 매개변수 |
| --- | --- | --- |
| 1 | Logo_click | click_text |
| 2 | GNB_click | click_position |
| 3 | Cookie_consent | consent |
| 4 | scroll_button_click | click_position |

GA4에서 매개변수는 모두 측정 기준으로 취급합니다. 표에서 측정 기준을 나열해 보면 각각의 이벤트 이름과 click_text, click_position, consent가 됩니다. 여기서 이벤트 이름은 GA4가 기본으로 지원하는 측정 기준이므로 애널리틱스 화면에서 조회할 수 있습니다. 하지만 매개변수 3개는 한분석 대리가 임의로 만든 값이므로 애널리틱스 화면에 나오지 않습니다. 따라서 해당 매개변수를 측정 기준으로 활용하려면 새로 만들어야 합니다. 이게 바로 맞춤 측정 기준입니다.

## 맞춤 측정 정의 한도

GA4에서 사용자가 맞춤 측정 기준과 측정 항목을 생성할 수 있는 한도가 있습니다. 추가로 이벤트에 적용되는 한도도 함께 알아보겠습니다.

**표 8-2** GA4 데이터 수집과 구성 한도

| 기록 항목 | 한도 | 구분 |
|---|---|---|
| 사용자 범위 맞춤 측정 기준 | 25개 | 측정 기준 |
| 이벤트 범위 맞춤 측정 기준 | 50개 | 측정 기준 |
| 상품 범위 맞춤 측정 기준 | 10개 | 측정 기준 |
| 모든 맞춤 측정 항목 | 50개 | 측정 항목 |

표를 보면 데이터 수집과 구성 한도가 나열되어 있습니다. 이 한도 내에서만 맞춤 측정 기준과 항목을 생성할 수 있습니다.

여기서 '사용자'는 03장에서 배웠던 사용자 속성 데이터를 수집하는 측정 기준입니다. '이벤트'는 이벤트가 수집될 때 추가로 매개변수를 수집하는 측정 기준이며, '상품'은 03장에서 배운 전자상거래에서 추가로 상품 정보를 수집할 수 있게 해주는 측정 기준입니다.

측정 항목은 이벤트 단위로만 수집할 수 있어 나뉘는 것 없이 50개로 고정됩니다.

---

**잠깐 퀴즈**

**다음 중 맞춤 측정 정의를 사용하는 이유로 맞는 것은?**

① GA4에서 기본으로 제공하지 않는 측정 기준과 측정 항목을 사용하기 위해서

② 측정 기준과 항목의 이름을 바꾸기 위해서

③ 더 많은 양의 데이터를 수집하기 위해서

정답 ①

---

# 08-2 | 맞춤 측정 기준 만들기

맞춤 측정 기준을 만드는 방법은 03장에서 배운 사용자 속성 만들기와 비슷합니다. 맞춤 측정 기준을 만들어 보고 정상으로 만들어졌는지 확인해 보겠습니다. 참고로 맞춤 측정 기준은 생성한 순간부터 데이터가 쌓이므로 잊지 않도록 미리 만들어 둬야 합니다.

---

 **질문 있어요!**

**GA4에서는 '측정기준', '측정항목'처럼 붙여서 쓰던데요?**

네, GA4에서는 '측정기준', '측정항목'처럼 붙여서 표시하지만, 이 책에서는 될 수 있으면 한글 표기법에 따라 띄어서 썼습니다. 다만 GA4 화면의 요소를 지칭할 때는 그대로 붙여서 실제 화면과 다르지 않게 했습니다. 구글 애널리틱스는 계속 업데이트되므로 기능이나 한글화가 바뀔 수 있습니다. 책을 보면서 헷갈릴 때는 이 책의 소통 채널(Do it! 스터디룸: cafe.naver.com/doitstudyroom)을 참고하기 바랍니다.

---

**Do it! 실습** ▶ **맞춤 측정 기준 만들기**

**01 단계** 애널리틱스에 생성한 속성의 관리 화면에서 [데이터 표시 → **맞춤 정의**]로 이동한 후 〈맞춤 측정기준 만들기〉를 클릭합니다.

그림 8-1 맞춤 측정 기준 만들기

**02 단계** 그러면 '새 맞춤 측정기준'이라는 팝업 창을 확인할 수 있습니다. 범위 항목에 이벤트를 선택하면 사용자 속성 대신 이벤트 매개변수 설정이 나타납니다. 여기에 데이터를 수집할 때 만들었던 매개변수 키인 **click_text**를 입력합니다. 각 항목에 다음 그림과 같은 값을 입력하고 〈저장〉을 클릭합니다.

**그림 8-2** 맞춤 측정 기준 입력하기

**03 단계** 맞춤 측정 기준을 만들었으므로 이제 보고서에서 조회할 수 있습니다. 11장에서 배울 탐색 분석을 활용해 해당 변수가 만들어진 것을 확인해 보겠습니다. 애널리틱스 왼쪽 메뉴에서 **[탐색]**을 클릭한 후 **[비어 있음]**을 클릭합니다.

**그림 8-3** 탐색 분석 만들기

**04 단계**  그러면 다음처럼 보고서를 만드는 화면이 나오는데, 앞에서 만든 측정 기준을 사용하기 위해 측정 기준 옆의 ⊞ 버튼을 클릭합니다.

**그림 8-4** 탐색 분석에서 측정 기준 설정하기

**05 단계**  측정 기준을 선택하는 창이 나타나면 상단의 [사용자설정]을 클릭합니다. 그리고 [맞춤]을 클릭하면 02단계에서 만든 Click text를 확인할 수 있습니다. 이를 클릭하여 체크하고 〈가져오기〉를 클릭합니다.

**그림 8-5** 측정 기준 선택하기

이런 식으로 맞춤 측정 기준을 활용할 수 있습니다. 탐색 분석 만들기는 11장에서 자세히 살펴보겠습니다. 맞춤 측정 기준은 만드는 시점부터 데이터가 들어오므로 새로운 매개변수를 사용할 때마다 맞춤 측정 기준을 미리미리 만들어야 합니다.

## 맞춤 측정 항목

앞서 맞춤 측정 기준을 만들어 보았습니다. [맞춤 정의] 화면에서 두 번째 탭인 **[맞춤 측정항목]**을 클릭하면 측정 항목도 맞춤으로 만들 수 있습니다. 맞춤 측정 항목은 07장에서 알아보았듯이 이벤트 수, 세션 수와 같이 숫자를 저장할 수 있는 공간을 만드는 기능입니다. 예를 들어 사용자가 물건을 구매했을 때 쿠폰 금액을 입력하는 등의 상황에서 이용할 수 있습니다.

맞춤 측정 항목을 만드는 방법은 맞춤 측정 기준을 만드는 방법과 같으므로 실습은 생략하겠습니다. 다만 측정 항목은 숫자를 집계하므로 '측정 단위'라는 항목이 있습니다. 여기에 일반, 통화, 거리, 시간 등의 측정 단위를 설정할 수 있습니다.

그림 8-6 맞춤 측정 항목 만들기

---

**맞춤 측정 기준을 생성할 때 [이벤트 매개변수]에 들어가야 하는 값으로 맞는 것은?**

① 데이터를 수집할 때 입력한 매개변수의 키를 입력

② 데이터를 수집할 때 입력한 매개변수의 값을 입력

③ 데이터를 수집할 때 입력한 이벤트 이름을 입력

정답 ①

---

**이벤트 이름은 맞춤 측정 기준처럼 따로 등록하지 않아도 되나요?**

네, 이벤트 이름은 별도로 등록하지 않아도 됩니다. 이벤트 이름은 데이터를 수집할 때 반드시 있어야 할 입력 정보로서, 구글 애널리틱스에는 자동으로 적용되어 활용할 수 있습니다. 더불어 이벤트 이름은 영문 기준 40자 이내로 입력해야 하는 점도 꼭 알아두세요.

# 08-3 | 맞춤 측정 기준의 범위

여기서는 맞춤 측정 기준을 만들 때 [범위] 항목에 관해 살펴보겠습니다. 맞춤 측정 기준을 만드는 화면에서 [범위] 항목을 클릭하면 **이벤트**와 **사용자**, **항목**으로 나뉘는 것을 확인할 수 있습니다. 사실 애널리틱스에는 이벤트, 세션, 사용자, 항목처럼 4가지 범위가 있지만, 현재 세션 기준의 맞춤 측정 기준은 지원하지 않습니다. 그렇지만 세션 기준으로 수집되는 데이터도 있으므로 4가지 범위를 모두 알아보겠습니다.

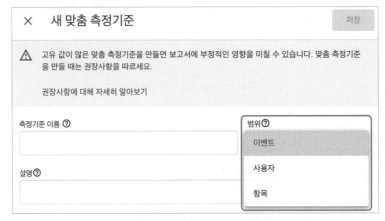

**그림 8-7** 맞춤 측정 기준의 범위

## 이벤트 범위

이벤트는 애널리틱스에서 가장 작은 측정 기준의 범위입니다. 애널리틱스로 전송되는 모든 데이터가 바로 이벤트입니다. 예를 들어 페이지 뷰, 버튼 클릭, 스크롤 등 사용자가 전달하는 모든 데이터가 각각의 이벤트입니다. 따라서 이벤트 범위의 맞춤 측정 기준을 생성하면 이벤트마다 서로 다른 값이 수집됩니다.

예를 들어 `GNB_click`이라는 이벤트를 수집하면 `click_text` 매개변수에는 '블로그', '소셜'처럼 이벤트마다 서로 다른 값이 수집됩니다.

**그림 8-8** 이벤트 범위

## 세션 범위

세션은 여러 이벤트를 하나로 묶은 범위입니다. 예를 들어 웹 사이트에 접속해서 페이지 뷰 5번, 클릭 10번을 발생시킨 후 웹 브라우저를 종료했다면 이 일련의 과정이 하나의 세션이 됩니다. 만약 세션 범위의 데이터가 수집되면 사용자가 한 번 접속해 있는 동안 발생한 모든 이벤트에 같은 값이 수집됩니다.

다음은 크롬 브라우저에서 발생한 페이지 뷰, GNB 클릭, 배너 클릭 이벤트가 하나의 세션 범위로 수집된 모습을 나타낸 그림입니다. 세션은 한 번의 접속이 기준이므로 한 세션은 하나의 웹 브라우저*에 종속됩니다.

\* 측정 기준에 따라 웹 브라우저, 기기 카테고리, 소스, 매체일 수 있습니다. 한 세션 내에서 같은 값으로 유지됩니다.

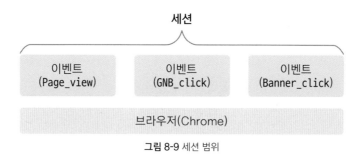

그림 8-9 세션 범위

그런데 현재 GA4는 세션 범위의 맞춤 측정 기준을 제공하지 않습니다. 따라서 필요하다면 이벤트 범위 맞춤 측정 기준을 이용해 모든 이벤트에 매개변수로 동일한 값을 수집해야 합니다.

## 사용자 범위

이벤트와 세션 범위에 대해 이해했다면 사용자 범위는 아주 간단합니다. 웹 사이트에 한 번 접속해서 발생시킨 여러 이벤트가 모여 세션이 된다고 했습니다. 사용자는 세션이 모인 개념으로 생각하면 됩니다. 예를 들어 다음 그림은 23세의 남자가 사이트에 2번 접속했고 이벤트를 총 6회 발생시켰을 때를 도식화한 것입니다.

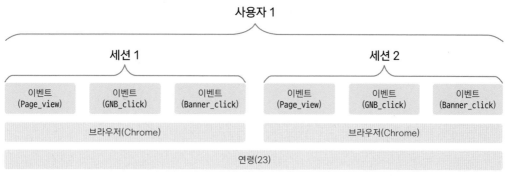

그림 8-10 사용자 범위

여기서 연령은 「03-4」절의 사용자 속성에서 만들었던 사용자 등급과 같은 개념입니다. 물론 연령은 햇수가 지나면 변하고 등급도 구매를 많이 하면 변하겠지만 연령이나 등급, 성별과 같은 데이터는 한 명의 사용자에게 붙는 꼬리표이므로 사용자 범위로 분류됩니다.

## 항목(아이템) 범위

항목 범위도 간단합니다. 전자상거래에서는 항목(상품) 정보, 즉 브랜드, 카테고리, 이름과 같은 데이터가 있습니다. 바로 이 항목을 나타내는 범위입니다. 즉 항목 측정 기준을 추가하면 추가적인 항목 정보를 수집할 수 있습니다.

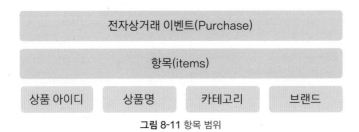

**그림 8-11** 항목 범위

---

**연령, 성별 등 사용자 정보를 수집할 때 사용할 수 있는 것은?**

① 사용자 범위 맞춤 측정 기준

② 이벤트 범위 맞춤 측정 기준

③ 상품 범위 맞춤 측정 기준

정답 ①

---

# 08-4 ｜ 사용자 맞춤 측정 기준

앞에서 알아본 것처럼 이벤트 범위의 맞춤 측정 기준은 이벤트 매개변수를 측정 기준으로 사용하지만, 사용자 범위의 맞춤 측정 기준은 **사용자 속성** 데이터를 받아 측정 기준으로 사용합니다. 보통 사용자 범위의 맞춤 측정 기준으로는 UID와 함께 수집하는 crm_id 또는 사용자 등급, 연령, 성별 등을 수집합니다. 이런 고객 정보는 사용자 범위의 맞춤 측정 기준으로 수집해야 분석과 마케팅에 유용합니다.

## 로그인한 사용자 정보 수집하기

실제 홈페이지를 운영하다 보면 사용자에 대한 정보를 수집해야 할 때가 있습니다. 애널리틱스에는 사용자의 성별, 연령 데이터가 수집되지만, 이는 구글 애즈가 예측한 데이터일 뿐 100% 정확하지는 않습니다.

대부분 회사에서는 운영 중인 홈페이지의 회원 정보를 알 수 있는 CRM 데이터를 내부 데이터 베이스에 가지고 있습니다. 이를 활용하면 적어도 홈페이지에 로그인한 회원만큼은 구글이 예측한 데이터가 아닌 실제 연령과 성별 그리고 등급과 같은 데이터를 수집할 수 있습니다.

한분석 대리는 사용자들의 성별과 연령을 묶으면 소비하는 콘텐츠가 다를 것으로 생각했습니다. 예를 들어 25~30세의 남녀는 취업과 경력, 영어와 같은 콘텐츠에 관심이 많고, 20~30세의 여성은 뷰티 콘텐츠에, 그리고 20~30세 남성은 게임 콘텐츠에 상대적으로 관심이 많다고 예상했습니다. 한분석 대리는 이러한 가설이 맞는지 증명하고 싶었습니다. 이때 사용자 범위의 맞춤 측정 기준으로 연령과 성별을 수집하여 해당 내용을 분석해 볼 수 있습니다.

먼저 구글 태그나 구글 태그 관리자를 통해 사용자의 나이(age)와 나이대(age_range)라는 사용자 속성을 수집합니다.

**age와 age_range 사용자 속성 전송하기**

```
gtag("config", "G-XXXXXX" {
    "user_properties": {
        "age": "30",
        "age_range": "26-39"
    }
});
```

**그림 8-12** GTM으로 age와 age_range 사용자 속성 전송하기

그런 다음 맞춤 측정 기준 만들기에서 '범위'를 [사용자]로 선택하고, '사용자 속성'에서 각각의 속성 이름을 선택합니다. 이런 식으로 **age**와 **age_range**라는 측정 기준을 만듭니다.

**그림 8-13** 사용자 범위의 맞춤 측정 기준 만들기

이렇게 데이터를 수집한 후 페이지 위치 정보와 함께 연령을 붙여 데이터를 조회하면 다음처럼 연령별로 데이터를 확인할 수 있습니다. 여기에 어떤 페이지를 조회했는지에 대한 데이터를 옆에 붙이면 소비한 콘텐츠를 확인할 수 있습니다.

| age | age_range | ↓세션수 |
|---|---|---|
| 총계 | | 60,597<br>총계 대비 100% |
| 1   30 | 26-39 | 2,202 |
| 2   41 | 40-64 | 2,160 |
| 3   38 | 26-39 | 2,152 |
| 4   44 | 40-64 | 2,142 |
| 5   42 | 40-64 | 2,123 |
| 6   40 | 40-64 | 2,100 |

그림 8-14 실제 맞춤 측정 기준을 통해 수집한 나이(age)와 나이대(age_range) 데이터

사용자 범위의 측정 기준은 앞 절에서 설명했던 것처럼 사용자가 오늘 접속했다가 내일 다시 접속하여 로그인하지 않더라도 이후 사용자가 발생시킨 이벤트에 동일한 사용자 속성 데이터가 수집됩니다. 해당 데이터를 다른 데이터로 덮어씌우거나 다른 브라우저로 접속하거나 CID가 지워지지 않는 한 계속 유지됩니다.

---

**질문 있어요!** **06장에서 crm_id를 수집했었는데 사용자 맞춤 측정 기준으로 만들면 되나요?**

맞습니다. 06장에서 user_id와 crm_id를 함께 수집했었는데요, 수집된 값을 직접 받아서 사용하기 위해 사용자 맞춤 측정 기준으로 만들면 됩니다. 사용자 맞춤 측정 기준의 [사용자 속성]에는 crm_id를 입력합니다. 그러면 구매할 만한 사용자 목록을 내려받고 이메일을 전송하는 등의 마케팅 활동에 활용할 수 있습니다. 이는 사용자들의 구매 전환율을 효과적으로 높일 수 있는 방법 중 하나이므로 꼭 활용해 보기 바랍니다.

---

**잠깐 퀴즈** **사용자 맞춤 측정 기준을 이용하여 할 수 <u>없는</u> 것은?**

① 포스 단말기 데이터 수집

② 사용자 아이디를 이용한 CRM 데이터 연동 분석

③ 연령, 성별, 등급 등의 데이터를 애널리틱스에 수집하여 분석에 활용

정답 ①

---

# 화면 구성과 메뉴

GA4는 이전 UA 버전보다 기본 보고서는 간단해졌지만 맞춤형 분석을 자유롭게 수행할 수 있도록 탐색 분석 기능이 강화되었습니다. 또한 자동화된 통계, 검색 등 유용한 기능도 제공합니다. 이번 장에서는 이러한 기능을 잘 활용하기 위해 애널리틱스의 기본적인 화면 구성과 검색 창, 각각의 메뉴를 살펴보겠습니다.

09-1 ▸ 화면 구성과 검색 창 알아보기
09-2 ▸ 메뉴 알아보기

학습
목표

• 애널리틱스의 기본 화면 구성과 검색 창을 알아본다.
• 각 메뉴의 역할과 기초 사용법을 이해한다.

# 09-1 | 화면 구성과 검색 창 알아보기

애널리틱스에 접속하면 다음 그림과 같은 홈 화면을 가장 먼저 확인할 수 있습니다. 홈에서는 이전 UA 버전과 유사하게 주요 데이터를 쉽고 빠르게 확인할 수 있도록 기본적인 지표들이 카드 형태로 모아져 있습니다. UA 버전과 달라진 점은 화면 맨 위에 **검색 창**이 새로 생겼습니다. 이 검색 창에 키워드나 질문을 입력하면 필요한 데이터에 쉽고 빠르게 접근할 수 있습니다.

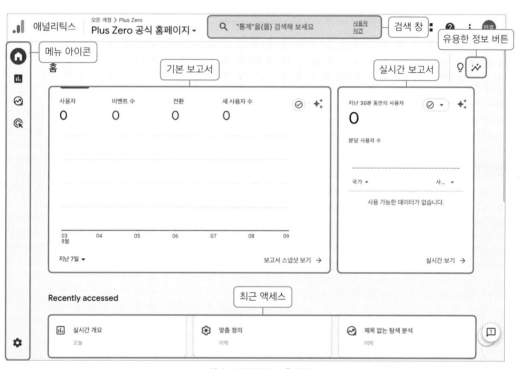

그림 9-1 애널리틱스 홈 화면

특히 검색 창을 클릭하면 아래쪽에 '지능형 애널리틱스 이용'*이라는 부분이 보이는데, 여기서 [추천 더보기]를 클릭해 보면 카테고리별로 유의미한 질문들이 정리되어 있어 분석 경험이 많지 않더라도 애널리틱스를 더 유용하게 사용할 수 있도록 돕습니다.

\* 지능형 애널리틱스 기능은 홈 화면의 실시간 보고서 카드 위에 있는 [유용한 정보] 버튼을 클릭해서 볼 수도 있습니다.

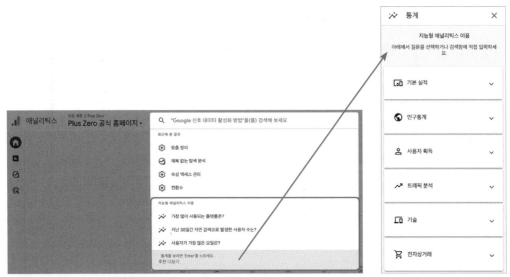

그림 9-2 검색 창의 '지능형 애널리틱스 이용'

**Do it! 실습** 가장 많이 방문한 날짜 알아보기

검색 창을 활용해 가장 많은 사람이 방문한 날짜를 알아보겠습니다.

**01 단계** 애널리틱스 홈 화면에서 검색 창을 클릭하고 **"가장 많은 방문 날짜"**를 입력합니다. 그리고 결과 항목에서 [**세션수 기준 상위 날짜**]를 클릭합니다.

그림 9-3 검색하기

**02 단계** 화면 오른쪽에 열리는 결과 데이터를 확인하여 기간 내에 방문(세션)자가 많았던 날짜를 확인합니다.

그림 9-4 세션 수 기준 상위 날짜 확인하기

# 09-2 | 메뉴 알아보기

애널리틱스의 왼쪽 영역에 마우스 포인터를 놓으면
메뉴 바가 나타납니다. 여기에는 [홈], [보고서], [탐
색], [광고], 그리고 맨 아래쪽에 [관리] 메뉴가 있습
니다. 각 메뉴를 클릭해 보면 세부 화면으로 넘어갑
니다.

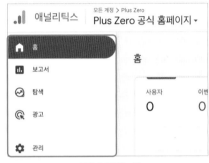

그림 9-5 메뉴 바

## [홈] 메뉴

애널리틱스의 [홈] 메뉴에서는 주요 지표를 살펴보고 필요에 따라 해당 상세 보고서로 이동
할 수 있습니다. 지표들은 목적에 따라 각 카드에 알맞게 구성되어 있으며 원하는 기간을 지
정할 수 있는 버튼과 해당 데이터와 관련된 상세 보고서로 이동할 수 있는 버튼이 있습니다.

그림 9-6 홈 메뉴 카드 구성

그 아래에는 최근에 사용했던 항목이 **'최근 액세스**<sup>Recently accessed</sup>**'** 영역에 나타납니다. 이어서
**'추천'** 영역에서는 사용자에게 가장 유용하고 연관성이 높다고 판단한 데이터를 즉시 활용할
수 있도록 맞춤형 추천 카드를 보여 줍니다.

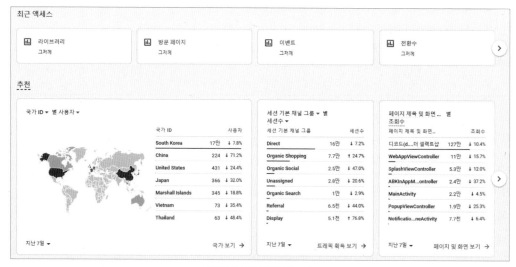

그림 9-7 최근 액세스와 추천

마지막으로 가장 아래쪽에는 **'통계 및 추천'** 영역이 있습니다. 여기에는 애널리틱스가 자동으로 분석한 유의미한 통계 지표를 표시해 줌으로써 특이 사항과 그 원인을 파악할 수 있습니다. 만약 유의미한 인사이트를 다른 구성원과 공유하고 싶을 때는 각 카드 오른쪽 위에 있는 공유 아이콘을 클릭합니다. 그러면 해당 통계를 링크나 파일 형태로 다른 사람과 공유할 수 있습니다.

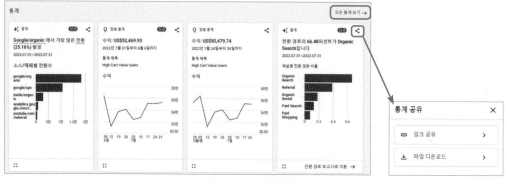

그림 9-8 홈 화면 통계 영역

또한 통계 영역 오른쪽 위에 있는 [모든 통계 보기]를 클릭하면 여러 가지 통계 결과를 모아 놓은 인사이트^Insights라는 보고서로 이동합니다. 여기에서 더 다양한 통계 인사이트를 확인할 수 있습니다. 특히 알고리즘을 통한 예측을 토대로 예상치보다 많거나 적은 지표들을 보여 주거나 다른 사용자 대비 높은 성과를 낼 가능성이 큰 사용자를 분류해 주는 자동화된 데이터 분석 기능을 이용할 수도 있습니다.

인사이트 보고서에서 카드를 클릭하여 세부 보고서로 이동하거나 공유 기능으로 다른 사람과 공유할 수도 있습니다.

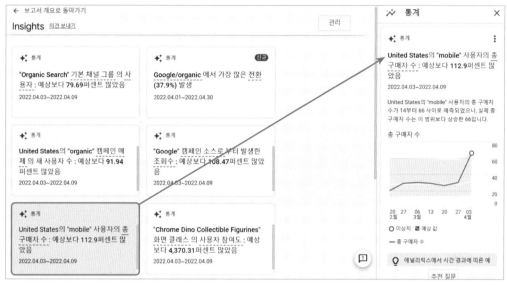

그림 9-9 인사이트 보고서

## [보고서] 메뉴

[보고서] 메뉴를 클릭하면 애널리틱스의 기본 보고서들을 확인할 수 있습니다. GA4의 보고서는 큰 틀에서 UA 버전과 같지만 좀 더 간소화되었다고 할 수 있습니다. 먼저 전체 현황을 파악할 수 있는 [보고서 개요]와 [실시간] 보고서가 있으며, 이어서 '사용자'와 '수명 주기'라는 카테고리별로 보고서들이 분류되어 있습니다. '사용자' 카테고리에는 [사용자 속성]과 [기술] 보고서가 있으며, '수명 주기' 카테고리에는 [획득], [참여도], [수익 창출], [유지] 보고서가 있습니다.

이것은 구글 애널리틱스가 꾸준히 유지해 온 '사용자[audience] — 유입[acquisition] — 행동[behavior] — 전환[conversion]'이라는 분석 관점이 반영된 것입니다. 즉, 누가[audience], 어디서[acquisition], 어떤 행동[behavior]을 했는지, 그리고 어떤 목적[conversion]을 달성했는지를 살펴보는 것입니다.

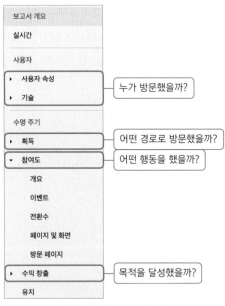

그림 9-10 기본 보고서 구성

한 가지 GA4만의 특이점은 유지 보고서가 별도로 제공된다는 점입니다. 물론 이전 UA 버전에서도 잠재 고객 내에 동질 집단 분석 보고서를 통해 신규 사용자들의 유지율[retention] 분석은 가능했지만, GA4에서는 보고서 메뉴에 따로 구성하여 이전보다 다양한 분석 결과를 얻을 수 있도록 제공합니다.

이는 사용자들의 지속적인 참여와 서비스, 브랜드에 대한 로열티가 점점 중요해지는 온라인 시장 상황을 반영한 것으로, 특히 사용자 유지율이 중요한 애플리케이션 서비스에 더 유용하게 사용할 수 있습니다.

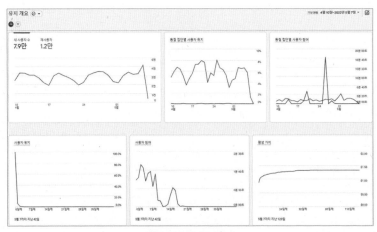

그림 9-11 유지 보고서

기본 보고서의 세부 설명과 주요 활용법은 10장에서 더 자세히 설명하도록 하고, 여기서는 날짜 필터 기능을 간단히 살펴보고 넘어가겠습니다. 보고서 개요에서 위에 있는 날짜 필터를 클릭하면 다양한 조건을 확인할 수 있으며 [비교] 기능을 활성화해서 기간별 비교 데이터를 확인할 수도 있습니다.

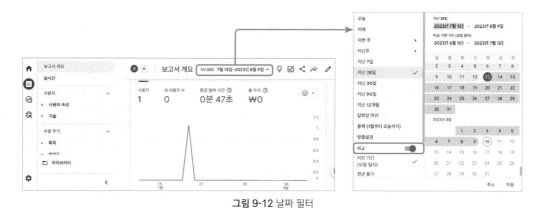

그림 9-12 날짜 필터

**메뉴에서 Search Console이나 Firebase 보고서 등이 나타나요!**
애널리틱스 계정에서 해당 보고서가 보인다면 누군가 미리 설정해 놓은 것입니다. GA4는 Search Console이나 Firebase와 같은 다양한 솔루션과 데이터를 연동할 수 있는 기능을 제공합니다. 솔루션을 연결하면 보고서의 라이브러리 기능을 통해 관련 데이터를 살펴볼 수 있는 기본 보고서를 추가할 수 있습니다. 따라서 Console이나 Firebase와 같은 보고서가 보인다면 함께 사용하는 누군가가 해당 솔루션을 이미 연결해서 보고서까지 추가해 놓은 상태로 생각하면 됩니다. 솔루션 연결 방법은 13장에서, 라이브러리를 통해 보고서를 추가하는 방법은 10장에서 다루겠습니다.

## [탐색] 메뉴

탐색 분석은 GA4에서 가장 핵심이 되는 기능이라고 할 수 있습니다. 이전 UA 버전의 맞춤 보고서처럼 사용자가 목적에 맞게 맞춤형으로 보고서를 구성할 수 있다는 점에선 유사합니다. 하지만 GA4의 탐색 분석은 더 직관적이고 쉽게 사용할 수 있으며 분석 주제에 맞게 잘 갖춰진 보고서 템플릿을 제공하기도 합니다.

사실 탐색 분석 기능은 이전 UA 버전의 유료 서비스(GA360)를 이용하는 사용자에게만 제공되던 베타 기능이었으나, GA4에서는 더 많은 기능과 발전된 성능으로 모든 사용자가 이용할 수 있게 되었습니다. 분석의 자유도와 활용성이 매우 높아서 세부 활용법은 11장에서 별도로 상세하게 다루겠습니다.

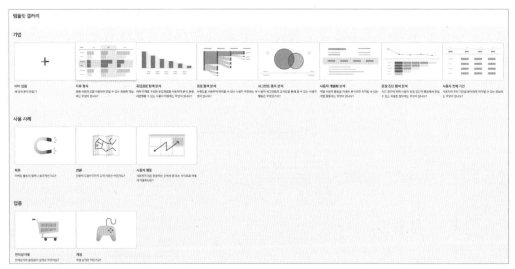

**그림 9-13** 탐색 분석 템플릿

[탐색] 메뉴를 클릭하면 사용자가 원하는 대로 데이터를 구성할 수 있는 '자유 형식' 템플릿부터 '유입경로 탐색 분석', '경로 탐색 분석', '세그먼트 중복 분석', '동질 집단 탐색 분석', '사용자 전체 기간' 등의 템플릿을 제공합니다. 각각의 템플릿은 활용도가 높은 분석 방법을 기반으로 만들어져 원하는 데이터를 템플릿에 맞게 끌어다 놓기만 하면 됩니다.

**그림 9-14** 탐색 분석 화면

이전 UA 버전에서는 맞춤 보고서를 사용할 때 측정 기준과 측정 항목을 설정한 다음 저장 버튼을 눌러 결과를 확인하고 다시 수정하는 작업을 반복해야 했지만, GA4에서는 데이터를 적용한 후에 한 화면에서 결과를 바로 확인할 수 있어 더욱 편리해졌습니다.

또한 다양한 그래프 형식을 지원하고 직관적인 실행 취소와 재실행 기능도 제공하여 사용자 경험을 크게 개선했습니다.

## [광고] 메뉴

GA4의 [광고] 메뉴는 UA 버전의 전환 보고서 중 활용도가 높았던 '인기 전환 경로 보고서'와 '모델 비교 보고서'가 별도 메뉴로 구성된 것으로 볼 수 있습니다.

그림 9-15 GA4 모델 비교 보고서

[광고] 메뉴의 보고서들은 전환까지 이어진 고객의 여정 속에서 각 광고 매체의 성과를 다양한 관점에서 평가하기 위한 목적이 있습니다.

예를 들어 A라는 고객이 배너 광고를 클릭하여 사이트에 몇 번 들어와 해당 브랜드와 상품을 인지한 다음, 검색어를 입력하여 키워드 광고를 클릭하여 상품을 구매했다면 각 광고의 성과는 어떻게 측정할 수 있을까요? 아마도 직접적인 구매가 일어난 키워드 광고의 성과로 생각할 수 있겠지만, 그 이전에 브랜드와 상품을 인지하게 만든 배너 광고도 일정 수준의 기여를 했다고 말할 수 있습니다.

이처럼 구매까지의 여정에서 각 광고 매체의 실질적인 성과를 다각적으로 분석할 수 있는 보고서가 바로 기여 분석 카테고리의 보고서들입니다.

GA4가 이전 UA 버전과 달라진 점은 모델 비교 보고서에서 UA 버전에서는 유료 사용자만 활용할 수 있던 데이터 기반의 기여 모델을 GA4에서는 누구에게나 제공한다는 점입니다.

이 데이터 기반 모델data driven model은 전환에 대한 기여도를 어떻게 배분할 것인지 규칙이 정해진 모델을 선택하는 것이 아니라, 수집된 데이터를 기반으로 GA4에서 자동으로 각 채널의 기여도와 가치를 계산하여 보여 줍니다. 따라서 더 객관적일 수 있으며 규칙이 정해진 다른 모델과 비교해 보면서 이전에는 보지 못했던 인사이트를 얻을 수 있어 무료지만 매우 유용한 기능입니다.

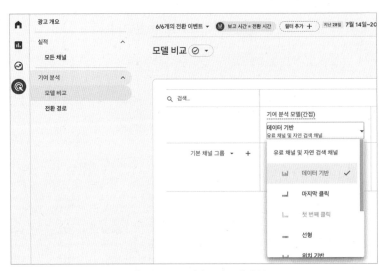

**그림 9-16** GA4 기여 분석 모델 옵션

이처럼 GA4에서 [광고] 메뉴가 별도로 구성된 이유는 광고를 통한 유입과 전환 성과를 측정하고 마케팅 전략을 세우는 것이 GMP^Google Marketing Platform의 한 요소로서 구글 애널리틱스의 주요한 역할 중 하나이기 때문입니다.

이를 반영하듯 구글 애즈를 중심으로 한 기여 모델이 추가된 점도 GA4의 흥미로운 부분이라 할 수 있습니다. 광고 보고서와 기여 모델에 대한 자세한 내용은 11장 기본 보고서 활용에서 살펴보겠습니다.

### 샘플링이란?

데이터를 조회할 때 너무 넓은 기간을 설정하거나 측정 기준, 세그먼트 등을 복합적으로 적용하면 애널리틱스는 **샘플링**이라는 기법으로 대량의 데이터 요청을 가공하여 빠르게 처리해 줍니다. 예를 들어 조회 데이터가 워낙 커서 전체의 20% 데이터만 추출한 후 거래 수를 살펴봤을 때 100건의 거래가 일어났다면, 전체 거래 수는 아마도 5배인 500건일 것으로 샘플링된 결괏값을 보여 주는 것이죠.

다행히 애널리틱스에서 기본 보고서들은 사전에 정의된 형식에 맞게 가공된 데이터를 이용하므로 샘플링이 발생하지 않습니다. 심지어 기본 보고서에서 두 번째 측정 기준을 적용하거나 비교 세그먼트를 적용해 데이터를 세분하더라도 샘플링이 발생하지 않습니다. 이런 점은 UA 버전보다 강화된 측면으로 볼 수 있습니다.

일반적으로 해당 보고서가 샘플링되었는지 확인하려면 보고서 옆에 체크 기호( ⊘ ˅ )를 살펴봅니다. 만약 녹색 체크 기호일 때는 샘플링이 발생하지 않은 것입니다.

그림 9-17 보고서 샘플링 여부 확인 방법

반면에 탐색 분석이나 광고 보고서 등은 사용자의 설정에 따라 수집 데이터를 별도로 가공해서 보여 줘야 하므로 설정 조건에 따라 샘플링이 발생할 수 있습니다. 탐색 분석에서 조회 대상 데이터가 무료 버전에서는 이벤트 1,000만 개, 유료 버전에서는 이벤트 10억 개 이상일 때 샘플링이 발생합니다. 앞서 설명한 것처럼 전체에서 샘플링 비율에 따라 결괏값도 다르게 적용되므로 실제보다 매우 크거나 작은 수치를 얻게 될 수 있습니다. 따라서 탐색 분석을 사용할 때는 항상 샘플링 여부를 확인해 보아야 합니다.

샘플링과 더불어 표 데이터 표시에도 제한이 있습니다. 물론 대부분 상황에서는 불편하지 않지만 기본 보고서에서 정의된 데이터 한도(기본 5만 행, 보조 측정 기준, 비교, 필터가 포함되면 200만 행)를 넘는 데이터는 임의로 기타 행으로 그룹화하여 처리한 후에 보여 줍니다. 이에 따라 자칫 실제보다 낮은 데이터 결과를 얻게 될 수도 있습니다.

정리하자면 애널리틱스의 샘플링과 데이터 제한은 실제보다 왜곡된 결과를 보여줄 수 있으므로 분석의 정확도가 떨어질 수 있습니다. 따라서 될 수 있으면 샘플링을 피하는 것이 좋으며 부득이할 때는 샘플링 비율을 최소화할 수 있도록 노력해야 합니다. 즉, 데이터 조회 기간을 줄이거나 너무 세분화된 세그먼트, 측정 기준 조건을 제거하여 샘플링을 피하는 것이 좋습니다.

## 공유와 내려받기

애널리틱스의 보고서를 다른 사람과 공유해야 할 때는 보고서 오른쪽 위에 있는 공유 아이콘 (![공유])을 클릭합니다. 기본 보고서에서 공유 아이콘을 클릭하면 [링크 공유]와 [파일 다운로드] 2가지 메뉴가 나타납니다.

링크 공유는 현재 속성에 접근 권한이 있는 사용자에게 링크를 통해 편리하게 공유할 수 있습니다. 만약 속성 권한이 없는 사람에게 보고서 내용을 전달하고자 할 때는 [파일 다운로드]를 선택해서 보고서 스냅샷을 PDF나 CSV 형태로 내려받아 공유할 수 있습니다.

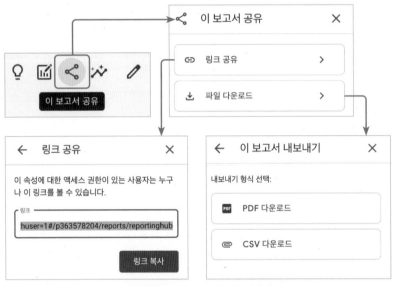

**그림 9-18** 기본 보고서 공유 방법

탐색 분석에서도 보고서 오른쪽 위에 있는 아이콘을 클릭해 데이터를 내보내거나 공유할 수 있습니다. [데이터 내보내기] 아이콘(![다운로드])을 클릭하면 5가지 형식 중 선택하여 해당 보고서의 스냅샷과 수치 데이터를 내려받을 수 있습니다. 기본 보고서보다 확장된 파일 형식을 지원합니다.

그리고 [탐색 분석 공유] 아이콘(![공유])을 클릭하면 현재 속성의 전체 사용자와 탐색 분석 보고서를 공유할 수 있습니다. 만약 공유를 활성화하면 보고서를 수정할 수 있는 권한은 오직 작성자에게만 있고, 공유받은 사용자들은 읽기 전용으로 확인할 수 있습니다.

**그림 9-19** 탐색 분석 데이터 내보내기

그림 9-20 탐색 분석 공유

참고로 GA4는 UA 버전처럼 API를 통해 구글 시트 등에서 데이터를 내려받는 확장된 데이터 공유와 내려받기 기능을 제공하진 않습니다. 하지만 무료 사용자도 구글 클라우드의 빅쿼리와 연결하여 원천 수집 데이터를 활용할 수 있으므로 빅쿼리 연결을 추천합니다. 이와 관련된 내용은 셋째마당에서 설명하겠습니다.

잠깐**퀴즈**

UA 버전의 맞춤 보고서와 유사하며, 분석 사용자가 목적에 맞게 보고서를 구성할 수 있는 GA4의 메뉴는?

① 통계 리포트          ② 보고서          ③ 탐색

정답 ③

# 기본 보고서와 광고 보고서

이 장에서는 구글 애널리틱스의 기본 보고서와 광고 보고서를 학습하고 어떻게 활용하는지 살펴봅니다. GA4의 기본 보고서 구성은 기존 UA 버전의 '사용자(audience) — 유입(acquisition) — 행동(behavior) — 전환(conversion)'의 분석 틀은 유지하면서도 세부 보고서들은 UA 버전보다 간소하므로 구글 애널리틱스를 사용한 경험이 있다면 GA4의 기본 보고서에도 쉽게 적응할 수 있습니다. 다만 기본 보고서를 활용할 때 GA4에서 변경된 이벤트 구조와 사용자 중심의 지표 구성에 주의해야 합니다.

학습
목표

- 기본 보고서의 구성을 이해하고 올바른 활용법을 학습한다.
- 광고 보고서의 개념과 활용법을 학습한다.

# 10-1 │ 기본 보고서

GA4의 기본 보고서는 수집된 원천 데이터를 처리하여 애널리틱스 사용자가 일반적으로 사용하는 활용 목적에 맞게 미리 정의된 형식으로 정리하여 보여 줍니다. 구글 애널리틱스가 꾸준히 발전해 오면서 많은 사용자의 요구와 피드백이 반영되었는데, 이를 바탕으로 GA4의 기본 보고서는 온라인 행동 데이터를 어떻게 살펴보고 이용해야 할지 알 수 있게 구성되었습니다.

따라서 웬만한 실무 과제는 기본 보고서만으로도 분석할 수 있으며 특히 구글 애널리틱스를 처음 써 보는 입문자도 자신의 목적에 맞는 기본 보고서가 무엇인지 확인하고 해당 보고서에서 기본으로 제공하는 측정 기준과 측정 항목을 통해 인사이트를 도출해 볼 수 있습니다.

표 10-1 GA4 기본 보고서 구성

| 메뉴 | 설명 |
|---|---|
| 보고서 개요<br>(Reports snapshot) | 사용자 수, 이벤트 수, 전환 수 등 전반적인 개요를 보여 주는 보고서입니다. |
| 실시간<br>(Realtime) | 실시간으로 유입된 사용자 수, 이벤트 등을 보여 줍니다. |
| 사용자 → 사용자 속성<br>(Demographics) | GA4에서 추정한 사용자들의 인구 통계 데이터(국가, 성별, 연령) 등을 확인할 수 있습니다. |
| 사용자 → 기술<br>(Tech) | 사용자들이 사용하는 기술 환경에 대한 데이터(웹 브라우저, 운영체제) 등을 확인할 수 있습니다. |
| 수명 주기 → 획득<br>(Acquisition) | 사용자가 어느 채널에서 많이 유입됐고 몇 번의 전환을 일으켰는지 확인할 수 있습니다. |
| 수명 주기 → 참여도<br>(Engagement) | 사이트 내부의 사용자 행동 데이터로 GA4의 이벤트 데이터를 확인할 수 있습니다. 세부적으로 이벤트, 전환, 페이지 및 화면으로 구성되어 있습니다. |
| 수명 주기 → 수익 창출<br>(Monetization) | 전자상거래 및 인앱 구매에 대한 보고서를 확인할 수 있습니다. |
| 수명 주기 → 유지<br>(Retention) | 신규 사용자가 처음 방문한 후 사이트를 이용하는 빈도와 기간을 확인할 수 있습니다. |

## 보고서 개요

애널리틱스의 왼쪽 메뉴에서 [보고서]를 클릭하면 **보고서 개요** 화면을 볼 수 있습니다. 이 화면은 「09-2」절에서 살펴본 [홈] 화면과 유사하게 구성되어 있습니다. 각각의 카드에서 주요 정보를 살펴볼 수 있으며 카드 아래쪽에는 더 자세한 정보를 볼 수 있도록 세부 보고서로 연결되는 링크가 있습니다.

이후에 살펴볼 보고서 역시 기본적으로 개요와 세부 보고서 형식으로 구성되어 있습니다. 개요 화면에서 주요 정보를 빠르게 확인한 후 더 자세한 분석이 필요할 때 세부 보고서로 이동하는 방식으로 이용합니다.

보고서에 익숙하지 않은 입문자라도 개요를 통해 어떤 데이터를 확인해야 할지 직관적으로 파악할 수 있습니다. 일부 카드 위에는 구체적인 내용의 제목도 붙어 있습니다.

그림 10-1 보고서 개요 화면

보고서 개요에서는 사용자를 세분하여 종합적으로 비교·분석할 수 있습니다. 각각의 기본 보고서는 해당 카테고리의 데이터만 확인할 수 있어 다른 카테고리의 데이터와 비교하려면 다른 보고서로 이동해야 합니다. 이때 각 보고서를 불러오는 시간 등을 고려하면 간단한 비교 분석에도 시간이 많이 걸릴 수 있습니다. 따라서 전체적인 현황 파악이나 간단한 분석이 필요할 때는 보고서 개요에서 세그먼트를 추가하거나 기간을 조정하여 시간을 절약할 수 있습니다.

**01 단계** 보고서 개요 화면에서 [비교 추가]를 클릭하여 비교 만들기를 시작합니다.

그림 10-2 보고서 개요 비교 기능

**02 단계** 화면 오른쪽에 비교 만들기 창이 열리면 측정 기준에 '**기기 카테고리**', 검색 유형에 '**다음을 포함**'을 선택하고, 값에는 "**desktop**"을 입력한 후 〈적용하기〉를 클릭합니다. 같은 방법으로 "**mobile**"을 값으로 하는 조건도 추가합니다.

그림 10-3 비교 조건 만들기

**03 단계** 비교 기능이 적용된 보고서 개요 데이터를 확인합니다.

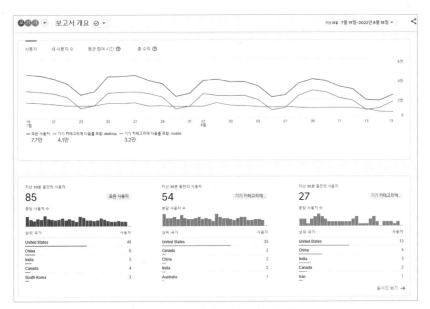

그림 10-4 비교 조건이 적용된 보고서 개요 화면 예

## 실시간 보고서

실시간 보고서는 최근 30분 이내에 발생한 트래픽을 실시간으로 보여 줍니다. 실시간 데이터이므로 방문자들의 반응을 즉각적이고 생생하게 파악할 수 있습니다.

여기에는 분당 유입 사용자 수, 기기 카테고리, 접속 위치, 유입 정보, 고객 특성, 페이지나 화면과 같은 콘텐츠 이용 수, 이벤트 수 등을 확인할 수 있습니다. 다른 보고서와 마찬가지로 비교 기능으로 분석 목적에 맞게 사용자를 분류해 데이터를 확인할 수도 있습니다.

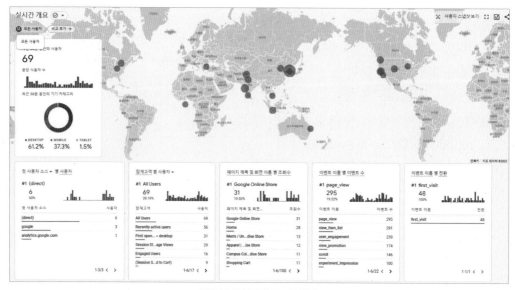

그림 10-5 실시간 보고서 화면

GA4의 실시간 보고서는 UA 버전보다 단순하여 데이터 현황을 한눈에 파악할 수 있도록 구성되었으며, 가장 큰 차이점은 '**사용자 스냅샷 보기**' 기능을 제공한다는 점입니다. 이 기능은 현재 접속 중인 사용자 가운데 임의로 한 명을 선택하여 어떤 행동을 하는지 시간 흐름에 따라 실시간으로 파악해 볼 수 있습니다.

사용자 스냅샷에서 특정 사용자를 선택할 수 없지만 임의의 다른 사람으로 바꿀 수는 있습니다. 이 기능은 개별 사용자의 행동을 세세히 파악할 수 있어 사이트에 큰 변화가 있거나 주요한 상품 출시 또는 대규모 마케팅 캠페인을 시작할 때 유입된 사용자의 행동을 파악하는 데 유용합니다. 또한 오래 걸리거나 이탈하는 지점 등을 구체적으로 파악할 수도 있습니다.

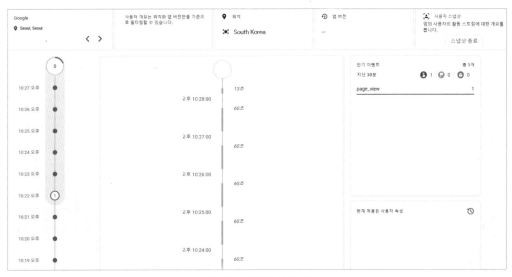

그림 10-6 사용자 스냅샷 예

## 사용자 보고서

### 1. 인구 통계 보고서

사용자 보고서에서 [인구통계 세부정보]는 사이트에 들어온 사용자들의 특성을 파악할 수 있는 보고서입니다. 여기서 특성이란 접속 위치에 기반한 국가, 도시와 같은 지리적 정보와 성별, 연령, 관심 분야 등 개별 고객의 인구 통계학적 정보를 의미합니다.

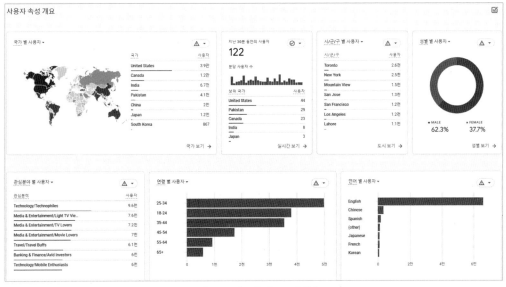

그림 10-7 인구 통계 보고서 화면

05장에서 설명한 바와 같이 애널리틱스에서 사용되는 성별, 연령, 관심 분야 등은 개별 사용자로부터 수집된 정확한 데이터가 아니라 구글이 제공하는 추정 데이터입니다. 따라서 실제와 다를 수 있으며 추정이 가능한 일부 방문자에 대한 정보만 제공됩니다.

또한 추정된 데이터라도 개인 정보와 연결된 것이므로 일정 수 이상의 사용자 조건이 충족되었을 때 제공되며 그 이하 모수에 대해서는 조회되지 않습니다. 이를 '**데이터 기준점**'이라 하며 개인을 식별할 수 없도록 만든 장치라고 할 수 있습니다. 빅쿼리로 애널리틱스 데이터를 연결할 때도 성별, 연령, 관심 분야 데이터는 전달되지 않습니다. 인구 통계 보고서를 활용할 때는 이러한 제약을 인지하고 분석해야 합니다.

**"사용 가능한 데이터 없음"으로 표시되는 이유는 무엇인가요?**

기본 보고서나 탐색 분석에서 다음 그림처럼 "사용 가능한 데이터 없음"으로 표시될 때가 있습니다. 이는 애널리틱스가 기준점을 적용해 데이터가 보류될 때 나타납니다. 구글 애널리틱스에서 제공하는 인구 통계, 관심 분야, 기타 신호를 바탕으로 개별 사용자의 신원을 추론하지 못하도록 대상 조건에 해당하는 사용자 수가 일정 수준 이하일 때 결과 데이터를 보여 주지 않습니다. 따라서 ⚠ 표시를 클릭해 '기준점 적용됨'이 표시되었다면 조회 기간을 늘리거나 세그먼트 등 필터링 조건을 없애 해당하는 사용자 수를 넓히는 작업을 수행합니다.

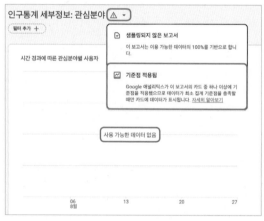

그림 10-8 데이터 기준점으로 인한 데이터 보류 예

인구 통계 보고서는 우리 사이트에 방문하는 주요 사용자들이 누구인지, 그들의 라이프 스타일은 어떤지 등을 유추하는 데 활용할 수 있습니다. 마케팅에서는 이런 작업을 고객 페르소나 customer persona를 정의한다고 합니다. 인구 통계 정보를 기반으로 높은 참여도나 구매율을 가진 우수 고객 그룹을 구체적으로 이미지화하고 고객 경험이나 콘텐츠 기획, 마케팅 대상 설정에 활용합니다.

한분석 대리의 사례를 들어 인구 통계 보고서를 어떻게 활용하는지 알아보겠습니다.

**인구 통계 보고서 활용 예**

모바일 게임 업체에 다니는 한분석 대리는 사용자들의 서비스 유지율을 높일 수 있는 프로모션을 기획하고 있습니다. 우선 사용자들의 이용 패턴을 분석해 보니 게임 캐릭터의 레벨이 5를 넘기면 플레이를 유지하는 경우가 많다는 것을 알았습니다. 이에 한분석 대리는 '5레벨 달성'을 GA4의 이벤트로 수집하고 약 한 달간의 충분한 데이터를 얻은 후, 주로 어떤 사용자 그룹에서 해당 이벤트가 높게 나타나는지 확인해 보기로 했습니다. 이를 위해 GA4 인구 통계 보고서에서 측정 기준을 바꿔 가며 데이터를 확인해 보았습니다.

인구 통계 보고서를 활용해 주요 사용자의 특성을 분석해 보려면 애널리틱스의 왼쪽 메뉴에서 [보고서 → 사용자 → 사용자 속성 → **인구통계 세부정보**]를 클릭합니다.

앞서 한분석 대리의 사례처럼 5레벨 달성이라는 이벤트를 대상으로 사용자 분석을 한다고 가정해 보겠습니다. 먼저 애널리틱스의 데모 속성 중 [GA4 – Flood-It!]을 선택합니다(이번 사례 분석에서만 이 속성을 사용합니다). 인구 통계

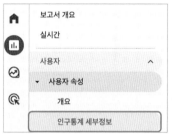

**그림 10-9** 인구통계 세부정보 보고서 메뉴

보고서에서 데이터 조회 기간을 설정하고 표의 측정 항목 중 '이벤트 수' 아래쪽에 있는 [**모든 이벤트**]를 클릭한 후 5레벨 달성 때 수집한 이벤트(그림에서는 completed_5_levels)를 선택합니다. 이후 측정 기준을 '연령'이나 '성별', '관심 분야' 등으로 바꿔 가며 결과를 확인합니다.

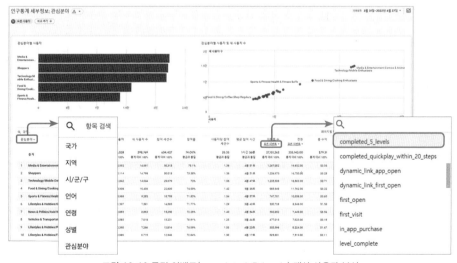

**그림 10-10** 특정 이벤트(completed_5_levels) 대상 사용자 분석

보고서를 살펴보니 2023년 3월 한 달간 사용자는 25~34세가 많았지만, 5레벨 달성 횟수는 18~24세가 더 높게 나왔고, 관심 분야는 'Media & Entertainment/Comics & Animation Fans'와 'Shoppers', 'Technology/Mobile Enthusiasts' 등이 높게 나왔습니다.

그리고 한분석 대리는 성별 분석을 하다가 한 가지 특이한 점을 발견했습니다. 여성이 남성 사용자보다 훨씬 적지만, 5레벨 달성 비율은 2배 이상 높게 나타난 것이죠. 만약 더 많은 여성 사용자를 유입시킬 수 있다면 전체 서비스 유지율을 높이는 데 훨씬 유리할 것으로 생각할 수 있습니다.

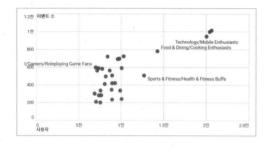
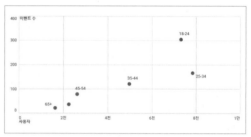

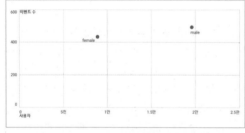

**그림 10-11** 성별에 따른 사용자 수와 레벨 5 달성 이벤트 수

한분석 대리는 이러한 분석 결과를 토대로 18~24세 젊은 층 중 코믹, 엔터테인먼트와 연관이 많고 모바일에 특화된 웹툰 사이트에 프로모션 배너를 게재하기로 하고, 여성을 대상으로 한 콘텐츠를 구성하기로 전략을 세울 수 있었습니다.

**기본 보고서에서 다른 종류의 차트로 볼 수도 있나요?**
네, 선이나 막대 그래프를 분산형 차트로 바꿀 수 있습니다. 보고서 오른쪽 위의 보고서 맞춤 설정 아이콘(✎)을 클릭해 차트 종류를 분산형으로 변경할 수 있습니다. 다만, 이러한 맞춤 변경은 해당 계정의 권한이 필요하므로 데모 계정에서는 불가합니다.

그림 10-12 보고서 맞춤 설정

분산형 차트는 각 측정 항목 간의 관계를 직관적으로 파악할 때 유용합니다. 만약 차트의 축 기준을 바꾸고 싶다면 아래 표에서 각 측정 항목 왼쪽에 있는 아래쪽 화살표 아이콘(⬇)을 클릭합니다. 그러면 선택한 항목이 X축으로 바뀌고 표도 해당 항목을 기준으로 내림차순 정렬됩니다.

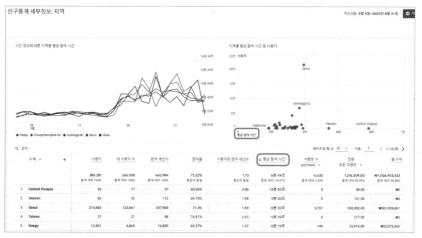

그림 10-13 분산형 차트 X축 항목 변경

## 2. 기술 보고서

사용자 보고서에서 [기술]은 접속한 기기와 플랫폼에 대한 정보를 보여 줍니다. 즉, 앱이나 웹사이트 방문자가 사용한 기기가 데스크톱인지 모바일인지부터 운영체제, 브라우저, 해상도, 기기 모델까지 파악할 수 있습니다.

이런 데이터가 중요한 이유는 기기별로 사용자의 행동 패턴이나 경험이 완전 다를 수 있기 때문입니다. 예를 들어 데스크톱 사용자들은 일반적으로 콘텐츠를 세밀하게 살피고 더 오래 머물면서 구매나 주요 행동을 결정하는 경향을 보이지만, 모바일이나 태블릿 사용자들은 데스크톱보다 훨씬 많은 사람이 방문하지만 정보만 얻고 그냥 나가버리는 경우가 많아 데스크톱보다 전환율이 떨어집니다.* 그리고 방문한 브라우저나 화면 해상도, 앱 버전 등은 화면이나 콘텐츠 기획, 운영체제나 앱 버전 등은 앱 개발과 운영에 참고할 수 있습니다.

그림 10-14 기술 보고서

\* 물론 이러한 경향은 비즈니스나 서비스에 따라 완전히 다른 양상을 보일 수도 있습니다.

기술 보고서에서는 웹과 앱을 구분하여 사용자의 서비스 이용 패턴을 파악해 볼 수 있습니다. 한 속성에 웹과 앱 데이터를 함께 쌓고 있다면 [기술 세부정보] 보고서에서 측정 기준을 '플랫폼'으로 선택하여 각 플랫폼(web, Android, iOS)으로 들어온 사용자들의 데이터를 확인할 수 있습니다.

예를 들어 앱은 브랜드나 서비스에 대한 충성도가 대체로 높으므로 '플랫폼' 측정 기준과 함께 '앱 버전' 등을 두 번째 측정 기준으로 설정하여 데이터를 더 세부적으로 살펴보는 것도 좋은 방법입니다.

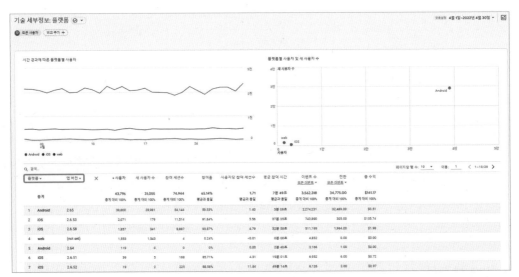
그림 10-15 기술 보고서 활용 예

측정 기준을 추가할 때는 표 위쪽에 있는 더하기 아이콘(+)을 클릭합니다. 예를 들어 기본 측정 기준을 '기기 카테고리'로 지정한 후 두 번째 측정 기준으로 '기기 브랜드'를 지정하면 같은 모바일 유입일지라도 삼성과 애플의 유입 트래픽을 비교해 볼 수 있으며, 두 번째 측정 기준으로 'OS 및 버전'을 지정하면 안드로이드와 iOS 사용자를 비교해 볼 수 있습니다.

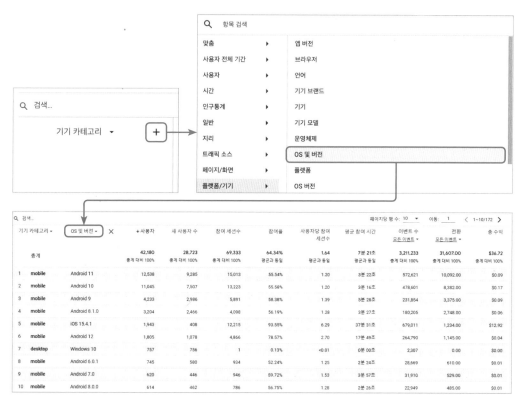

그림 10-16 두 번째 측정 기준 선택

또한 검색 기능도 유용합니다. 표 위쪽에 있는 검색란에 특정 단어를 입력하면 해당 단어를 포함한 데이터만 표시할 수 있습니다. 예를 들어 검색어 광고(cpc)로 유입된 트래픽을 분류 해서 따로 보고 싶다면 검색란에 'cpc'를 입력합니다. 그리고 두 번째 측정 기준으로 잠재 고 객을 지정하면 cpc 트래픽을 좀 더 세부적으로 분석해 볼 수 있습니다.

| | 세션 매체 ▾ | 잠재고객 이름 ▾ ✕ | ↓ 사용자 | 세션수 | 참여 세션수 | 세션당 평균 참여 시간 | 사용자당 참여 세션수 | 세션당 이벤트 | 참여율 | 이벤트 수 모든 이벤트 ▾ | 전환 모든 이벤트 |
|---|---|---|---|---|---|---|---|---|---|---|---|
| | | | 21,396 총계 대비 27.98% | 26,475 총계 대비 26% | 25,326 총계 대비 28.23% | 7분 07초 평균 대비 -33.7% | 1.18 평균 대비 +0.92% | 88.78 평균 대비 -47.45% | 95.66% 평균 대비 +8.61% | 2,350,347 총계 대비 13.66% | 230,92 총계 대비 11 |
| 1 | cpc | All Users | 21,396 | 26,475 | 25,326 | 0분 55초 | 1.18 | 13.18 | 95.66% | 348,878 | 36,73 |
| 2 | cpc | Non-purchasers | 21,396 | 26,475 | 25,326 | 0분 55초 | 1.18 | 13.17 | 95.66% | 348,728 | 36,64 |
| 3 | cpc | Recently active users | 14,366 | 17,626 | 16,767 | 1분 19초 | 1.17 | 16.89 | 95.13% | 297,659 | 29,75 |
| 4 | cpc | GAM Test - Recently active users | 14,338 | 17,394 | 3,735 | 1분 11초 | 0.26 | 11.76 | 21.47% | 204,473 | 15,84 |
| 5 | cpc | Engaged Users | 7,583 | 11,058 | 10,607 | 1분 41초 | 1.40 | 21.58 | 95.92% | 238,589 | 20,96 |
| 6 | cpc | GAM Test | 5,475 | 7,478 | 7,111 | 2분 05초 | 1.30 | 27.27 | 95.09% | 203,956 | 18,90 |
| 7 | cpc | Page_view > 8 | 4,664 | 7,405 | 7,074 | 2분 06초 | 1.52 | 25.63 | 95.53% | 189,773 | 17,01 |
| 8 | cpc | Targeting Ads using website behaviour | 4,606 | 6,423 | 6,061 | 2분 36초 | 1.32 | 30.33 | 94.36% | 194,831 | 18,04 |
| 9 | cpc | Recently active users - Aug 23rd | 2,470 | 2,755 | 2,604 | 0분 35초 | 1.05 | 9.23 | 94.52% | 25,436 | 2,97 |
| 10 | cpc | Add to Cart | 845 | 1,412 | 620 | 3분 10초 | 0.73 | 35.83 | 43.91% | 50,595 | 6,69 |

그림 10-17 검색 기능 활용 예

## 획득 보고서

수명 주기 카테고리에서 [획득]은 사용자들의 유입 정보를 볼 수 있는 보고서입니다. 트래픽이 어디서 많이 유입됐는지 알 수 있으며, 유입 채널을 기준으로 어떤 성과가 일어났는지 분류하여 살펴볼 수 있습니다. 획득 보고서는 디지털 광고의 성과 측정과 밀접한 관련이 있으며 유입 채널 중 문제가 있거나 개선해야 할 사항을 분석하고 모니터링하는 데 이용할 수 있습니다.

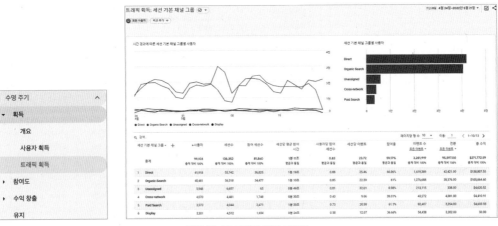

그림 10-18 트래픽 획득 보고서

획득 보고서에서 유입 정보는 매체, 소스, 채널 그룹, 캠페인, 소스 플랫폼별로 구분하여 볼 수 있습니다. 각각의 의미를 살펴보겠습니다.

## 매체

매체^medium는 유입 방식을 나타냅니다. 예를 들어 검색 사이트를 통한 키워드 유입일지라도 검색 결과에 등록된 일반 링크를 클릭해 들어오면 **자연 유입**이라고 하며 'organic'으로 표시됩니다. 반면에 검색 결과 중 키워드 광고를 클릭해 들어오면 **유료 유입**이라고 하며 'cpc^cost per click(클릭당 비용)'로 표시됩니다.

## 소스

소스^source는 구체적으로 어디에서 유입됐는지를 알려 줍니다. 일반적으로 'Naver', 'Google', 'Meta' 등의 데이터가 여기에 속합니다. 만약 UTM 매개변수*처럼 임의로 소스 데이터를 입력할 때는 대소문자를 통일해서 지정해야 합니다. 그렇지 않으면 같은 소스인데도 데이터가 분리되어 나옵니다.

\* 잠시 후 'UTM 매개변수란?' 단락에서 자세하게 설명합니다.

## 채널 그룹

채널 그룹<sup>channel group</sup>은 앞서 설명한 매체와 소스 정보를 기반으로 더 큰 카테고리로 묶어서 분석하는 지표입니다. 예를 들어 유료 검색 광고의 경우 소스가 애널리틱스에서 인식하는 검색 사이트 목록에 있으며 매체 정보에 유료 검색과 관련된 'cpc', 'ppc', 'paid'와 같은 특정 키워드가 포함되어 있으면 Paid Search라는 기본 채널 그룹에 속합니다. 이 채널 그룹으로 전체 유료 검색의 성과를 파악할 수 있습니다.

GA4의 기본 채널 그룹은 다음 표에서 확인할 수 있습니다.

표 10-2 GA4 기본 채널 그룹 정의

| 구분 | 채널 그룹 | 정의 |
|---|---|---|
| 디지털 광고 | Paid Search | 1) 소스가 검색 사이트 목록과 일치하고 매체가 정규식 ^(.*cp.*¦ppc¦paid.*)$와 일치한 경우<br>2) Google Ads 트래픽이면서 광고 네트워크 유형이 'Google Search', 'Google Partners' 중 하나인 경우<br>3) SA360 엔진 계정 유형이 'bing', 'yahoo gemini', 'yahoo.jp', 'baidu', 'admarketplace', 'naver', '360.cn', 'yandex' 중 하나임 |
| | Display | 1) 매체가 'display', 'banner', 'expandable', 'interstitial', 'cpm' 중 하나인 경우<br>2) Google Ads 트래픽이면서 광고 네트워크 유형이 'Google Display Network' 인 경우<br>3) DV360 트래픽이면서 광고 소재 형식이 'Standard', 'Expandable', 'Native site square', 'Backdrop', 'Templated app install interstitial', 'Deprecated', 'Native app install', 'Native app install square', 'Native site', 'Templated app install', 'Lightbox' 중 하나인 경우 |
| | Paid Video | 1) 소스가 동영상 사이트 목록과 일치하고 매체가 정규식 ^(.*cp.*¦ppc¦paid.*)$ 와 일치한 경우<br>2) Google Ads 트래픽이면서 광고 네트워크 유형이 'YouTube Search', 'YouTube Videos' 중 하나인 경우<br>3) DV360 트래픽이면서 광고 소재 형식이 'Native video', 'Video', 'Templated app install video', 'Flipbook' 중 하나인 경우 |
| | Paid Shopping | 1) 소스가 쇼핑 사이트 목록과 일치하고 매체가 정규식 ^(.*cp.*¦ppc¦paid.*)$ 와 일치한 경우<br>2) 캠페인 이름이 정규식 ^(.*(([^a-df-z]¦^)shop¦shopping).*)$)와 일치하고 매체가 정규식 ^(.*cp.*¦ppc¦paid.*)$와 일치한 경우 |
| | Paid Social | 1) 소스가 소셜 사이트 목록과 일치하고 매체가 정규식 ^(.*cp.*¦ppc¦paid.*)$ 와 일치한 경우<br>2) Google Ads 트래픽이면서 광고 네트워크 유형이 'Social'인 경우<br>3) SA360 엔진 계정 유형이 'facebook', 'twitter' 중 하나임 |

| | | |
|---|---|---|
| 디지털 광고 | Paid Other | DV360 트래픽이면서 광고 소재 형식이 'Publisher hosted', 'Tracking', 'Unknown' 중 하나인 경우 |
| | Cross-network | 1) 캠페인 이름에 'cross-network'가 포함되어 있는 경우<br>2) Google Ads 트래픽이면서 광고 네트워크 유형이 'Cross-network'인 경우 |
| | Audio | 1) 매체가 'audio'인 경우<br>2) DV360 트래픽이면서 광고 소재 형식이 'Audio'인 경우 |
| 자연 유입 | Organic Shopping | 1) 소스가 쇼핑 사이트 목록과 일치한 경우<br>2) 캠페인 이름이 정규식 ^(.*(([^a-df-z]¦^)shop¦shopping).*)$와 일치한 경우 |
| | Organic Social | 소스가 소셜 사이트의 정규식 목록과 일치하며 매체가 'social', 'social-network', 'social-media', 'sm', 'social network', 'social media' 중 하나인 경우 |
| | Organic Video | 소스가 동영상 사이트 목록과 일치하며 매체가 정규식 ^(.*video.*)$와 일치한 경우 |
| | Organic Search | 소스가 검색 사이트 목록과 일치하며 매체가 organic과 정확히 일치한 경우 |
| 고객 관리 (CRM) 연관 유입 | Email | 소스가 정규식 emaille-maille_maille mail와 일치하며, 매체가 정규식 emaille-maille_maille mail와 일치한 경우 |
| | SMS | 매체가 'sms'인 경우 |
| | Mobile Push Notifications | 매체에 'mobile' 또는 'notification'이 포함된 경우 |
| | Affiliates | 매체가 'affiliate'인 경우 |
| 추천 | Referral | 매체가 'referral'인 경우 |
| 기타 | Direct | 소스가 direct와 정확히 일치하며, 매체가 '(not set)', '(none)' 중 하나인 경우 |
| | Unassigned | 이벤트 데이터와 일치하는 다른 채널 규칙이 없는 경우 |

채널 그룹은 필요에 따라 맞춤으로 설정할 수도 있습니다. 애널리틱스의 [관리 → 데이터 표시]에서 [채널 그룹]을 클릭하면 관리할 수 있는 화면이 나옵니다. 여기에서 새로운 채널 그룹을 만들거나 기존의 채널 그룹을 삭제할 수 있습니다.

다만, 기본 채널 그룹은 삭제할 수 없으며 [복사하여 새 그룹 만들기]를 통해 기본 채널 그룹과 같은 설정으로 새로운 채널 그룹을 만들 수 있습니다. 비즈니스에 따라 중점으로 관리하고 파악해야 할 유입 매체가 있다면 채널 그룹을 만들어 여러 보고서의 측정 기준으로 활용할 수 있습니다.

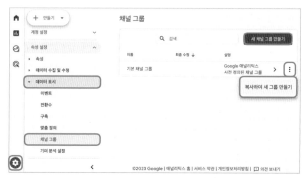

그림 10-19 채널 그룹 만들기

## 캠페인

캠페인$^{campaign}$은 어떤 마케팅 캠페인을 통해 유입됐는지 알 수 있는 정보입니다. 일반적으로 디스플레이 배너나 유료 키워드 같은 디지털 광고에는 사이트 URL 뒤에 UTM 매개변수를 추가하여 접속 링크를 입력하게 됩니다. 이를 통해 소스와 매체 같은 유입 출처 정보는 물론 캠페인 정보나 광고 콘텐츠와 같은 세부 정보도 추가해 유입 정보를 더 상세하고 다양하게 활용할 수 있습니다.

캠페인은 이 UTM 매개변수에서 `utm_campaign`의 값으로 입력한 정보입니다. 캠페인 정보가 있으면 채널 그룹처럼 개별 유입을 특정 마케팅 캠페인 단위로 묶을 수 있어 캠페인의 종합적인 성과나 비용 데이터와 연결한 ROAS* 분석 등에 활용할 수 있습니다. 단, UTM 매개변수는 일관된 규칙에 따라 다른 사람도 쉽게 알 수 있는 값으로 지정해야 한다는 점을 유의하세요.

> \* ROAS(return on ad spend)는 캠페인 비용 대비 캠페인 수익을 의미합니다.

## 소스 플랫폼

마지막으로 소스 플랫폼$^{source\ platform}$은 애널리틱스와 자동으로 통합되는 광고 플랫폼에 대한 정보입니다. 즉, 구글의 다른 광고 플랫폼을 통해 유입이 발생했다면 해당 플랫폼을 표시해 줍니다. 소스 플랫폼으로는 다음과 같은 값이 있습니다.

- **DV360**: Display & Video 360 마케팅 플랫폼에서 들어온 트래픽
- **Google Ads**: Google Ads 마케팅 플랫폼에서 들어온 트래픽
- **SA360**: Search As 360 마케팅 플랫폼에서 들어온 트래픽
- **Shopping Free Listings**: Google 판매자 센터 마케팅 플랫폼에서 들어온 트래픽
- **SFMC**: Salesforce Marketing Cloud 플랫폼에서 들어온 트래픽
- **Manual**: Google 광고 플랫폼에서 발생하지 않았지만 레퍼러 정보가 있는 트래픽

## UTM 매개변수란?

소스와 매체는 기본적으로 사이트로 전달된 유입 정보를 애널리틱스가 정의해 놓은 순서 알고리즘에 따라 분류합니다. 따라서 우리가 원하는 대로 분류되지 않을 때가 생깁니다. 예를 들어 네이버에서 키워드 광고로 유입됐어도 별도의 추가 정보가 없다면 애널리틱스는 유료 검색 유입인지 자연 검색 유입인지 구분하지 못합니다. 이 때문에 유료 검색 광고인데도 결국 자연 유입<sup>organic search</sup>으로 처리됩니다.

이때 광고 담당자는 마케팅 성과를 제대로 파악할 수 없다는 문제가 있습니다. 이러한 문제가 발생하지 않도록 유입 출처 정보를 임의로 지정할 수 있는데, 이것이 바로 UTM<sup>urchin tracking module</sup> 매개변수입니다.

UTM 매개변수는 유입 경로를 알 수 있도록 URL 주소에 추가로 달아 놓는 일종의 꼬리표라고 생각하면 됩니다. 이 꼬리표에는 다음처럼 5가지 정보를 입력할 수 있습니다. 이 중 소스와 매체 정보는 필수이며 나머지는 선택입니다.

**표 10-3** UTM 매개변수 정의

| 변수 | utm_source | utm_medium | utm_campaign | utm_content | utm_term |
|---|---|---|---|---|---|
| 용도 | 유입 소스 정보 | 유입 매체 정보 | 캠페인 정보 | 게재된 콘텐츠 | 게재된 키워드 |

다음은 URL에 5가지 UTM 매개변수를 모두 입력한 예입니다. 'shop.googlemerchandisestore.com/Google+Redesign/New'까지가 웹 페이지의 URL 주소라면 '?'로 시작하는 나머지 부분이 UTM 매개변수를 입력한 것입니다. 그리고 '&'는 각 항목을 연결하는 기호입니다. 참고로 구글에서 제공하는 캠페인 URL 빌더(ga-dev-tools.google/campaign-url-builder/)를 활용하면 URL을 더 쉽게 만들 수 있습니다.

- http://shop.googlemerchandisestore.com/Google+Redesign/New?utm_source=google&utm_medium=paidsearch&utm_campaign=spring-discount&utm_term=googlestore

광고 매체나 소셜 네트워크 서비스 등에서 이처럼 UTM 매개변수가 포함된 URL을 배포하면, 구글 애널리틱스는 사용자가 웹 사이트에 방문할 때 레퍼러 정보로 해당 URL을 수집합니다. 이렇게 수집된 UTM 매개변수 정보는 자동으로 나뉘어 각 측정 기준에 저장되고 애널리틱스의 보고서에서 확인할 수 있습니다.

각 UTM 매개변수의 값을 입력할 때는 다음 사항을 참고하면 좋습니다.

❶ 대소문자에 따라 구분되므로 될 수 있으면 소문자로 통일하면 좋습니다.

❷ 띄어쓰기는 피하고 단어를 구분할 때는 '—' 기호를 사용합니다.

❸ UTM의 각 정보는 기본 측정 기준으로 제공되므로 별도의 추가 작업은 필요 없습니다. 다만, GA4에서는 UTM 정보 중 키워드(term)와 콘텐츠(content)가 각각 '세션 수동 검색어', '세션 수동 광고 콘텐츠'라는 이름으로 되어 있다는 점을 주의하세요.

❹ 공통의 규칙을 정해 사용하고 계속 모니터링해서 이상 데이터를 방지합니다.

## 사용자 획득과 트래픽 획득

획득 보고서는 [사용자 획득]과 [트래픽 획득]으로 나뉩니다. 사용자 획득은 첫 방문에만 초점을 맞춰 사용자들이 어디에서 많이 들어오는지 확인할 수 있는 보고서입니다. 신규 방문자를 분석하는 웹 분석에서도 유용하지만, 앱을 설치한 후 처음 실행할 때 앱 마켓에서 보내준 유입 정보를 확인할 수 있어 앱 분석에 더욱 유용합니다. 트래픽 보고서는 모든 방문에 대해 어디에서 들어왔는지 경로별 성과를 비교하고 분석하는 데 유용합니다. 일반적으로 마케팅 성과 분석에서는 트래픽 보고서를 주로 활용합니다.

획득 보고서에서 UA 버전과 달라진 점은 '참여'라는 개념이 생긴 것입니다. 참여는 사용자가 흥미나 목적을 가지고 사이트나 앱에 방문했는지를 구분해 주는 기준입니다. 참여 관련 측정 항목은 전체 유입 중에서 가치 있는 방문이 얼마나 되는지 확인하는 데 유용합니다. UA 버전에서는 '이탈'이라는 측정 항목이 있었지만, GA4의 '참여'는 실제 사용자의 의미 있는 상호 작용을 기준으로 하므로 '이탈'보다 더 정확하고 유의미한 성과 분석을 할 수 있습니다.

표 10-4 사용자 획득과 트래픽 획득 측정 항목

| 보고서 | 측정 항목 | 설명 |
|---|---|---|
| 사용자 획득 | 새 사용자 수 | 조회 기간 내 처음 들어온 사용자 수 |
| | 참여 세션 수 | 아래 3가지 조건 중 한 가지라도 충족한 세션 수<br>1) 10초 넘게 방문<br>2) 전환 이벤트가 1회 이상 발생<br>3) 페이지 또는 화면 조회 수가 2회 이상 |
| | 참여율 | 전체 세션 수에서 참여한 세션 수의 %(참여 세션 수 / 전체 세션 수) |
| | 사용자당 참여 세션 수 | 각 사용자의 평균 참여 세션 수(참여 세션 수 / 사용자 수) |
| | 평균 참여 시간 | 사용자들이 사이트에서 실제 상호 작용한 평균 시간<br>웹 사이트가 화면이 보이고, 앱이면 포그라운드 상태로 있었던 시간의 평균 |

| 사용자<br>획득 | 이벤트 수 | 이벤트가 발생한 수(옵션으로 특정 이벤트를 선택할 수 있음) |
|---|---|---|
| | 전환 | 전환으로 설정한 이벤트가 발생한 수(옵션으로 특정 전환을 선택할 수 있음) |
| | 총수익 | 전자상거래 구매, 인앱 구매, 정기 결제 및 광고 수익에서 발생한 총수익 |
| 트래픽<br>획득 | 사용자 | 사이트나 앱에서 하나 이상의 이벤트를 발생시킨 사용자 수 |
| | 세션 수 | 사이트나 앱에서 시작한 세션 수 |
| | 참여 세션 수 | 아래 3가지 조건 중 하나라도 충족한 세션 수<br>1) 10초 넘게 방문<br>2) 전환 이벤트가 1회 이상 발생<br>3) 페이지 또는 화면 조회 수가 2회 이상 |
| | 세션당 평균 참여 시간 | 각 세션당 사용자들이 상호 작용하는 평균 시간 |
| | 사용자당 참여 세션 수 | 각 사용자의 평균 참여 세션 수(참여 세션 수 / 사용자 수) |
| | 세션당 이벤트 | 각 세션당 발생한 평균 이벤트 수 |
| | 참여율 | 전체 세션 수에서 참여한 세션 수의 비율(참여 세션 수 / 전체 세션 수) |
| | 이벤트 수 | 이벤트가 발생한 수(옵션으로 특정 이벤트를 선택할 수 있음) |
| | 전환 | 전환으로 설정한 이벤트가 발생한 수(옵션으로 특정 전환을 선택할 수 있음) |
| | 총수익 | 전자상거래 구매, 인앱 구매, 정기 결제 및 광고 수익에서 발생한 총수익 |

**Do it! 실습 ▶ 검색 광고 중 가장 높은 참여 성과를 보인 캠페인 분석**

**01 단계** 애널리틱스의 왼쪽 메뉴에서 [보고서 → 획득 → **트래픽 획득**]을 클릭한 후 데이터 조회 기간을 설정합니다.

그림 10-20 트래픽 획득 보고서에서 기간 설정

**02 단계** 주 측정 기준이 '세션 기본 채널 그룹'인 것을 확인한 후 그 옆의 더하기 아이콘(➕) 을 클릭해 두 번째 측정 기준으로 [트래픽 소스 → **세션 캠페인**]을 선택합니다.

그림 10-21 두 번째 측정 기준으로 세션 캠페인 적용

**03 단계** 필터 기능으로 캠페인 정보가 있는 것만 남기고 없는 항목을 제거하겠습니다. 트래픽 보고서에서 위쪽에 있는 필터 추가 +를 클릭합니다. 측정 기준에서 '세션 캠페인'을 선택하고 검색 유형에서는 '다음을 포함하지 않음'을 선택한 후 값에 'direct'를 입력합니다.

그리고 〈적용하기〉를 클릭하면 세션 캠페인에서 (direct)가 없어진 것을 확인할 수 있습니다.

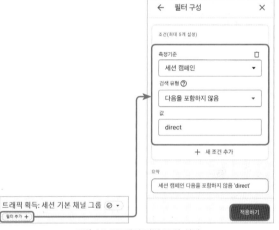

그림 10-22 제외 필터 조건 설정

그림 10-23 필터 전(왼쪽)과 후(오른쪽) 비교

만약 같은 측정 기준에 여러 개의 값을 조건으로 넣고 싶다면 정규식으로 작성합니다. 예를 들어 'direct', 'organic', 'referral'을 제외하는 필터를 만들고 싶다면 `.*direct.*|.*organic.*|.*referral.*`처럼 작성할 수 있습니다.

- **정규식 도움말**: support.google.com/analytics/answer/1034324?hl=ko

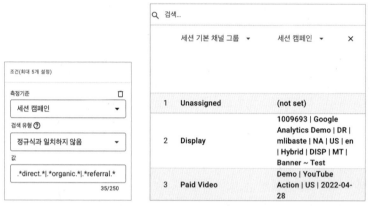

그림 10-24 정규식으로 필터 조건 설정

**04 단계** 검색어 광고 캠페인만 비교하기 위해 표의 검색 기능을 활용하여 'Paid Search'를 찾습니다.

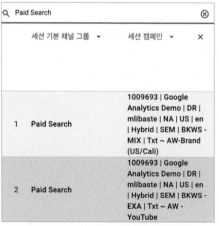

그림 10-25 표 검색 기능을 활용한 추가 필터링

**05 단계** 최종 필터링된 표에서 참여율 측정 항목을 클릭하여 참여율 기준 내림차순으로 데이터를 정렬하면 캠페인별 참여 성과를 비교해 볼 수 있습니다.

**그림 10-26** 주요 지표 기준 내림차순 정렬을 통한 최종 데이터 산출

## 소스와 매체 구분하기

구글 애널리틱스에서는 사이트에 접속할 때 전달된 유입 정보를 이용하여 소스와 매체를 구분합니다. 여기서 유입 정보는 현재의 URL 정보인 document location과 이전 페이지의 URL 정보인 document referrer를 의미합니다.

이 중 document location은 외부에서 사이트로 연결된 링크를 클릭하여 유입된 경우 해당 링크에 입력해 놓은 URL을 그대로 가져오는데, URL에 앞서 설명한 UTM 매개변수가 있으면 이 값이 바로 document location으로 구글 애널리틱스에 전달됩니다.

예를 들어 어떤 사용자가 네이버에서 '플러스제로'라는 검색어를 입력한 후 UTM이 적용된 키워드 광고를 통해 사이트에 들어왔다면 유입 정보는 다음처럼 전달될 수 있습니다.

- **Document location:** https://pluszero.co.kr/?utm_source=naver&utm_medium=cpc
- **Document referrer:** https://search.naver.com/search.naver?query=플러스제로

이에 따라 구글 애널리틱스는 해당 유입 정보를 토대로 다음의 순서에 맞게 차례대로 조건을 검증하여 소스와 매체 정보를 정의하게 됩니다. 또한 상위 순서일수록 해당 값이 우선하여 적용됩니다.

❶ document location의 매개변수 중 구글 광고 플랫폼에서 부여한 ID 정보(gclid)가 있을 경우, 소스는 google, 매체는 cpc나 display로 정의한다.

❷ document location의 매개변수 중 캠페인 관련 정보(&cs, &cm, &cn)가 직접 입력된 경우, 소스와 매체는 해당 값으로 정의한다.

❸ document location 중 utm 값이 있을 경우, 해당 소스와 매체의 값으로 정의한다.

❹ document referrer 값이 있으며 구글이 사전 정의한 검색 엔진 정보와 일치할 경우, 소스는 해당 검색 엔진 이름으로 하고 매체는 organic으로 정의한다.

❺ document referrer 값이 있고 별도 이슈가 없을 경우, 소스는 해당 referrer 주소로 지정하고 매체는 referral로 정의한다.

❻ 위 조건들에 모두 충족하지 않을 경우, 같은 사용자가 이전에 들어온 캠페인 정보가 있다면 해당 정보로 소스와 매체를 정의한다.

❼ 모두 해당하지 않으면 소스는 (direct)이고 매체는 (none)으로 정의한다.

다음 링크에서는 애널리틱스에 전송된 캠페인과 트래픽 소스 매개변수를 기반으로 측정 기준이 결정되는 방식을 보여 주는 순서도를 확인할 수 있습니다.

- **처리 순서도**: support.google.com/analytics/answer/6205762

## 참여도 보고서

참여도 보고서에서는 사용자의 행동 데이터를 보여 줍니다. 사용자가 어떤 행동을 하고, 어떤 콘텐츠를 주로 보는지, 그리고 중요한 전환 목표에 얼마나 도달하는지 등을 분석할 수 있습니다. 이로써 사용자의 숨겨진 방문 의도와 참여 의지, 구매 가능성이나 불편 사항 등을 파악할 수 있습니다.

이러한 인사이트를 통해 다양한 개선 아이디어를 발굴해 전환까지의 성과를 향상시키거나 사용자가 한 행동을 조건으로 대상 그룹을 만들어 리마케팅이나 개인화 서비스로 연결할 수도 있습니다.

**그림 10-27** 행동 데이터 기준 액션 프로세스

참여도 카테고리에는 [개요]와 함께 [이벤트], [전환수], [페이지 및 화면], [방문 페이지] 보고서로 구성되어 있습니다. GA4에서는 분석 목적에 따라 다양한 맞춤 보고서를 활용해 볼 수 있는 탐색 보고서 기능이 강화되면서 상대적으로 행동과 관련된 기본 보고서 구성은 UA 버전에 비해 간단해졌습니다.

또한 UA 버전에서는 사이트 콘텐츠, 이벤트 내 페이지 보고서로 페이지 단위 데이터가 별도 보고서로 분리되어 제공되었으나, GA4의 이벤트 보고서에서는 `page_view`와 `screen_view`와 같은 페이지 단위 이벤트 데이터도 다른 이벤트 데이터와 함께 포함되어 보입니다. 물론 GA4 페이지 및 화면 보고서나 방문 페이지 보고서에서 페이지 단위 데이터만 따로 볼 수 있는 기능도 제공합니다.

## 이벤트 보고서

이벤트 보고서에서는 '이벤트 수' 측정 항목을 통해 각 이벤트가 얼마나 많이 일어났는지 확인할 수 있으며, 사용자 관점에서 '총 사용자' 측정 항목으로 해당 이벤트를 발생시킨 사용자 수를 파악해 볼 수도 있습니다.

또한 이벤트 수를 총 사용자로 나누어 계산한 '사용자당 이벤트 수' 측정 항목을 통해서는 해당 이벤트가 각 사용자에게 얼마나 자주 일어났는지 확인할 수 있습니다. 예를 들어 `session_start` 이벤트에서 사용자당 이벤트 수는 사용자들이 사이트에 얼마나 자주 방문했는지 판단할 수 있는 지표로 사용자의 리텐션이나 프로모션 기간 참여 정도 등을 파악하는 데 활용해 볼 수 있습니다.

마지막으로 '총 수익' 측정 항목은 해당 이벤트가 'purchase'와 같이 수익과 연관이 있을 때 그 수익을 합산하여 나타내 주는 지표로, 앞서 소개한 이벤트 수나 총 사용자로 나눠 '구매당 평균 수익'이나 '구매 사용자당 평균 수익' 등과 같은 파생 지표를 만들어 분석해 볼 수 있습니다.

성과를 파악할 때는 이벤트의 특성에 따라 이벤트 수를 중심으로 할지, 총 사용자를 중심으로 할지 구분할 수 있습니다. 이벤트 수를 중심으로 파악해야 하는 예로는 장바구니 담기(`add_to_cart`)가 있습니다. 장바구니 담기는 사용자가 구매하고자 하는 상품을 둘러보며 여러 상품을 개별적으로 장바구니에 담을 수 있는데, 이때 각 행동에는 독립적으로 중요한 가치가 있습니다. 따라서 사용자 수보다는 이벤트 수를 핵심 지표로 활용합니다.

반면에 총 사용자 중심의 예로는 프로모션 보기(`view_promotion`)가 있습니다. 특정 페이지에 걸어 둔 프로모션 배너가 얼마나 노출되었는지 확인하고자 할 때는 이벤트 수보다 총 사용자 수가 더 나은 선택이 될 수 있습니다. 만약 어떤 사용자가 다른 페이지로 이동 후 뒤로 가기를 클릭해 이전 화면으로 돌아가 해당 프로모션 배너에 또 한 번 노출되었다면, 이벤트 수가 추가되어 배너의 노출 성과가 과장될 수도 있기 때문입니다. 이럴 때는 사용자 관점에서 얼마나 많은 사람이 해당 배너를 보았는지 파악하는 것이 객관적인 성과 파악에 도움이 될 수 있습니다.

물론 반드시 하나의 지표만 사용하는 것이 아니라 양쪽 지표 모두 살펴보되, 이벤트의 특성을 고려해 어떤 지표를 중점으로 볼지 결정합니다.

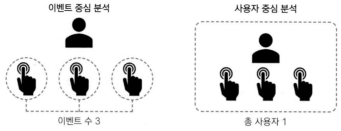

그림 10-28 이벤트 중심과 사용자 중심 분석 방법 차이

예를 들어 이벤트 보고서에서 검색 이벤트로 가장 많이 조회한 키워드를 분석한다고 가정해 보겠습니다. 먼저 이벤트 보고서로 이동한 후 데이터 조회 기간을 설정합니다.

그림 10-29 이벤트 보고서 보기와 기간 설정

그리고 표에서 사이트 내 조회(`view_search_results`) 이벤트를 찾습니다. 만약 이벤트가 보이지 않으면 페이지당 행 수를 늘려 줍니다.

| | 이벤트 이름 | 이벤트 수 | 총 사용자 | 사용자당 이벤트 수 | 총 수익 |
|---|---|---|---|---|---|
| | | 18,124,908 총계 대비 100% | 622,712 총계 대비 100% | 36.37 평균과 동일 | $1,201,243.41 총계 대비 100% |
| 1 | page_view | 2,741,737 | 480,348 | 5.71 | $0.00 |
| 2 | session_start | 731,820 | 475,981 | 1.54 | $0.00 |
| 3 | first_visit | 462,643 | 463,177 | 1.00 | $0.00 |
| 4 | new_recent_active_user | 365,421 | 356,890 | 1.04 | $0.00 |
| 5 | user_engagement | 2,338,708 | 355,875 | 6.57 | |
| 6 | scroll | 1,391,130 | 313,612 | 4.44 | |
| 7 | view_promotion | 4,423,046 | 253,392 | 17.48 | |
| 8 | view_item_list | 2,846,661 | 223,982 | 12.71 | |
| 9 | predicted_top_spenders | 364,066 | 197,465 | 24.26 | |
| 10 | experiment_impression | 742,288 | 158,412 | 4.69 | |

그림 10-30 표의 행 수 늘리기

이벤트를 찾으면 클릭한 후 상세 정보 가운데 SEARCH_TERM 카드를 확인합니다. 그림의 예에서는 "backpack" 키워드 조회가 가장 많으며, "hoodie"는 총 사용자 대비 이벤트 수가 많아 반복 검색이 상대적으로 많은 것을 알 수 있습니다.

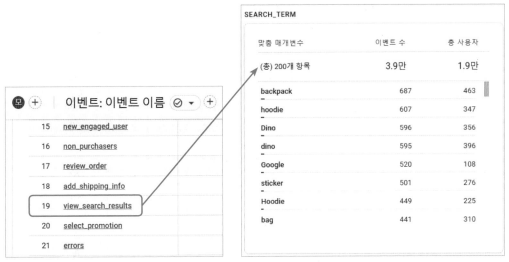

**그림 10-31** 이벤트 상세 정보 확인

## 전환 수 보고서

GA4에서는 중요한 가치가 있는 이벤트를 별도의 전환 이벤트로 설정할 수 있는데, 이러한 전환 이벤트만 따로 볼 수 있는 보고서가 바로 [전환수]입니다. 이 보고서에서는 각 전환 이벤트가 얼마나 발생했고 일자별로 어떻게 변동됐는지를 파악할 수 있습니다. 여기서 각 이벤트를 클릭하면 해당 전환 이벤트가 일어난 세션의 유입 정보를 확인할 수 있습니다. 이것을 통해 획득 정보와 전환을 연결하여 어떤 채널이 특정 전환 성과에 크게 기여했는지를 파악할 수 있으며, 이를 기반으로 알맞은 획득 전략을 짤 수 있습니다.

예를 들어 다음 그림은 대표적인 전환 이벤트라 할 수 있는 구매(purchase)에 대해 어떤 유입 채널에서 방문했을 때 가장 많이 일어났는지를 확인한 예입니다. 예에서는 직접 유입(Direct)을 제외하면 자연 유입(Organic Search)을 통해 구매가 많이 발생하고 있는 것을 확인할 수 있습니다.

| 이벤트 이름 | + | ↓ 전환 | 총 사용자 | 총 수익 |
|---|---|---|---|---|
|  |  | 227,009.00<br>총계 대비 100% | 82,007<br>총계 대비 100% | $127,231.45<br>총계 대비 100% |
| 1 | view_item | 71,889.00 | 23,840 | $0.00 |
| 2 | first_visit | 66,512.00 | 66,591 | $0.00 |
| 3 | predicted_top_spenders | 49,384.00 | 27,831 | $0.00 |
| 4 | view_cart | 19,869.00 | 5,824 | $0.00 |
| 5 | add_to_cart | 16,318.00 | 4,969 | $0.00 |
| 6 | begin_checkout | 1,970.00 | 1,016 | $0.00 |
| 7 | purchase | 1,067.00 | 968 | $127,231.45 |

| 기본 채널 그룹 ▾ | + | ↓ 전환 | 이벤트 값 |
|---|---|---|---|
|  |  | 1,067.00<br>총계 대비 100% | 127,231.45<br>총계 대비 100% |
| Direct |  | 631.00 | 69,470.47 |
| Organic Search |  | 216.90 | 33,610.52 |
| Cross-network |  | 87.50 | 5,860.50 |
| Referral |  | 49.55 | 9,134.15 |
| Organic Social |  | 37.92 | 3,674.59 |
| Email |  | 30.12 | 4,385.23 |
| Organic Video |  | 6.00 | 361.20 |

그림 10-32 표의 전환 보고서 활용 예(구매 이벤트 클릭 후 구매가 일어난 유입 채널 정보 확인)

## 페이지 및 화면 보고서

페이지 및 화면 보고서는 각 페이지 기준의 성과를 파악할 수 있습니다. 일반적으로 사용자가 어떤 페이지를 보고, 그 페이지에서 얼마나 머무르고 참여했는지는 온라인 행동 분석의 가장 기본이므로 별도의 보고서로 구성된 것으로 볼 수 있습니다. 당연히 많은 사용자가 이용하는 페이지가 고객 경험상 중요한 영역이라 생각할 수 있으며, 단순히 많이 본 것 뿐만 아니라 사용자들의 평균 참여 시간이나 순 사용자 스크롤이 많은 페이지를 선별하여 파악하는 일도 중요합니다.

해당 지표들이 다른 페이지에 비해 너무 높거나 적은 경우, 그 원인을 파악하여 페이지에 이상이 없는지, 혹은 사용자들이 매력적으로 느낄 만한 것들이 무엇인지 확인해 보는 식으로 활용해 볼 수 있습니다. 특히, 캠페인 랜딩 페이지일 경우 유입된 사용자들의 참여를 이끌어 내는 가장 중요한 관문이므로 성과 측정을 통해 최적화하는 과정을 진행해야만 합니다. 페이지 보고서에서 이벤트 수나 전환 측정 항목에 특정 이벤트나 전환 이벤트를 선택하여 해당 페이지에서 발생한 수치를 확인할 수 있습니다.

페이지 및 화면 보고서를 잘 활용하려면 데이터를 수집할 때 페이지별 제목을 일정한 기준에 따라 지정해 줘야 합니다. 물론, URL과 관련이 있는 페이지 경로라는 측정 기준을 통해 기본적으로 구분이 되지만, 페이지 제목이나 화면 이름이 잘 정리돼 있으면 누구나 손쉽게 해당 페이지가 어떤 콘텐츠를 담고 있는지 파악하기 편하고 이를 분석에 이용할 수 있기 때문입니다. 반대로 각기 다른 페이지인데도 같은 제목으로 돼 있는 등 페이지 제목이나 화면 이름이 제대로 지정돼 있지 않으면 데이터 왜곡이 발생할 수 있으므로 늘 주의해야 합니다.

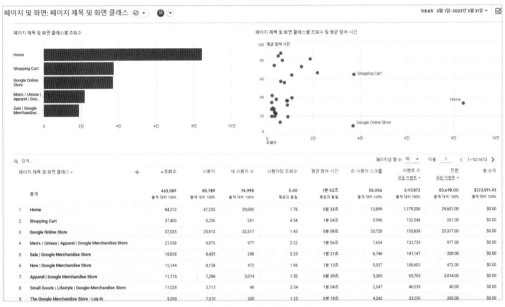

**그림 10-33** 화면 및 페이지 보고서

**표 10-5** 화면 및 페이지 보고서 측정 항목

| 측정 항목 | 설명 |
|---|---|
| 조회 수 | 앱 화면이나 웹 페이지 조회 수로 반복해서 조회한 횟수도 집계에 포함 |
| 사용자 | 해당 화면이나 페이지에 조회한 총 활성 사용자 수 |
| 새 사용자 수 | 해당 화면이나 페이지를 조회한 첫 방문 사용자 수 |
| 사용자당 조회 수 | 각 사용자가 조회한 평균 화면이나 페이지 조회 수(조회 수 / 사용자) |
| 평균 참여 시간 | 앱에서는 포그라운드, 웹에서는 페이지가 화면에 떠 있는 상태의 평균 머문 시간 |
| 순 사용자 스크롤 | 화면 및 페이지의 90% 이상 탐색한 순 사용자 수(사용자 중복 제거) |
| 이벤트 수 | 사용자가 해당 화면에서 전체 또는 특정 이벤트를 발생시킨 횟수 |
| 전환 수 | 사용자가 해당 화면에서 전체 또는 특정 전환 이벤트를 발생시킨 횟수 |
| 총 수익 | 해당 화면이나 페이지에서 구매 또는 광고 수익이 발생한 경우, 총 수익 |

## 방문 페이지 보고서

방문 페이지 보고서는 2022년 12월에 추가되었습니다. 사이트에 가장 먼저 방문한 페이지를 기준으로 조회 수, 새 사용자 수, 세션당 평균 참여 시간, 전환, 수익 등의 데이터를 확인할 수 있습니다. 다른 보고서와는 다르게 이벤트 범위 측정 기준이 아닌 세션 범위 측정 기준이 사용된다는 특징이 있습니다. 사용자의 각 방문을 구분하여 집계하기 때문입니다.

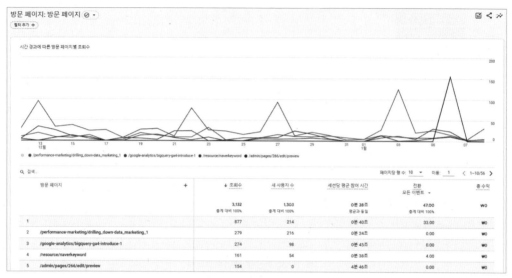

그림 10-34 방문 페이지 보고서

방문 페이지 보고서는 일반적으로 캠페인 랜딩 페이지의 성과를 확인해 보는 데 활용할 수 있습니다. 조회 수가 캠페인 시작 이후에 제대로 늘어나는지 확인하여 캠페인 효과를 살펴본다든지, 캠페인을 통해 유입된 사용자 중 새 사용자가 얼마나 되는지, 또는 해당 방문에서 구매 전환이 얼마나 일어나는지 등을 확인해 볼 수 있습니다. 또한 세션당 평균 참여 시간이 너무 짧다면 캠페인을 통한 유입 후 이탈이 많다는 신호일 수 있으므로 방문 페이지에 이상이 없는지 다시 한번 확인해 봐야 합니다.

## 콘텐츠 그룹은 어떻게 수집하고 활용할까?

페이지 및 화면 보고서에서 측정 기준 선택 옵션을 살펴보면 '콘텐츠 그룹'이 있습니다. 콘텐츠 그룹을 사용하면 성격이 유사한 페이지 및 화면을 맞춤형으로 그룹화하여 분석할 수 있습니다. 예를 들어 상품 상세 페이지를 상품 카테고리별로 묶어 성과 비교에 활용할 수 있습니다.

콘텐츠 그룹 측정 기준을 활용하려면 카테고리에 맞는 페이지에 GTAG를 통해 page_view 이벤트 또는 set 명령어를 사용하여 content_group 매개변수를 설정하면 됩니다.

예를 들어 남성복과 여성복 콘텐츠 그룹을 정의한다면 다음과 같습니다.

---

**콘텐츠 그룹 정의 예**

```
# 남성복
gtag('set', 'content_group', 'mens');
# 여성복
gtag('set', 'content_group', 'womens');
```

---

## 맞춤 이벤트와 매개변수 설계가 중요한 이유

GA4의 이벤트는 자동 수집 이벤트와 맞춤 이벤트가 있습니다. 자동 수집 이벤트로도 기본적인 인사이트를 충분히 얻을 수 있지만 고객의 행동을 더 면밀히 분석하려면 이벤트를 잘 설계해야 합니다. 이때 대상 고객의 행동과 분석 목적이 무엇인지 명확해야 하며 행동에 이르기까지 필요한 이전 경험들도 잘 고려해야 합니다.

더 나아가 GA4에서는 해당 이벤트에 어떤 데이터를 매개변수로 담아야 할지도 고려해야 합니다. 이벤트 보고서에서 각 이벤트 이름을 클릭해 보면 상세 정보를 확인할 수 있으며, 분석과 활용 목적에 따라 매개변수별로 데이터를 구분하여 확인할 수 있습니다.

---

**이벤트 매개변수 활용**

컨설팅 기업의 브랜드 사이트 운영을 담당하고 있는 한분석 대리는 고객들이 어떤 메뉴를 가장 많이 이용하는지 분석해 보고 싶었습니다. 이를 통해 고객의 목적을 파악한 후 새로운 최적화 아이디어를 얻을 수 있을 것으로 기대했습니다.

그런데 데이터를 수집하는 단계에서 고민이 생겼습니다. 처음에는 이벤트명으로 각 메뉴를 구분해서 확인하려고 했는데(그림에서 방법1), 그러면 다른 메뉴와 비교나 전체 메뉴 바 이용 현황을 합산해서 파악하기가 어려워 보였습니다.

이에 한분석 대리는 GA4의 이벤트 매개변수를 이용해 각 메뉴를 구분하기로(그림에서 방법2) 했습니다. 즉, 이벤트명은 메뉴 바 클릭을 의미하는 'gnb_click'으로 하고, 해당 이벤트의 상세 정보에서 'LABEL'이라는 매개변숫값에 메뉴명을 넣어 전체 메뉴 바 이용 현황도 쉽게 확인하고 본래 목적이었던 메뉴별 클릭 수도 확인할 수 있게 했습니다.

---

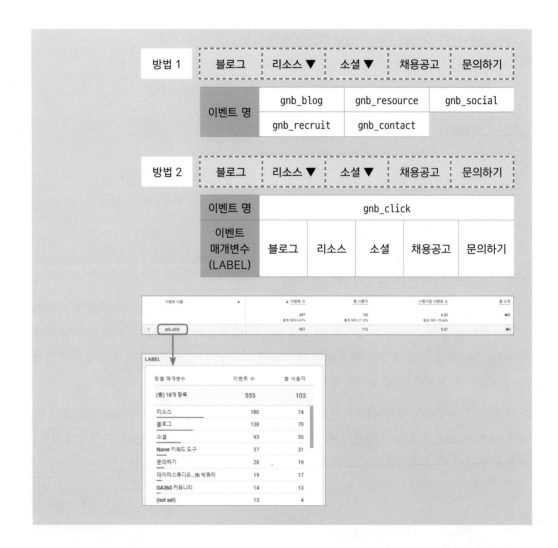

## 수익 창출 보고서

수익 창출 보고서에서는 웹 사이트나 앱에서 발생한 구매 관련 데이터를 확인할 수 있습니다. 다른 기본 보고서와 마찬가지로 수익 창출 보고서도 개요와 세부 보고서로 구성되어 있습니다.

만약 자신의 서비스가 웹 사이트이며 전자상거래 데이터를 수집하고 있다면 [전자상거래 구매] 보고서를 이용하면 되고, 애플리케이션일 때는 [인앱 구매] 보고서를 활용하여 수익 현황을 파악할 수 있습니다. 그리고 각 세부 보고서에서는 시계열 차트를 통해 판매 추이를 모니터링할 수 있으며 산점도 차트를 활용하여 각 상품과 카테고리별 판매 특징도 파악할 수 있습니다.

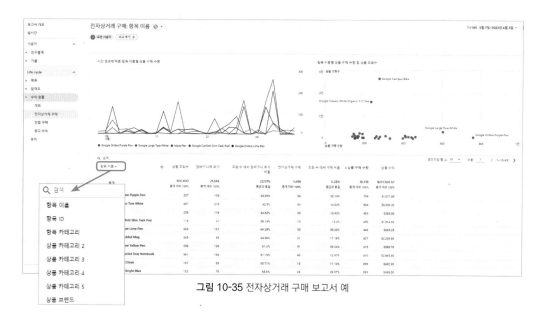

**그림 10-35** 전자상거래 구매 보고서 예

전자상거래 구매 보고서는 항목이라는 구매 상품 기준으로 상품을 조회하고 장바구니에 담아 구매하기까지 각 단계가 얼마나 많이 발생했는지와 전환율과 관련된 비율 측정 항목, 그리고 구매 수량과 수익을 확인할 수 있도록 되어 있습니다. 항목 이름을 클릭해 보면 개별 상품 수준뿐만 아니라 상품 카테고리별, 브랜드별로 확대하여 성과를 확인할 수 있습니다. 이처럼 상품 그룹별로 성과를 파악하려면 서비스를 개발할 때부터 어떤 기준으로 상품 카테고리를 나눠 그룹화할 것인지 잘 정리해야 합니다.

인앱 구매 보고서는 전자상거래 구매 보고서보다는 단순한 측정 항목으로 구성되어 있습니다. 현재는 제품 ID라는 측정 기준만을 제공하는데, 이는 웹과 다른 앱에서의 구매 특성이 반영된 것으로 볼 수 있습니다. 일반적으로 인앱 구매는 앱 마켓을 통해 결재가 이뤄지기 때문입니다. 만약 앱에 전자상거래가 구현되어 있다면 애널리틱스에 전자상거래 데이터가 수집될 수 있도록 설정해야 합니다.

다음은 전자상거래 보고서를 활용한 한분석 대리의 사례입니다.

**전자상거래 구매 보고서 활용**

한분석 대리는 의류 업체에서 전자상거래 채널을 담당하고 있습니다. 애널리틱스의 전자상거래 구매 보고서에서 '조회 수 대비 구매 비율' 측정 항목을 기준으로 상품들의 성과를 확인해 보니, 특정 상품들이 조회 수는 높은데 구매는 저조한 것을 발견했습니다. 산점도 차트를 활용해 시각적으로 확인해 보니 다른 상품들과 확연히 다른 양상을 보였습니다.

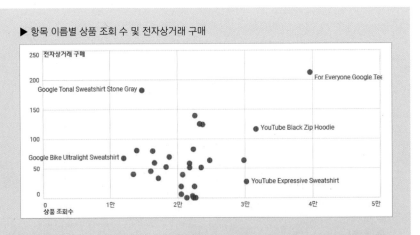

▶ 항목 이름별 상품 조회 수 및 전자상거래 구매

이에 한분석 대리는 해당 상품들의 사이트 내 노출 위치나 구매 여정상 문제가 없었는지, 혹은 프로모션 내용상 특이점이나 재고 등을 확인해 보았습니다. 확인 결과, 해당 상품들이 홈페이지 내 프로모션 배너에 다른 상품들과 함께 노출되었지만 가격이 비교적 높아서 실제 구매까진 이어지지 못한 것으로 생각했습니다. 해당 상품에 대한 고객들의 관심이 높다는 것은 알았으므로 곧 진행 예정인 프로모션에서 할인 혜택을 강화하기로 했습니다. 또한 상품을 조회하고 구매하지 않은 고객을 대상으로 프로모션 관련 리마케팅을 적극적으로 노출하기로 했습니다.

광고 수익 보고서에서는 사이트에 연결된 광고 네트워크로 발생한 수익을 볼 수 있습니다. 자신의 사이트에 광고 영역을 제공하고 부수익을 얻을 수 있는데, 애널리틱스의 속성 설정에서 Ad Manager를 연결하여 광고 성과와 수익 데이터를 확인할 수 있습니다.

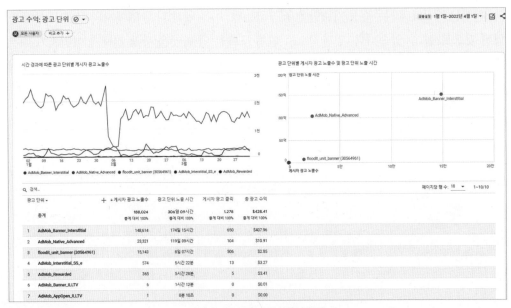

그림 10-36 광고 수익 보고서 화면

## 유지 보고서

마지막으로 유지 보고서에서는 일자별 신규 사용자가 처음 방문한 이후 다시 이용하기까지 걸린 기간과 재사용 비율을 확인할 수 있습니다. 즉, 사용자가 해당 사이트를 지속적으로 이용하는지 아닌지를 확인하는 보고서라고 할 수 있습니다.

이러한 지속율은 웹에서도 중요하지만 특히 애플리케이션 분석에서 더욱 중요한 지표로 많이 활용됩니다. 기본 유지 보고서에서는 일자별 신규 사용자 기준으로만 확인할 수 있지만, 이후 설명할 탐색 보고서에서는 특정 일에 특정 조건을 갖춘 사용자들의 유지율을 분석할 수 있어 훨씬 강력한 기능을 제공합니다.

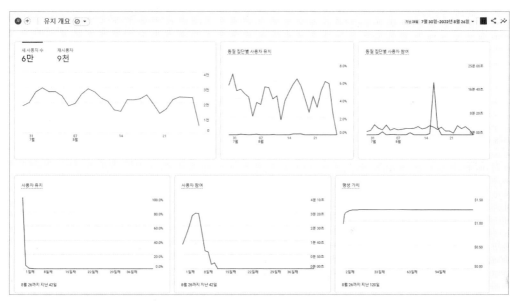

**그림 10-37** 유지 보고서 화면

## 라이브러리 활용

GA4에서는 [보고서] 메뉴에서 왼쪽에 보이는 기본 보고서 구성을 맞춤형으로 추가 또는 삭제할 수 있는 [라이브러리] 메뉴가 새로 생겼습니다. 이는 사용자에게 높은 자유도를 부여해 애널리틱스를 더 실용적으로 쓸 수 있도록 만든 것입니다. 해당 기능을 활용하려면 '편집자' 이상의 권한이 있어야 하며 보고서들의 묶음인 '컬렉션'과 각각의 '보고서' 수준에서 메뉴를 편집할 수 있습니다.

새로운 보고서를 생성할 때는 '개요 보고서'와 '세부정보 보고서'를 구분해서 만들 수 있는데, 속성별로 컬렉션은 최대 7개, 개요 보고서는 150개, 세부 정보 보고서는 200개까지 만들 수 있습니다. 다만, 편집 후에 게시하면 같은 속성을 사용하는 모든 사용자에게 적용되므로 사전에 합의가 필요합니다.

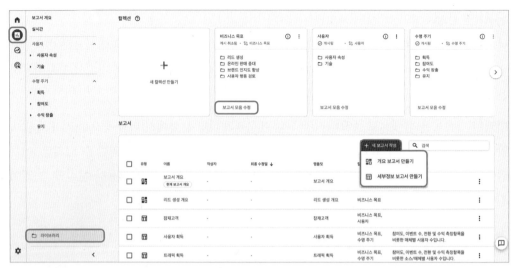

그림 10-38 라이브러리 메뉴

---

**잠깐 퀴즈**

**다음 중 보고서 메뉴와 세부 보고서가 잘못 짝지어진 것은?**

① 사용자 — 인구 통계 보고서

② 획득 — 트래픽 획득 보고서

③ 참여도 — 이벤트 보고서

④ 수익 창출 — 전환수 보고서

정답 ④

# 10-2 | 광고 보고서

광고 보고서는 전환과 연결된 사용자의 유입 경로를 파악하여 디지털 광고 전략 수립과 성과 분석에 활용할 수 있습니다. 광고 보고서는 구매와 같은 전환에 이르기까지 유입단계별 각 매체의 역할과 직접 기여뿐만 아니라 간접 기여가치까지 파악할 수 있어 유용합니다. 기존 UA 버전에서는 매체 성과 관련 보고서가 전환 메뉴 내에 전자상거래 보고서와 함께 있었지만, GA4에서는 별도로 독립된 보고서 영역으로 분리되었습니다.

**그림 10-39** 광고 보고서 메뉴

GA4의 광고 보고서가 UA 버전과 크게 달라진 점은 비교 모델에 있어 유료 사용자가 아니더라도 데이터 기반 모델(DDA)을 누구나 사용할 수 있게 바뀐 것과 전환 경로 보고서에서 초반, 중반, 후반 포인트별 매체의 분포를 편리하게 알 수 있다는 점입니다.

아울러 [광고] 메뉴의 모든 보고서에서는 다음 그림처럼 분석하고자 하는 전환 이벤트를 선택할 수 있어 목적에 맞게 데이터를 확인할 수 있습니다.

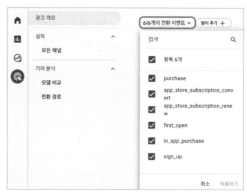

**그림 10-40** 광고 개요 화면에서 전환 이벤트 선택

## 모델 비교 보고서

[모델 비교] 보고서는 다양한 기여 분석 모델을 써서 각 유입 채널과 소스, 매체의 기여 가치를 비교하는 데 사용할 수 있습니다. 여기서 기여 분석은 전환이 일어나기까지 고객이 거쳐 온 여정에서 각 단계의 가치를 어떤 식으로 배분할 것인지 결정하는 방법이라고 할 수 있습니다.

온라인에서 제품을 구매할 때 보통은 다양한 매체를 통해 여러 번 방문하여 제품의 특성을 파악한 후에 최종 구매 결정을 합니다. 이때 기여 분석은 각 단계의 전환(구매) 기여에 더 정확하고 올바른 가치를 부여해 보려는 것입니다. 구매가 일어난 최종 단계의 매체에만 가치를 두는 방식보다 더 합리적이고 다양한 매체를 평가할 수 있고, 결과적으로 높은 효율(ROI)의 마케팅과 매체 전략을 수립할 수 있습니다.

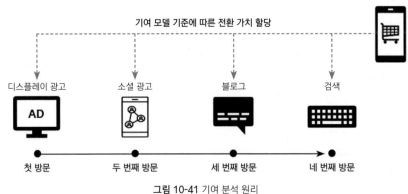

그림 10-41 기여 분석 원리

예를 들어 한 고객이 평소에 관심을 가지던 브랜드의 디스플레이 광고를 보고 사이트에 들어와 상품을 살펴보고 나갔습니다. 이후 그 고객은 소셜 네트워크 서비스에 뜬 광고를 통해 한 번 더 사이트에 들어왔고 마음에 드는 상품을 골랐습니다. 그리고 다른 브랜드의 상품들과 비교해 본 후 구매하기로 결정하여 검색 사이트에서 브랜드 키워드로 직접 검색해 들어와 최종 구매했다고 가정해 봅시다. 이때 해당 고객의 구매에 대해 각 매체의 기여 가치를 어떻게 평가할 수 있을까요?

GA4에서는 이러한 물음에 답할 수 있도록 기여 분석 모델을 제공합니다. 대표적인 기여 분석 모델은 다음 6가지가 있습니다.

표 10-6 기여 분석 모델

| 기여 분석 모델 | 설명 |
| --- | --- |
| 데이터 기반 | 전환 데이터를 사용하여 전체 전환 경로에서 각 채널의 실제 기여도를 계산 |
| 마지막 클릭 | 직접 트래픽을 무시하고 고객이 전환하기 전에 클릭한 마지막 채널에 모든 기여도를 부여 |
| 첫 번째 클릭 | 고객이 전환하기 전에 클릭한 첫 번째 채널에 모든 기여도를 분여 |
| 선형 | 고객이 전환하기 전에 클릭한 모든 채널에 전환 기여도를 균등하게 분배 |

| | | |
|---|---|---|
| **데이ll** 위치 기반 | 첫 번째와 마지막 상호 작용에 40%의 기여도를 부여하고 나머지 20%의 기여도는 중간 상호 작용에 균등하게 분배 | |
| **네이ll** 시간 가치 하락 | 전환에 더 가까운 시간에 발생한 터치 포인트에 더 많은 기여도를 부여<br>(전환 8일 전의 클릭은 전환 1일 전의 클릭보다 절반의 기여도를 얻음) | |

## 전환 경로 보고서

[전환 경로] 보고서는 고객의 여정에서 각 매체가 어떤 역할을 하는지 데이터로 확인하고 마케팅 전략을 최적화할 때 주로 사용합니다. 즉, 브랜드와 사이트를 알리는 것이 중요한 인지 단계에서 집중할 마케팅 채널과 구매 등 실제 성과가 필요한 단계에서 필요한 채널을 확인할 수 있습니다.

**그림 10-42** 전환 경로 보고서

일반적으로 디스플레이 배너와 같은 매체는 유입량은 많지만 해당 방문에서 구매가 바로 일어나는 일은 드뭅니다. 반면에 키워드 광고나 자연 키워드 유입은 목적을 가지고 사이트에 들어오는 경우가 많아 전환이 일어날 확률이 훨씬 높은 편입니다. 이런 식으로 소셜 네트워크 서비스나 이메일 등의 역할도 파악해 볼 수 있습니다.

전환 경로 보고서는 주로 기본 보고서 중 획득 보고서와 함께 쓰이는데, 획득 보고서에서는 해당 유입 매체를 통해 들어온 방문에서 일어난 전환만 볼 수 있지만, 전환 경로 보고서에서는 꼭 해당 방문이 아니더라도 이후에 전환이 일어났을 때 이전 매체들의 간접 기여 성과까지 확인할 수 있습니다. 이를 통해 각 광고 매체의 가치와 성과를 다양한 관점으로 파악해 볼 수 있습니다.

---

**잠깐 퀴즈**

**전환 데이터를 사용하여 전체 전환 경로에서 각 채널의 실제 기여도를 계산하는 기여 모델은 무엇일까요?**

① 데이터 기반 모델

② 마지막 클릭 모델

③ 시간 가치 하락 모델

정답 ①

---

# 탐색 분석하기

기존 UA 버전에서는 사용자가 직접 보고서를 만들 수 있는 맞춤 보고서를 제공했는데, GA4에서는 단순히 데이터를 조회하는 것뿐만 아니라 이를 통해 인사이트를 발견할 수 있도록 더 업그레이드된 탐색 분석을 제공합니다. 이번 장에서는 GA4에서 가장 유용하다고 할 수 있는 탐색 분석 기능을 살펴봅니다.

학습
목표

• 탐색 분석이 무엇인지 이해한다.
• 탐색 분석 보고서를 만들어 본다.
• 탐색 분석 활용법을 배운다.

# 11-1 | 탐색 분석 기법

UA에서 맞춤 보고서 기능을 통해 내가 원하는 측정 기준과 항목으로 보고서를 구성할 수 있었다면, GA4에서는 총 7가지의 인사이트를 얻을 수 있는 탐색 분석을 제공합니다. 탐색 분석은 측정 기준과 항목을 넣고 **빼면서** 분석하는 기법을 의미합니다. 맞춤 보고서 형태이지만 GA4에서는 '탐색 분석'이라고 합니다. 탐색 분석을 사용하면 기본 보고서에서 사용할 수 없는 데이터와 분석 기법에 접근할 수 있으며, 데이터를 심도 있게 살펴보고 데이터와 관련된 복잡한 질문에 대한 답을 찾을 수 있습니다.

탐색 분석 화면은 애널리틱스의 왼쪽 메뉴에서 **[탐색]**을 클릭하면 보입니다. 여기서 오른쪽 위의 **[템플릿 갤러리]**를 클릭하면 7가지 분석 템플릿을 확인할 수 있습니다. 하나씩 살펴보겠습니다.

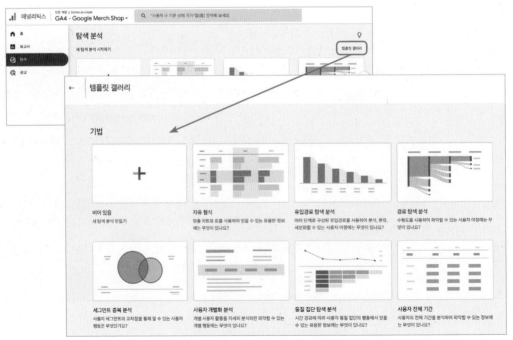

그림 11-1 탐색 분석의 템플릿 갤러리

## 자유 형식

자유 형식은 총 7개의 분석 기법 가운데 가장 많이 사용됩니다. 자유 형식은 평범한 표와 차트 형태입니다. 테이블, 도넛 차트, 선 차트, 분산형 차트, 막대 그래프, 지역 지도 등을 활용할 수 있으며, 특히 테이블은 자유도가 가장 높아 데이터를 조회하기에 좋습니다. 또한 선 차트를 이용하면 이전 기간과 비교해 데이터의 변화를 감지할 수 있는 기능도 제공합니다.

그림 11-2 자유 형식 예

## 유입 경로 탐색 분석

유입 경로 탐색 분석은 마케팅 분야에서 **퍼널 분석**<sup>funnel analysis</sup>*과 같습니다. 사용자의 첫 방문부터 의도한 페이지에 방문한 후 구매까지 각 단계를 시각화하고 단계별로 이벤트를 완료하여 다음 단계로 넘어갔는지 또는 이탈했는지를 확인할 수 있습니다. UA의 전환, 목표 보고서의 유입 경로 시각화와 비슷한 개념으로 이해할 수 있습니다. 하지만 목표 설정을 따로 하지 않아도 데이터를 볼 수 있는 만큼 UA보다 자유도가 높다고 볼 수 있습니다.

\* 퍼널 분석이란 고객이 유입되고 전환에 이르기까지 주요 단계를 수치로 확인하는 분석 방법입니다.

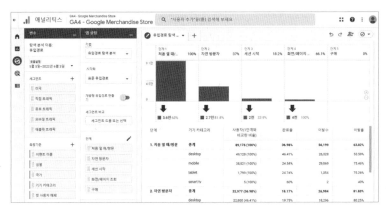

그림 11-3 유입 경로 탐색 분석 예

## 경로 탐색 분석

경로 탐색 분석은 사용자의 이동 흐름, 즉 여정을 확인하기 위한 그래프를 보여 줍니다. 사용자가 맨 처음 사이트에 접속한 후 바로 어떤 페이지에 방문했는지 확인할 수 있습니다. 또한 특정 페이지에 방문한 사람이 그다음에 어떤 페이지에 방문했는지를 순서대로 확인할 수 있습니다.

얼핏 보면 유입 경로 탐색 분석과 비슷하다고 느낄 수 있지만, 다양한 이동 경로의 경향성을 확인해 볼 수 있고 필요에 따라 단계별로 보고 싶은 이벤트만 자유롭게 선택해서 필터링할 수 있다는 장점이 있습니다.

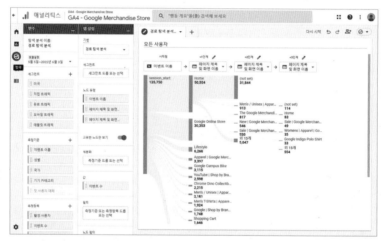

**그림 11-4** 경로 탐색 분석 예

## 세그먼트 중복 분석

세그먼트는 중요한 기능이므로 12장에서 더 자세히 알아보겠습니다. 세그먼트를 활용하면 모바일로 접속한 사용자로부터 수집된 데이터만 조회하거나 광고를 통해 들어온 사용자의 데이터만 조회하는 등의 기능을 수행할 수 있습니다.

그런데 모바일을 통해 접속한 사용자의 데이터와 광고를 통해 들어온 사용자의 데이터에 어떤 유의미한 관계가 있을까요? 이에 대한 답을 구할 때 세그먼트 중복 분석을 활용할 수 있습니다.

다음 그림은 모바일 트래픽 데이터와 유료 트래픽 데이터 세그먼트를 비교하여 서로의 관계를 확인한 예입니다. 이를 활용해 사용자에게 다시 광고를 내보낼 때 더 유의미한 세그먼트를 제작하여 광고 효과를 높여 볼 수 있습니다.

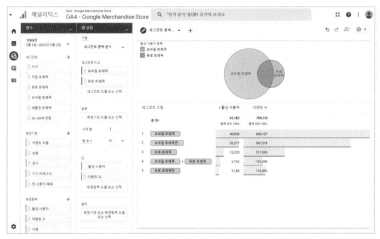

**그림 11-5** 세그먼트 중복 분석 예

## 사용자 개별화 분석

사용자 개별화 분석은 사용자 한 명 한 명에 대한 직접적인 데이터를 분석하는 기법입니다. UA에서 비슷한 기능으로는 '사용자 탐색기'가 있습니다.

**그림 11-6** 사용자 개별화 분석 예

이 분석에서는 앱 인스턴스 ID라는 사용자 아이디(CID)가 직접 출력되고 사용자별로 측정 항목을 붙일 수 있습니다. 아쉽게도 측정 기준은 추가하지 못하지만 필터를 사용할 수 있고 세그먼트를 활용할 수 있습니다. 인스턴스 아이디를 클릭하면 다음 그림처럼 해당 고객이 발생시킨 이벤트를 모두 확인할 수 있습니다. 사용자 개별화 분석은 잘못 수집되고 있는 데이터 등을 파악하기에 좋지만, 분석보다는 오류를 찾을 때 주로 사용하다 보니 활용도가 낮습니다.

**그림 11-7** 인스턴스 아이디를 클릭하여 해당 고객이 발생시킨 이벤트 확인

## 동질 집단 탐색 분석

동질 집단 탐색 분석은 우리가 흔히 이야기하는 **코호트 분석**<sup></sup>cohort analysis\*입니다. 이 분석으로는 공통된 특징을 가진 사용자를 그룹화하여 시간의 흐름에 따라 집단의 행동 양상을 파악할수 있습니다. 예를 들어 모바일 앱을 처음 설치한 고객이 보통 어느 정도가 경과한 뒤에 앱을실행하는 횟수가 현저히 줄어드는지 확인하여 마케팅활동 시점을 정할 수 있습니다.

\* 코호트 분석이란 행동 분석 방법의 하나로, 같은 기간 동안 같은 특성을 가진 사람을 모아 분석하는 것을 의미합니다.

**그림 11-8** 동질 집단 탐색 분석 예

## 사용자 전체 기간

사용자 전체 기간은 조금 특수한 분석입니다. 해당 분석으로는 사용자가 사이트에 접속한 뒤전체 기간 동안의 사용자 정보를 파악할 수 있습니다. 보고서 이름이 '전체 기간'이라고 표현하고 있지만 기준이 되는 날짜에 접속한 고객에 한해서만 분석이 이뤄집니다.

예를 들어 한분석 대리가 2023년 9월 3일에 사이트에 접속했다고 가정하겠습니다. 그러면 사용자 전체 기간 분석에서 보고서 날짜를 2023년 9월 3일로 지정할 경우 해당 기간에 접속했던 사용자에 한분석 대리가 포함됩니다. 이 집계 방식에 따라 만약 한분석 대리가 9월 4일에는 접속하지 않았는데, 보고서 날짜를 9월 4일로 지정하면 한분석 대리의 접속 데이터는 보고서에 포함되지 않습니다.

이 보고서는 기준이 되는 기간 내에 접속한 고객이 처음 사이트에 접속한 뒤로 지금까지 수집된 모든 데이터를 분석한 정보를 보여 줍니다. 다만 사용자 범위에서 활용할 수 있는 몇몇 측정 기준, 항목만을 활용할 수 있습니다.

예를 들어 전체 세션 수 평균이나 구매 횟수 평균, 그리고 생애 가치라 부르는 LTV<sup>life time value</sup>* 평균 등을 확인할 수 있습니다. 이를 통해 사용자가 가진 종합적인 스코어링이나 비즈니스적 가치를 구할 수 있는 심화 분석이 가능합니다.

> \* LTV란 구매 금액, 횟수 등 여러 데이터를 활용해 사용자의 가치를 계산하는 방법입니다. GA4에서 제공하는 측정 항목이지만 잘 사용하지는 않습니다.

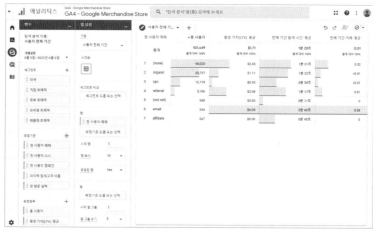

그림 11-9 동사용자 전체 기간 예

**다음 중 탐색 분석의 기법이 <u>아닌</u> 것은?**

① 경로 탐색 분석

② 동질 집단 탐색 분석

③ 회귀 분석

정답 ③

# 11-2 | 탐색 분석 화면 익히기

지금까지 탐색 분석의 7가지 기법을 간략하게 알아보았습니다. 이어서 탐색 분석의 화면 구성을 알아보겠습니다. 탐색 분석의 화면 구조는 생각보다 복잡하지 않습니다. 크게 [변수], [탭 설정], [캔버스]로 나눕니다. GA4의 측정 기준과 항목만 잘 알고 있고 탐색 분석 기법을 이해하고 있다면 손쉽게 사용할 수 있습니다.

그림 11-10 탐색 분석 화면 기본 구조

❶ 탐색 분석의 이름을 변경할 수 있습니다. [탐색] 메뉴를 클릭했을 때 표시되는 이름이 변경됩니다.

❷ 현재 사용하고 있는 탐색 분석의 기준 날짜를 변경할 수 있습니다. 단순히 날짜를 변경하는 것뿐만 아니라 다른 날짜와의 비교 기능도 사용할 수 있습니다. 기본 UI는 GA4의 날짜 선택과 같습니다.

❸ 세그먼트를 생성할 수 있습니다. 오른쪽 위의 더하기 아이콘(+)을 클릭해 세그먼트를 생성하면 해당 세그먼트가 목록에 출력되는데, 출력된 세그먼트는 바로 보고서에 적용되는 것이 아니라 보고서에 사용할 수 있도록 대기합니다. 세그먼트에 대한 자세한 내용은 12장에서 배웁니다.

❹ 측정 기준 목록입니다. 오른쪽 위의 더하기 아이콘(＋)을 클릭하면 GA4의 측정 기준을 가져올 수 있습니다. 가져온 측정 기준은 세그먼트와 동일하게 바로 보고서에 적용되는 것이 아니라 사용할 수 있도록 추가해 놓는 개념입니다.

❺ 측정 항목 목록입니다. 측정 기준과 동일하게 더하기 아이콘(＋)을 클릭하면 GA4의 측정 항목을 가져올 수 있으며 보고서에 적용할 수 있는 형태로 추가됩니다.

❻ 본격적으로 보고서를 구성하기 위한 탭입니다. 3, 4, 5번에서 추가한 세그먼트와 측정 기준, 측정 항목을 탭 설정에서 활용할 수 있습니다. 탭은 분석 기법에 따라 형태가 조금씩 다르지만 분석 기법을 이해하면 손쉽게 활용할 수 있습니다. 탭 설정을 활용하는 방법은 각각의 분석 기법을 실습할 때 살펴보겠습니다.

❼ 하나의 탐색 분석에 여러 개의 분석 탭을 추가할 수 있습니다. 간단히 이야기하면 보고서를 추가할 수 있는 기능입니다. 만약 보고서를 여러 개로 구성하고 싶으면 더하기 탭(＋)을 클릭해 추가할 수 있습니다.

❽ 현재 진행 중인 작업을 실행 취소·재실행하거나 데이터 내보내기, 탐색 분석 공유 등을 할 수 있습니다. 혹시 기능이 제대로 작동하지 않는다면 더 상위 권한이 필요할 수도 있습니다. 또한 샘플링 여부를 확인할 수 있습니다.

❾ 모든 작업을 통해 생성된 보고서가 이 영역에 출력됩니다.

---

잠깐 **퀴즈**

다음 중 탐색 분석에서 실제 측정 기준과 항목을 이용해 보고서를 만드는 영역의 이름은?

① 변수

② 탭 설정

③ 자유 형식

정답 ②

---

# 11-3 | 탐색 분석 보고서 만들기

지금까지 탐색 분석 기법과 화면 구성을 살펴봤습니다. 이제 탐색 분석을 실습해 보겠습니다. 여기서는 총 7가지 탐색 분석 기법 가운데 '사용자 개별화 분석'과 '사용자 전체 기간'은 제외하고 실무에서 자주 사용하는 나머지 5가지 기법을 실습해 보겠습니다.

**Do it! 실습** ▶ **구글로 접속한 사용자는 어느 페이지에 가장 많이 도달했을까?**

우리의 비즈니스 목표에 더 많은 사용자가 도달하도록 만들려면 사용자의 행동 패턴을 알아내야 합니다. 예를 들어 사이트에서 이벤트를 진행하고 있는데 더 많고 질 좋은 유입을 만들고 싶다고 가정해 보겠습니다. 그러면 이벤트 페이지에 많이 접속하거나 응모한 사용자가 많이 접속한 매체에 광고를 더 많이 집행하는 것이 효율적일 수 있습니다. 이러한 내용을 확인할 수 있는 탐색 분석을 만들어 보겠습니다.

**01 단계** 먼저 GA4 데모 계정으로 접속한 후 계정 선택기를 클릭하여 [GA4 − Google Merch Shop] 속성을 선택합니다. 그리고 왼쪽 메뉴에서 [**탐색**]을 클릭하고 탐색 분석 화면에서 첫 번째 항목인 [➕ **비어 있음**]을 클릭합니다.

그림 11-11 탐색 분석 메뉴

**02 단계**　[변수] 탭에서 기간*을 설정하고 측정 기준 오른쪽의 더하기 아이콘(+)을 클릭합니다.

\* 데모 계정에서 실습할 때는 기간에 따라 데이터가 조회되지 않을 수 있으므로 데이터가 조회되는 기간으로 조정바랍니다. 이후 실습에서도 마찬가지입니다.

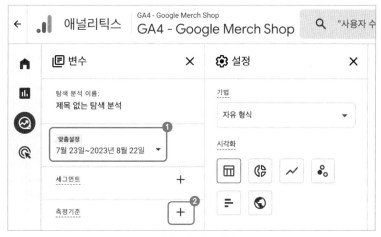

그림 11-12 날짜 설정

측정 기준 선택 화면에서 [트래픽 소스 → **세션 소스/매체**]와 [페이지/화면 → **페이지 제목**]을 체크한 뒤 [**가져오기**]를 클릭합니다. 측정 기준을 검색해서 찾을 수도 있습니다.

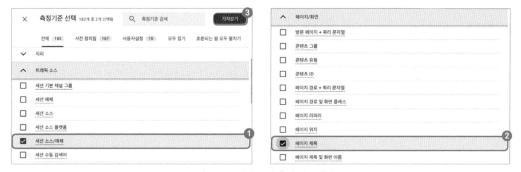

그림 11-13 탐색 분석 측정 기준 추가

**03 단계**　같은 방법으로 측정 항목도 추가합니다. [총 사용자], [세션수], [이벤트 수], [조회수], [사용자당 조회수]를 선택합니다.

그림 11-14
탐색 분석 측정 항목 추가

**04 단계** [변수] 탭의 측정 기준에서 [세션 소스/매체]를 클릭한 채로 끌어서 [설정] 탭의 '열'로 옮기고, [페이지 제목]은 '행'으로 옮깁니다. 같은 방법으로 측정 항목에서는 [세션 수], [사용자당 조회수], [조회수]를 끌어서 [설정] 탭의 '값'으로 옮깁니다.

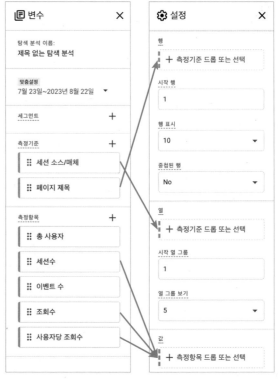

그림 11-15 행, 열, 값 설정

**05 단계** [설정] 탭에서 '필터'를 클릭한 후 [세션 소스/매체]를 선택합니다. 그런 다음 조건에서 일치 유형을 [다음과 정확하게 일치]로 선택하고, 정규식 입력란에서 [google / organic]을 선택한 후 〈적용〉을 클릭합니다. 'g'까지만 입력해도 펼침 메뉴가 나타나므로 찾아서 선택하면 됩니다. 그러면 오른쪽 보고서에서 google / organic만 표시되는 것을 확인할 수 있습니다. 이런 식으로 데이터를 걸러서 볼 수 있습니다.

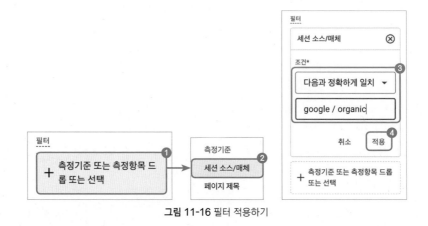

그림 11-16 필터 적용하기

**06 단계** 필터까지 적용한 후 보고서를 확인해 보면 google / organic으로 접속한 사용자가 가장 많이 방문한 페이지를 파악할 수 있습니다. 이것으로 구글 자연 검색으로 유입된 사용자의 페이지 제목별 세션 수, 사용자당 조회 수, 조회 수를 표로 만들어 보았습니다.<sup>*</sup>

* 보고서에서 페이지 제목이 '(not set)'으로 출력되는 것은 잘못 수집된 데이터이므로 무시해도 좋습니다.

| 세션 소스/매체 | google / organic | | | 총계 | | |
| 페이지 제목 | 사용자당 조회수 | 이벤트 수 | 세션수 | 사용자당 조회수 | 이벤트 수 | ↓세션수 |
|---|---|---|---|---|---|---|
| **총계** | 8.53 평균과 동일 | 284,525 총계 대비 100.0% | 15,700 총계 대비 100.0% | 8.53 평균과 동일 | 284,525 총계 대비 100.0% | 15,700 총계 대비 100.0% |
| 1 (not set) | 0.42 | 22,404 | 9,601 | 0.42 | 22,404 | 9,601 |
| 2 Home | 3.42 | 55,742 | 3,437 | 3.42 | 55,742 | 3,437 |
| 3 Apparel \| Google Merchandise Store | 3.23 | 12,926 | 1,861 | 3.23 | 12,926 | 1,861 |
| 4 Men's / Unisex \| Apparel \| Google Merchandise Store | 3.94 | 12,203 | 1,619 | 3.94 | 12,203 | 1,619 |
| 5 YouTube \| Shop by Brand \| Google Merchandise Store | 3.17 | 12,127 | 1,543 | 3.17 | 12,127 | 1,543 |
| 6 Shopping Cart | 6.69 | 16,476 | 1,421 | 6.69 | 16,476 | 1,421 |
| 7 Sale \| Google Merchandise Store | 3.69 | 9,146 | 1,231 | 3.69 | 9,146 | 1,231 |
| 8 Bags \| Lifestyle \| Google Merchandise Store | 2.92 | 8,236 | 1,230 | 2.92 | 8,236 | 1,230 |
| 9 New \| Google Merchandise Store | 3.19 | 5,829 | 967 | 3.19 | 5,829 | 967 |
| 10 Drinkware \| Lifestyle \| Google Merchandise Store | 3.21 | 6,161 | 921 | 3.21 | 6,161 | 921 |

**그림 11-17** 완성된 보고서

## 보고서 활용하기

이 보고서를 이용하면 사용자가 네이버에서 접속했을 때와 구글에서 접속했을 때 어느 페이지에 가장 많이 접근하는지 확인할 수 있습니다. 또는 다음 그림처럼 행과 열의 측정 기준을 설정하고 페이지 제목을 Home으로 필터링하면 소스/매체별 홈 페이지에 접근한 트래픽을 볼 수도 있습니다.

같은 방법으로 홈이 아닌 이벤트 페이지를 필터링하면 어느 소스/매체를 통해 이벤트 페이지에 가장 많이 도달하는지 알 수 있습니다. 이처럼 탐색 분석을 이용하면 [변수]와 [설정] 탭의 값을 바꿔 가며 맞춤 분석을 해볼 수 있습니다.

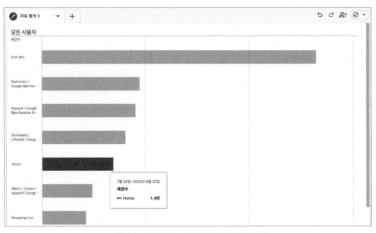

| 페이지 제목 | | Home | | |
|---|---|---|---|---|
| 세션 소스/매체 | | 사용자당 조회수 | 이벤트 수 | 세션수 |
| | **총계** | **3.27**<br>평균과 동일 | **193,509**<br>총계 대비 100.0% | **13,577**<br>총계 대비 100.0% |
| 1 | (direct) / (none) | 3.08 | 96,410 | 7,144 |
| 2 | google / organic | 3.42 | 55,742 | 3,437 |
| 3 | google / cpc | 3.03 | 12,079 | 1,187 |
| 4 | (not set) | 2.93 | 15,545 | 868 |
| 5 | sites.google.com / referral | 3.93 | 4,808 | 164 |
| 6 | support.google.com / referral | 2.73 | 2,169 | 144 |
| 7 | Newsletter_July_2023 / email | 4.31 | 1,348 | 132 |
| 8 | art-analytics.appspot.com / referral | 3.57 | 1,547 | 89 |
| 9 | googleads.g.doubleclick.net / referral | 2.13 | 729 | 85 |
| 10 | bing / organic | 2.94 | 1,403 | 79 |

**그림 11-18** 세션 소스/매체별 홈 페이지 트래픽

또 [설정] 탭의 '시각화'에서 도넛 차트나 선 차트, 막대 그래프로도 그려볼 수 있습니다. 보통은 표를 가장 많이 활용하지만 차트로 시각화하고 싶을 때 활용할 수 있습니다.

**그림 11-19** 막대 그래프로 나타낸 보고서

---

**잠깐퀴즈**

**'세션 소스/매체' 측정 기준은 무엇인가?**

① 사용자가 몇 번을 방문하든지 방문이 일어났을 때 사용자가 접속한 소스/매체를 의미

② 사용자가 처음으로 웹 사이트에 접속했을 때의 소스/매체를 의미

정답 ①

---

# 11-4 | 유입 경로 탐색 분석

이번에는 '유입 경로 탐색 분석'을 알아보겠습니다. 유입 경로 탐색 분석은 회원가입이나 결제 등의 과정에서 가장 많은 사용자가 이탈하는 지점을 퍼널 형태로 조회할 수 있습니다.

전자상거래 사이트의 메인 페이지 상단에는 주요 제품을 홍보하거나 현재 진행 중인 프로모션을 배너 형태로 노출하는 경우가 많습니다. 아무래도 사이트에 들어왔을 때 주목도가 가장 높은 곳이기 때문입니다. 따라서 마케터나 운영 담당자는 배너의 성과를 파악하고 이를 기반으로 가장 효과가 좋은 제품이나 콘텐츠를 노출시키는 일이 중요합니다.

그렇다면 배너의 성과는 어떻게 측정할 수 있을까요? 우선 일차적으로 해당 배너를 클릭하는 이벤트를 설정하여 얼마나 많은 클릭 이벤트가 발생했는지 측정해 볼 수 있습니다. 그리고 더 세부적으로는 해당 배너를 클릭한 후 구매까지 어떻게, 얼마나 연결되었는지를 살펴봐야 합니다. 그래야지만 배너의 성과를 제대로 측정할 수 있습니다.

### Do it! 실습 ▶ 사이트에서 프로모션 배너를 본 후 얼마나 많이 구매까지 연결될까?

여기서는 유입 경로 탐색 분석 기법을 활용해 프로모션 배너의 전환 성과를 어떻게 확인할 수 있는지 알아보겠습니다. GA4 데모 데이터로 홈페이지의 'Summer campaign' 배너를 클릭한 후 '제품 상세 보기 → 장바구니 담기 → 최종 구매'까지 이어지는 유입 경로 단계별 현황을 파악해 볼 것입니다.

**01 단계** 먼저 GA4 데모 계정으로 접속한 후 계정 선택기를 클릭하여 [GA4 – Google Merch Shop] 속성을 선택합니다. 그리고 왼쪽 메뉴에서 **[탐색]**을 클릭하고 탐색 분석 화면에서 첫 번째 항목인 [➕ 비어 있음]을 클릭합니다.

그림 11-20 탐색 분석 메뉴

참고로 [탐색] 메뉴에서 템플릿 갤러리에 있는 [유입경로 탐색 분석]을 선택해도 되지만, 그렇게 하면 구글이 기본으로 제공하는 측정 기준과 항목 등이 미리 입력되어 있습니다. 보통은 사용하지 않으므로 [비어 있음]으로 시작하기를 추천합니다.

**02 단계** 탐색 분석이 시작되면 [설정] 탭의 '기법'에서 **[유입경로 탐색 분석]**을 클릭합니다. 그리고 [변수] 탭에서 날짜를 지정합니다.

그림 11-21 기법과 날짜 설정

**03 단계** [설정] 탭에서 '단계' 옆의 연필 아이콘(✏)을 클릭합니다. 만약 미리 추가된 단계가 있으면 삭제 아이콘(⊗)을 클릭해 삭제합니다.

그림 11-22 단계 추가

1단계 오른쪽의 단계명 입력란에 **"프로모션 클릭"**을 입력합니다. 그리고 [새 조건 추가]를 클릭하면 단계를 정의할 수 있는 이벤트와 측정 기준이 나옵니다. 이 중 [이벤트 → select_promotion]을 선택합니다. 측정 기준 아래에도 이벤트가 있으니 헷갈리지 않도록 주의합니다.

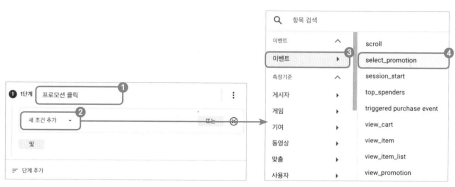

그림 11-23 단계 정의

이어서 [매개변수 추가]를 클릭하고 상세 조건을 지정합니다. 이벤트 매개변수에서 [맞춤 → promotion_name]을 선택한 후 **포함** 조건으로 "summer campaign"을 입력하고 〈적용〉을 클릭합니다.

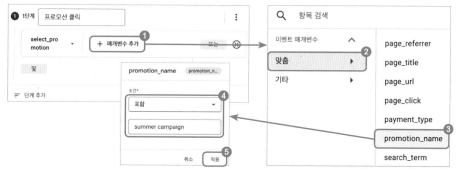

그림 11-24 이벤트 매개변수 조건 설정

**04 단계**　같은 방법으로 [**단계 추가**]를 클릭한 후 다음 표를 참고해 2~4단계를 정의합니다. 2 단계 제품 상세 보기에서 시간 제한은 '이후 단계' 오른쪽의 🚫 아이콘을 클릭해 설정합니다. 이는 summer campaign에 대한 `select_promotion` 이벤트 발동 이후 2분 내에 `view_item` 이벤트를 발동시킨 사용자의 데이터만 포함하겠다는 의미입니다.

표 11-1 단계 정의

| 단계 | 단계명 | 이벤트명 | 시간 제한 | 매개변수 |
|------|--------|----------|-----------|----------|
| 1단계 | 프로모션 클릭 | `select_promotions` | - | promotion_name이 summer campaign을 포함함 |
| 2단계 | 제품 상세 보기 | `view_item` | 2분 | - |
| 3단계 | 장바구니 담기 | `add_to_cart` | - | - |
| 4단계 | 구매하기 | `purchase` | - | - |

모두 입력했으면 마지막으로 오른쪽 위의 [적용]을 클릭합니다.

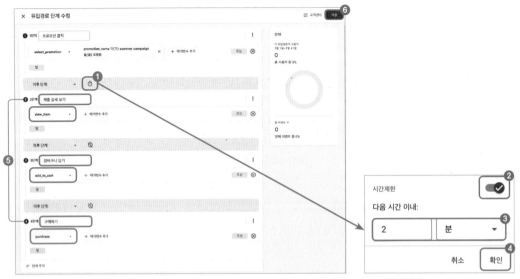

그림 11-25 단계 추가하기

**05 단계**  보고서의 데이터를 살펴보면 구매까지 연결된 전환율은 해당 배너를 클릭한 전체 사용자의 약 3.7% 정도입니다. 배너를 클릭하고 제품 상세 보기로 넘어갈 때는 비교적 이탈률이 낮으나, 장바구니 담기에서 구매하기로 넘어갈 때는 83.4%의 높은 이탈률을 보이는 것을 확인할 수 있습니다. 그렇다면 구매 과정에서 고객 경험상 문제가 없는지 한번 살펴봐야 합니다.

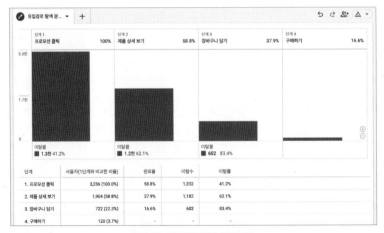

그림 11-26 분석 결과 살펴보기

**06 단계**  데이터를 더 상세하게 살펴보기 위해 기기 카테고리 측정 기준을 세분화 기준으로 적용해 보겠습니다. 우선 [변수] 탭에 있는 '측정 기준'에서 **기기 카테고리**를 추가한 다음, [설정] 탭의 '세분화' 옵션에 해당 기준을 옮겨 놓습니다.

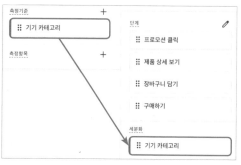

그림 11-27 세분화 설정하기

그러면 표 영역의 데이터가 세분화 기준에 맞춰 나뉘는 것을 확인할 수 있습니다.

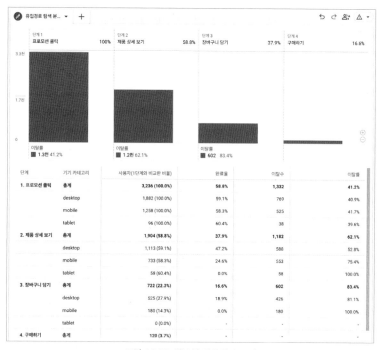

그림 11-28 세분화 적용된 보고서

## 보고서 활용하기

이렇게 만든 유입 경로 보고서에서 설정 기준을 바꿔 가며 다양하게 분석해 볼 수 있습니다. 예를 들어 1단계에서 summer campaign 외에 다른 프로모션 이름을 넣어서 단계별 전환율을 살펴볼 수 있습니다. 또한 회원가입 단계 등 다른 경로도 만들어 볼 수 있으며 목적에 따라서는 세분화 옵션이나 세그먼트 비교 옵션으로 기기 카테고리가 아닌 유입 채널 정보를 적용해 또 다른 인사이트를 얻을 수도 있습니다.

## 세그먼트 분석

앞서 만든 보고서에 세그먼트를 추가할 수 있습니다. 다음 그림에서는 데스크톱 사용자와 모바일 사용자라는 세그먼트를 적용한 예를 보여 줍니다.

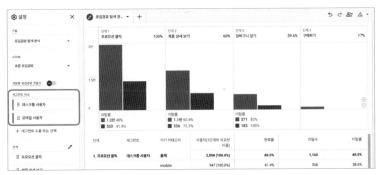

그림 11-29 세그먼트 적용 예

세그먼트를 적용하자 보고서의 막대가 2개로 나뉘는 것을 확인할 수 있습니다. 파란색은 데스크톱으로 접속한 사용자를 보여 주고, 보라색은 모바일로 접속한 사용자를 보여 줍니다. 이런 식으로 세그먼트를 활용하면 더 다채로운 데이터를 확인할 수 있습니다. 세그먼트는 12장에서 자세하게 설명하고 실습합니다.

## 시각화 옵션

유입 경로 보고서를 보면 [설정] 탭에 '시각화' 옵션이 있습니다. 시각화 옵션에서는 유입 경로를 [표준 유입경로]나 [인기 유입경로]로 설정할 수 있는데, 인기 유입 경로로 설정하면 막대가 아닌 선 그래프를 확인할 수 있습니다. 이는 설정한 기간의 퍼널을 선으로 보여 주는 기능입니다.

그림 11-30 시각화 옵션

또한 [개방형 유입경로 만들기]라는 스위치가 있는데 이스위치를 켜면 경로가 개방형으로 바뀝니다. 폐쇄형과 개방형의 차이는 다음과 같습니다. 보통은 폐쇄형을 활용하지만 필요하다면 개방형도 활용해 볼 수 있습니다.

- **폐쇄형**: 유입 경로 탐색의 기본 설정으로 1단계를 거쳐야만 2단계가 집계되는 방식을 말합니다. 1단계를 거치지 않고 2단계로 바로 유입된 데이터는 집계되지 않습니다.
- **개방형**: 1단계를 거치지 않고 2단계로 바로 유입되더라도 집계됩니다. 따라서 퍼널이 역전될 수 있습니다.

그림 11-31 개방형 유입 경로 만들기 스위치

## 보고서에서 세그먼트 만들기

탐색 분석에서 세그먼트를 만들어 이탈한 사용자에 대해 분석하는 등 더 심도 있는 분석을 진행할 수 있습니다. 이는 잠재 고객과 이어지는데 잠재 고객은 구글 애즈로 사용자 모수를 보내 마케팅을 진행할 수 있는 기능을 제공합니다. 예를 들어 이탈한 사용자의 세그먼트를 만들면 장바구니에는 방문했지만 최종 구매는 하지 않은 사용자에게 마케팅 활동을 할 수 있습니다.

그래프의 막대기나 아래쪽의 이탈률 부분에서 마우스 오른쪽 버튼을 클릭하면 세그먼트를 만들 수 있습니다. 잠재고객에 대한 자세한 내용은 「12-3」절에서 배우도록 하고 여기서는 보고서에서 바로 세그먼트를 만들 수 있다는 사실만 알고 넘어가겠습니다.

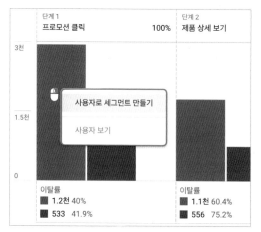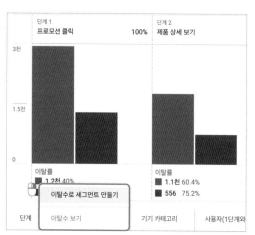

그림 11-32 그래프에서 세그먼트 만들기 예

---

**잠깐 퀴즈**

**유입 경로 탐색 분석에서 데이터를 세분화하여 나눠볼 때 사용하는 옵션이 <u>아닌</u> 것은?**

① 세그먼트 비교

② 필터

③ 세분화

정답 ②

---

# 11-5 | 동질 집단 탐색 분석

디지털 광고의 목적은 신규 사용자를 유치하고 제품이나 서비스를 매력적으로 소개해서 관심을 끄는 데 있습니다. 그리고 관심을 얻는 데 성공하면 일회성으로 그치지 않고 지속해서 브랜드와 상호 작용할 수 있도록 많은 노력을 기울여야 합니다. 단순히 구매를 넘어 충성도 있는 고객을 만드는 것이 점점 더 중요해지고 있기 때문입니다.

그렇다면 사용자들의 지속적인 상호 작용을 어떻게 측정하고 모니터링하여 이를 개선으로 연결할 수 있을까요? 이때 일반적으로 많이 쓰는 방법이 바로 코호트 분석입니다. **코호트 분석**cohort analysis은 특정 조건의 사용자 그룹을 지정해 놓고 일정한 주기로 해당 그룹의 사용자들이 재방문이나 재구매하는지 수집하여 유지율을 구하는 방법입니다. GA4에서는 이러한 분석을 쉽게 할 수 있도록 **동질 집단 탐색 분석** 기법을 제공합니다. 이를 통해 특정 기간과 조건의 사용자 그룹을 대상으로 유지율을 비교해 봄으로써 주요 인사이트를 얻을 수 있으며, 고객의 여정상 재구매나 재방문 주기 등을 살펴볼 수도 있습니다.

**Do it! 실습** ▶ 특정 조건의 사용자 그룹은 어떻게 정의하고 유지율을 분석할까?

지금부터 동질 집단 탐색 분석 기법으로 유입 채널에 따른 사용자의 유지율을 알아보겠습니다. GA4 데모 데이터로 이벤트와 거래 기준의 유지율을 나눠서 살펴보겠습니다. 동질 집단 분석은 조건에 따라 결과가 크게 달라지므로 조건의 의미를 정확히 파악하는 데 주의를 기울여야 합니다.

**01 단계** 먼저 GA4 데모 계정으로 접속한 후 계정 선택기를 클릭하여 [GA4 – Google Merch Shop] 속성을 선택합니다. 그리고 왼쪽 메뉴에서 [탐색]을 클릭하고 탐색 분석 화면에서 첫 번째 항목인 [➕ 비어 있음]을 클릭합니다.

그림 11-33 탐색 분석 메뉴

**02 단계** 탐색 분석이 시작되면 [설정] 탭의 '기법'에서 [동질 집단 탐색 분석]을 클릭합니다. 그리고 [변수] 탭에서 기간을 설정합니다.

그림 11-34 기법 및 날짜 설정

**03 단계** [설정] 탭에서 '동질 집단 포함' 조건으로 [첫 번째 터치(획득일)]를 선택합니다. 그러면 기준 기간 내에 처음 방문한 사람들이 하나의 동질 집단으로 구성됩니다. 포함 조건으로 첫

번째 터치 외에도 [이벤트], [거래], [전환] 그리고 세부 이벤트를 지정할 수 있습니다. 만약 [거래]를 선택한다면 사이트에 접속한 이후 맨 처음 거래한 사용자들이 하나의 동질 집단으로 구성됩니다. 원래 UA 버전에서는 첫 번째 터치와 동일한 의미인 '신규 사용자'라는 조건으로만 동질 집단을 구성할 수 있었지만, GA4에서 조건이 다양해졌습니다.

그림 11-35 동질 집단 포함 조건 선택

'재방문 기준'에서는 [거래]를 선택합니다. '동질 집단 포함' 조건과 유사하게 [이벤트], [거래], [전환] 그리고 세부 이벤트를 지정할 수 있습니다. 재방문 기준은 동질 집단으로 묶인 전체 사용자를 어떤 기준으로 걸러서 볼 것인지와 관련이 있습니다. 즉, 앞선 단계와 연결해서 생각해 보면 기준 기간(일이나 주, 월) 내에 처음 들어왔으면서 거래도 일어난 사용자를 대상으로 이후 거래가 유지되는지를 확인하겠다는 의도입니다. 참고로 '재방문 기준'에서 [이벤트]를 선택하면 GA4에서는 세션 시작도 하나의 이벤트로 처리하므로 처음 방문한 모든 사용자의 이후 방문을 추적합니다. 일반적으로 사용자 유지율은 재방문을 기준으로 하므로 이때는 [이벤트]를 선택합니다.

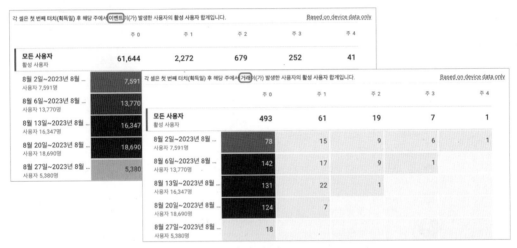

그림 11-36 재방문 기준에 따른 결과 차이(이벤트 vs. 거래)

**04 단계** '동질 집단 세분화'는 집계하는 기준 기간을 설정합니다. 일별, 주별, 월별 조건을 설정할 수 있으며, 비즈니스 특성에 맞게 선택하면 됩니다. 예를 들어 매일 사용해야 하는 앱은 일별로, 생필품을 판매하는 전자상거래의 경우 주별로 설정할 수 있습니다. 여기서는 [주별]을 선택합니다.

'계산'은 기간별 수치를 어떻게 집계할 것인지 설정합니다. [일반]은 앞에서 정한 조건을 갖춘 동질 집단 사용자들이 해당 기간 내에 얼마나 포함되어 있는지 집계하는 방식입니다. 여기서는 [일반]을 선택합니다. [최근]은 최초 접속부터 단계별로 모두 접속한 사람만 집계합니다. 매일 또는 매주 꾸준한 유지율을 보이는 사용자를 파악할 때 사용합니다. [누적]은 이전 기간의 수치를 누적 계산합니다. 동질 집단을 대상으로 특정 기간 이후의 성과나 가치를 합쳐서 파악할 때 유용합니다.

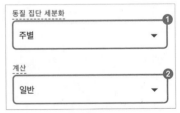

그림 11-37
동질 집단 세분화와 계산 조건 선택

**05 단계** '세분화'엔 GA4의 측정 기준을 넣어서 전체 동질 집단을 측정 기준에 따라 나눠서 파악할 수 있습니다. [변수] 탭의 '측정 기준'에서 [기기 카테고리]를 추가하고 [설정] 탭의 '세분화'에 옮겨 놓습니다.

결과를 보면 설정한 기간 내에 처음 들어와 구매한 동질 집단에서 데스크톱 사용자들의 거래 유지율이 유독 높은 것을 발견할 수 있습니다.

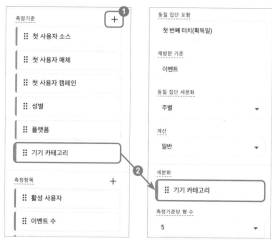

그림 11-38 세분화 조건 선택

각 셀은 첫 번째 터치(획득일) 후 해당 주에서 거래이(가) 발생한 사용자의 활성 사용자 합계입니다.

| | 주 0 | 주 1 | 주 2 | 주 3 | 주 4 | 주 5 |
|---|---|---|---|---|---|---|
| **모든 사용자**<br>활성 사용자 | 638 | 111 | 66 | 46 | 32 | 11 |
| 7월 1일~2023년 7월 ...<br>사용자 2,161명 | 11 | 2 | 2 | 0 | 0 | 0 |
| smart tv<br>사용자 1명 | 0 | 0 | 0 | 0 | 0 | 0 |
| tablet<br>사용자 126명 | 0 | 0 | 0 | 0 | 0 | 0 |
| desktop<br>사용자 461명 | 6 | 0 | 0 | 0 | 0 | 0 |
| mobile<br>사용자 1,573명 | 5 | 2 | 2 | 0 | 0 | 0 |
| 7월 2일~2023년 7월 ...<br>사용자 13,363명 | 106 | 18 | 12 | 8 | 3 | 3 |
| smart tv<br>사용자 1명 | 0 | 0 | 0 | 0 | 0 | |
| tablet<br>사용자 897명 | 2 | 0 | 0 | 0 | 0 | |
| desktop<br>사용자 4,025명 | 78 | 13 | 11 | 8 | 3 | 3 |
| mobile<br>사용자 8,437명 | 26 | 5 | 1 | 0 | 0 | |
| 7월 9일~2023년 7월 ...<br>사용자 14,026명 | 148 | 31 | 16 | 10 | 14 | 4 |
| smart tv<br>사용자 없음 | 0 | 0 | 0 | 0 | | |
| tablet<br>사용자 659명 | 0 | 0 | 0 | 0 | | |
| desktop<br>사용자 5,535명 | 131 | 30 | 15 | 10 | 13 | 4 |
| mobile<br>사용자 7,768명 | 17 | 1 | 1 | 0 | 1 | |

그림 11-39 기기 카테고리 세분화 조건 적용 화면

**06 단계** '값'에서는 집계할 데이터를 설정합니다. 일반적으로는 [활성 사용자]를 그대로 이용하면 되고, 필요에 따라 [거래]나 [이벤트 수] 등으로 바꿔서 이용해 볼 수도 있습니다. 여기에선 **[활성 사용자]**를 선택합니다. 그리고 '측정항목 유형'에서는 [합계]나 **[동질 집단 사용자당]**을 선택할 수 있는데, [동질 집단 사용자당]은 전체 동질 집단 대비 유지율을 한눈에 파악할 수 있으므로 이 조건으로 선택합니다.

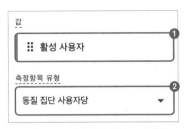

그림 11-40 값과 측정 항목 조건 선택

**07 단계** 이제 분석 목적인 유입 채널에 따른 유지율을 확인하기 위해 유입 채널을 구분할 수 있는 세그먼트를 만들어 '세그먼트 비교'에 적용하겠습니다. [변수] 탭의 '세그먼트'에서 더하기 아이콘을 클릭해 다음 그림처럼 **검색어 광고 유입**(Paid Search)과 **자연 검색어 유입**(Organic Search) 세그먼트를 만듭니다. 그러면 자동으로 '세그먼트 비교'에 추가됩니다. 각 세그먼트의 측정 기준에는 **[신규 사용자 기본 채널 그룹]**을 선택하고, 필터에는 각각 "Paid Search"와 "Organic Search"를 입력합니다.

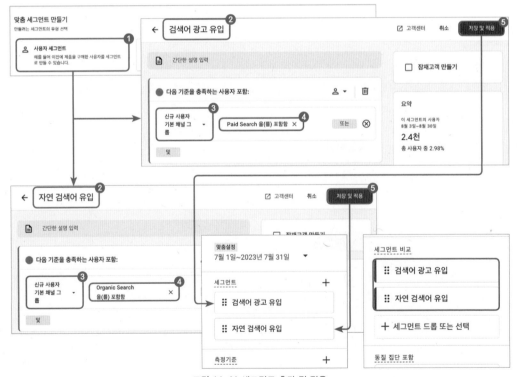

그림 11-41 세그먼트 추가 및 적용

## 보고서 활용하기

완성된 보고서를 살펴보기에 앞서 재방문 기준을 [이벤트]로 변경하고 표를 간단하게 표시하기 위해 세분화에서 [기기 카테고리]를 삭제합니다. 그러면 맨 처음 유료 검색 트래픽(Paid Search), 자연 검색 트래픽(Organic Search)으로 접속한 뒤 재방문한 사용자를 보여 줍니다. 그리고 측정 항목 유형을 [합계]와 [동질 집단 사용자당]으로 바꿔 가며 비교합니다.

각 셀은 첫 번째 터치(획득일) 후 해당 주에서 이벤트의(가) 발생한 사용자의 활성 사용자 합계입니다.

| | 주 0 | 주 1 | 주 2 | 주 3 | 주 4 | 주 5 |
|---|---|---|---|---|---|---|
| **검색어 광고 유입** 활성 사용자 | 1,470 | 24 | 16 | 17 | 9 | 10 |
| 7월 1일~2023년 7월 사용자 260명 | 260 | 7 | 0 | 5 | 1 | 1 |
| 7월 2일~2023년 7월 사용자 1,192명 | 1,192 | 17 | 15 | 12 | 8 | 9 |
| 7월 9일~2023년 7월 사용자 5명 | 5 | 0 | 0 | 0 | | |
| 7월 16일~2023년 7월 사용자 8명 | 8 | 0 | 0 | | | |
| 7월 23일~2023년 7월 사용자 4명 | 4 | 0 | | | | |
| 7월 30일~2023년 7월 사용자 1명 | 1 | | | | | |
| **자연 검색어 유입** 활성 사용자 | 7,844 | 60 | 14 | 15 | 11 | 16 |
| 7월 1일~2023년 7월 사용자 331명 | 331 | 13 | 0 | 0 | 0 | 1 |
| 7월 2일~2023년 7월 사용자 1,920명 | 1,920 | 6 | 5 | 4 | 4 | 1 |
| 7월 9일~2023년 7월 사용자 1,599명 | 1,599 | 10 | 2 | 2 | 3 | 2 |
| 7월 16일~2023년 7월 사용자 1,831명 | 1,831 | 14 | 1 | 4 | 2 | 5 |
| 7월 23일~2023년 7월 사용자 1,666명 | 1,666 | 14 | 6 | 5 | 4 | 6 |
| 7월 30일~2023년 7월 사용자 553명 | 553 | 3 | | 1 | | |

각 셀은 첫 번째 터치(획득일) 후 해당 주에서 이벤트의(가) 발생한 사용자의 활성 사용자 합계와 동일 집단 크기로 나눈 값입니다.

| | 주 0 | 주 1 | 주 2 | 주 3 | 주 4 | 주 5 |
|---|---|---|---|---|---|---|
| **검색어 광고 유입** 활성 사용자 | 100.0% | 1.7% | 1.3% | 1.2% | 0.6% | 0.7% |
| 7월 1일~2023년 7월 사용자 260명 | 100.0% | 2.7% | 0.0% | 1.9% | 0.4% | 0.4% |
| 7월 2일~2023년 7월 사용자 1,192명 | 100.0% | 1.4% | 1.3% | 1.0% | 0.7% | 0.8% |
| 7월 9일~2023년 7월 사용자 5명 | 100.0% | 0.0% | 0.0% | 0.0% | | |
| 7월 16일~2023년 7월 사용자 8명 | 100.0% | 0.0% | 0.0% | | | |
| 7월 23일~2023년 7월 사용자 4명 | 100.0% | 0.0% | 25.0% | | | |
| 7월 30일~2023년 7월 사용자 1명 | 100.0% | | | | | |
| **자연 검색어 유입** 활성 사용자 | 100.0% | 0.8% | 0.2% | 0.2% | 0.1% | 0.2% |
| 7월 1일~2023년 7월 사용자 331명 | 100.0% | 3.9% | 0.0% | 0.0% | 0.0% | 0.3% |
| 7월 2일~2023년 7월 사용자 1,920명 | 100.0% | 0.3% | 0.3% | 0.2% | <0.1% | 0.1% |
| 7월 9일~2023년 7월 사용자 1,599명 | 100.0% | 0.6% | 0.1% | 0.1% | 0.2% | 0.1% |
| 7월 16일~2023년 7월 사용자 1,831명 | 100.0% | 0.8% | <0.1% | 0.2% | 0.1% | 0.3% |
| 7월 23일~2023년 7월 사용자 1,666명 | 100.0% | 0.8% | 0.4% | 0.3% | 0.2% | 0.4% |
| 7월 30일~2023년 7월 사용자 553명 | 100.0% | 0.5% | | 0.2% | | |

**그림 11-42** 검색어 광고 유입과 자연 검색어 유입 비교(합계 vs. 동질 집단 사용자당)

데이터를 보면 자연 검색 유입으로 처음 방문한 사용자들은 매주 일정한 동질 집단 수와 재방문율을 보이고 있으며, 유료 검색으로 처음 방문한 사용자들은 2주 차에 집중되어 있어 해당 기간 광고가 집행된 것을 알 수 있습니다. 또한 유료 검색 유입자들은 이후에 자연 검색 유입보다 상대적으로 높은 재방문율을 보이기도 합니다.

일반적으로 검색 광고는 광고 지면에서 현재 상품의 탐색과 구매 과정에 있는 가망 고객들에게 노출되기 경우가 많으므로 이처럼 재방문율이 높은 편입니다. 동질 집단 분석 기법을 활용해 '브랜드 키워드 그룹 vs. 그 외 키워드 그룹'처럼 유료 검색 내에서도 세분화하여 성과를 비교해 보는 것도 좋은 방법입니다.

---

**잠깐 퀴즈** 동질 집단 분석에서 계산 조건의 하나로 특정 기간 이후의 성과나 가치를 누적으로 파악하는 데 유용한 조건은 무엇인가요?

① 최근

② 누적

③ 일반

정답 ②

---

# 11-6 │ 세그먼트 중복 분석

이번에는 2가지 이상의 세그먼트로 벤 다이어그램을 그려볼 수 있는 '세그먼트 중복 분석'을 알아보겠습니다. 이를 활용하면 세그먼트가 서로 영향을 주는지 분석할 수 있습니다.

전자상거래 사용자의 구매 제품이나 카테고리를 분석하는 일은 중요한 주제 중 하나입니다. 구매한 제품에 따라 고객의 특성을 더 명확하게 파악할 수 있으며, 이를 바탕으로 해당 사용자를 대상으로 하는 캠페인을 진행할 수 있고, 매력적인 제품을 소개해 추가적인 매출을 올릴 수도 있기 때문입니다. 더 나아가 사이트에 여러 제품 카테고리가 있을 때 2개 이상의 제품 카테고리를 구매한 고객은 우리 제품, 브랜드에 관심과 구매 의지가 높은 것으로 판단해 '우수 고객'으로 분류할 수도 있습니다. 이런 우수 고객들을 다른 부류의 고객들과 비교해 주요 차이점을 분석하고 이를 통해 개선해야 할 지표나 액션 등을 도출하면 매출과 고객의 충성도 향상에 큰 도움이 될 수 있습니다.

지금부터 탐색 분석의 '세그먼트 중복 분석' 기법을 활용해 특정 제품 카테고리의 중복 구매자가 얼마나 되는지, 단일 카테고리만 구매한 구매자와 어떤 차이가 있는지 알아보겠습니다. GA4 데모 데이터를 활용해 구글 머천다이즈 스토어의 제품 카테고리 가운데에 'New'와 'Apparel'을 대상으로 하겠습니다. 필요에 따라 다른 카테고리 조합도 추가하여 최대 3개의 세그먼트를 비교해 볼 수도 있으니 다양하게 적용해 보길 바랍니다.

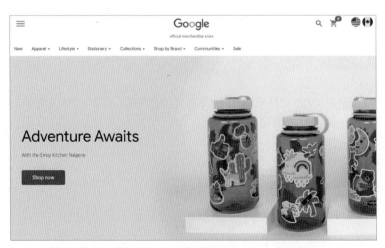

**그림 11-43** 구글 머천다이즈 스토어 홈 화면(shop.googlemerchandisestore.com/)

**01 단계** 먼저 GA4 데모 계정으로 접속한 후 계정 선택기를 클릭하여 [GA4 – Google Merch Shop] 속성을 선택합니다. 그리고 왼쪽 메뉴에서 [**탐색**]을 클릭하고 탐색 분석 화면에서 첫 번째 항목인 [**세그먼트 중복 분석**]을 클릭합니다.

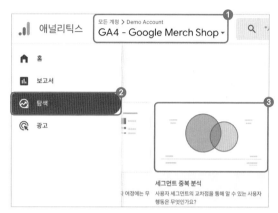

그림 11-44 탐색 분석 메뉴

**02 단계** 탐색 분석이 시작되면 [변수] 탭에서 기간을 설정하고 '세그먼트'에서 더하기 아이콘을 클릭해 세그먼트 만들기를 시작합니다. 특정 제품 카테고리를 구매한 적이 있는 사용자 수준의 세그먼트를 만들 것이므로 [**사용자 세그먼트**]를 클릭합니다.

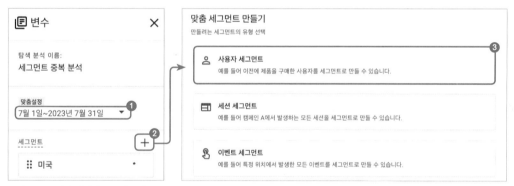

그림 11-45 기간 설정과 세그먼트 만들기        그림 11-46 사용자 세그먼트 만들기

**03 단계** 다음 그림처럼 [New 카테고리 구매 고객]과 [Apparel 카테고리 구매 고객]이라는 세그먼트를 만듭니다. 각 세그먼트의 측정 기준은 [이벤트 → **purchase**]를 선택하고, 매개변수로는 [기타 → **item_category**]를 선택한 후 각각 "New", "Apparel"을 입력합니다. 모두 입력했으면 〈저장〉을 클릭해 세그먼트를 생성합니다.

**그림 11-47** 세그먼트 조건 설정

참고로 세그먼트의 세부 조건을 정의할 때는 제품 카테고리 정보가 어디에 있는지 정확히 알고 있어야 합니다. 실습에 사용한 데모 데이터에서는 'purchase'라는 이벤트의 매개변수 중하나로 'item_category'에 제품 카테고리 정보가 수집되어 있습니다. 이것은 데이터 수집 설계를 어떻게 했는지에 따라 다를 수 있지만, 데모 데이터처럼 구매 완료 이벤트에 구매 제품이나 구매 상세 정보 데이터를 함께 수집하는 것이 일반적입니다.

**04 단계** 앞 단계에서 만든 두 세그먼트를 [설정] 탭의 '세그먼트 비교'에 옮겨 놓습니다. 생성된 보고서를 살펴보면, '활성 사용자' 측정 항목을 기준으로 각 세그먼트 조합의 크기와 중복을 나타내는 벤 다이어그램, 그리고 각 세그먼트 조합별 활성 사용자 표를 확인할 수 있습니다. 이 데이터를 보면, New 카테고리 전체 구매 고객 439명 중 213명은 Apparel을 함께 구매했고, 나머지 226명은 New만 구매한 것을 확인할 수 있습니다. 반대로 Apparel의 경우도확인할 수 있습니다.

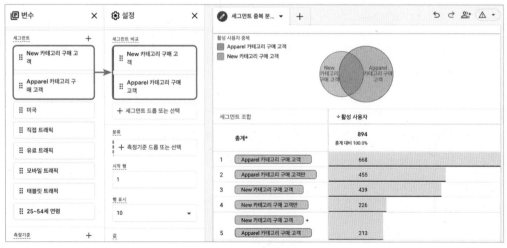

**그림 11-48** 세그먼트 적용 결과

**05 단계** 활성 사용자 외에 각 세그먼트를 비교 분석하기 위해 몇 가지 주요 측정 항목을 추가해 보겠습니다. [변수] 탭의 측정 항목에서 더하기 아이콘을 클릭한 후 각 세그먼트 조합의 참여율과 구매력을 파악하기 위해 다음처럼 4가지 측정 항목을 추가합니다. 그리고 [설정] 탭의 '값'에 옮겨 놓습니다. 참고로 검색으로 찾으면 쉬우며 선택할 수 있는 측정 항목은 검은색, 선택할 수 없는 측정 항목은 회색으로 표시됩니다.

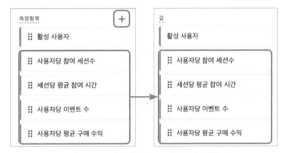

**그림 11-49** 선택 항목으로 세그먼트 만들기

보고서 결과에서도 세그먼트를 만들 수 있습니다. 벤 다이어그램에서 세그먼트로 만들고 싶은 부분을 마우스 오른쪽 버튼으로 클릭한 후 [선택항목으로 세그먼트 만들기]를 클릭하면 됩니다. 마찬가지로 표에서도 마우스 오른쪽 버튼 클릭으로 세그먼트를 편리하게 만들 수 있습니다. 필요에 따라 잠재고객으로 만들어 별도로 관리할 수도 있습니다. 잠재고객은 「12-3」절에서 자세하게 학습합니다.

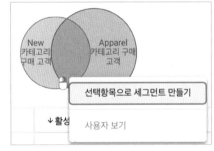

**그림 11-50** 보고서에서 세그먼트 만들기

## 보고서 활용하기

보고서를 살펴보면 전체적으로 단일 카테고리만 구매한 사용자보다 두 카테고리 모두 구매한 사용자가 더 높은 사용자당 참여 세션 수와 이벤트 수를 보이며, 평균 구매 금액도 더 높은 것으로 나타났습니다. 그만큼 두 카테고리 모두 구매한 사용자의 고객 가치가 크다는 의미인데요, 이를 활용해 해당 우수 고객들이 함께 구매하는 제품이 무엇인지 파악하여 단일 카테고리만 구매한 사용자들에게 해당 제품을 노출시키는 마케팅을 해보는 것도 좋은 방안이 될 것 같습니다.

또는 우수 고객들의 전체 여정을 살펴보고 어떤 경로로 들어왔는지, 어떤 이벤트를 하고 콘텐츠를 살펴보는지, 그리고 다른 카테고리에서 구매할 때 어떤 마케팅 캠페인이 영향을 미쳤는지를 파악하여 활용해 보는 것도 성과를 높이는 데 큰 도움이 될 수 있습니다.

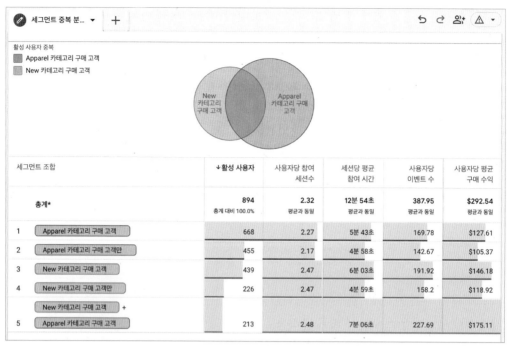

그림 11-51 세그먼트 중복 분석 보고서 결과

세그먼트 중복 분석에서 세그먼트 비교에 적용할 수 있는 최대 세그먼트 개수는 몇 개일까요?

잠깐 **퀴즈**

① 2개

② 3개

③ 4개

정답 ②

# 11-7 | 경로 탐색 분석

마지막으로 알아볼 기법은 '경로 탐색 분석'입니다. 경로 탐색 분석은 고객이 사이트에 접속한 후 어떤 경로로 이동했는지 여정을 확인할 수 있는 기법입니다. 미리 경로를 정해 놓고 분석하는 유입 경로 탐색 분석과는 다르게 이동 경로를 확인할 수 있다는 이점이 있습니다.

경로 탐색 분석으로 할 수 있는 일은 두 가지가 있습니다. 첫 번째는 맨 처음 사용자가 사이트에 접속, 또는 특정 이벤트를 발생시킨 후부터 다음 여정을 확인하는 것이고, 두 번째는 맨 마지막으로 발생시킨 이벤트를 기준으로 이전 여정을 확인하는 것입니다. 즉, 로그인 이벤트 후에 사용자들이 어디로 이동했는지, 또는 로그인 전에 사용자들이 어디서 왔는지를 확인할 수 있습니다. 이로써 사용자들이 사이트에서 유도한 대로 움직이고 있는지를 확인하여 여정을 개선해 나갈 수 있습니다.

**Do it! 실습 ▶ 사용자들은 로그인 페이지에 도달하기 전에 어디에서 왔을까?**

**01 단계** 먼저 GA4 데모 계정으로 접속한 후 계정 선택기를 클릭하여 [GA4 – Google Merch Shop] 속성을 선택합니다. 그리고 왼쪽 메뉴에서 [**탐색**]을 클릭하고 탐색 분석 화면에서 첫 번째 항목인 [**경로 탐색 분석**]을 클릭합니다.

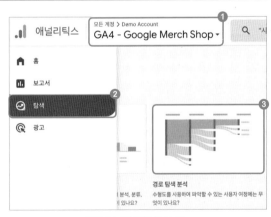

그림 11-52 탐색 분석 메뉴

**02 단계** 탐색 분석이 시작되면 [변수] 탭에서 기간을 설정합니다. 그리고 보고서를 보면 '시작점', '1단계', '2단계'까지 표시된 것을 확인할 수 있습니다. 1단계의 이벤트 이름을 클릭한 후 [**페이지 제목 및 화면 이름**]으로 변경합니다.

- **이벤트 이름**: 이벤트 이름만 표시합니다.
- **페이지 제목 및 화면 이름**: 페이지의 제목이나 앱 화면의 이름을 표시합니다.
- **페이지 제목 및 화면 클래스**: 페이지 제목이나 앱 클래스명을 표시합니다. (잘 사용하지 않습니다)
- **페이지 경로 및 화면 클래스**: 실제 페이지의 경로나 앱의 클래스명을 표시합니다. (잘 사용하지 않습니다)

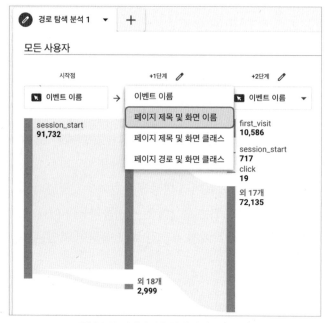

그림 11-53 페이지 제목 및 화면 이름으로 변경

**03 단계** 그러면 다음처럼 이벤트 이름이 아닌 페이지 제목으로 표시됩니다. 1단계에 나열된 페이지 제목에서 이후의 여정을 살펴보고 싶은 페이지 제목을 클릭하면 그 옆으로 단계가 추가되는 것을 확인할 수 있습니다. 이제 이 실습의 목적인 로그인 페이지에 도달한 후의 여정과 도달 전의 여정을 알아보겠습니다. 오른쪽 위에 있는 **[다시 시작]**을 클릭합니다.

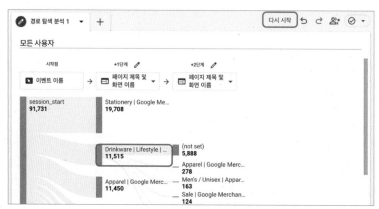

그림 11-54 페이지 제목 선택

**04 단계** 그러면 다음처럼 시작점과 종료점을 선택하는 화면이 나옵니다. 여기서 특정 시작점이나 종료점을 선택하면 해당 시작점부터 또는 종료점까지의 여정을 확인할 수 있습니다. 우선 시작점을 설정해 로그인 페이지에서 사용자가 어디로 이동했는지 확인해 보겠습니다. 시작점 아래 [노드 드롭 또는 선택]을 클릭한 후 [페이지 제목 및 화면 이름]을 클릭합니다.

그림 11-55 시작점 설정

**05 단계** 화면 오른쪽에 시작점 선택 창이 뜨면 돋보기 아이콘(🔍)를 클릭해 "Log In"으로 검색한 후 [The Google Merchandise Store – Log In] 페이지를 클릭합니다. 그러면 경로 탐색 분석의 시작점이 로그인 페이지로 바뀝니다. 이제 단계를 늘려 가며 사용자가 어느 페이지로 이동했는지 조회해 볼 수 있습니다.

그림 11-56 시작점이 적용된 모습

**06 단계** [다시 시작]을 클릭하고 같은 방법으로 종료점을 지정하면 '–1단계'처럼 종료점부터 이전 단계가 추가되는 것을 확인할 수 있습니다.

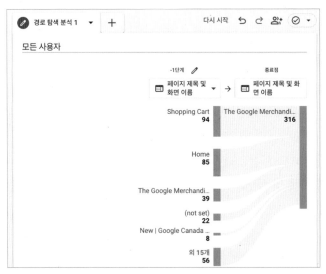

그림 11-57 종료점이 적용된 모습

## 보고서 활용하기

경로 탐색 분석을 할 때 한 가지 주의할 점은 페이지 뷰가 아닌 이벤트 수로 집계된다는 것입니다. 예를 들어 Home이라는 페이지의 값이 1,814라면 이는 페이지 뷰를 포함한 모든 이벤트를 합한 수치입니다. 따라서 이벤트가 많이 발생하는 페이지의 순위가 높게 나타납니다. 지금은 필터를 설정해 page_view만 걸러서 볼 수도 없으므로 이를 염두에 두고 분석해야 합니다.

또한 경로 탐색 분석 기법에는 [설정] 탭에 **[고유한 노드만 보기]**라는 옵션이 있습니다. 이 옵션은 노드가 단계마다 반복해서 표시되는 것을 방지합니다. 이 옵션을 켜면 만약 Home에서 다시 Home으로 이동한 경로가 있을 때 해당 노드가 단계마다 반복해서 표시되지 않습니다. 다음 그림은 이 옵션을 껐을 때 노드가 반복해서 나타난 것을 보여 줍니다.

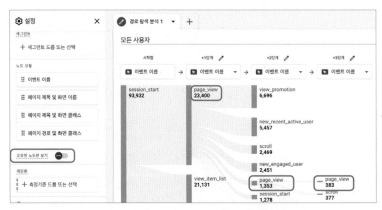

그림 11-58 [고유한 노드만 보기] 옵션을 껐을 때

# 세그먼트와 잠재 고객 만들기

세그먼트는 GA4에서 사용할 수 있는 가장 강력한 기능이며 분석의 기본이라고 할 수 있습니다. 세그먼트를 얼마나 잘 다루는지가 분석을 얼마나 잘 하는지가 될 수 있을 정도로 중요합니다. 11장 탐색 분석에서 세그먼트 중복 분석을 실습할 때 이미 세그먼트를 만들어 보았습니다. 이번 장에서는 세그먼트에 대해 더 자세히 알아보겠습니다.

학습
목표

- 세그먼트에 대해 이해한다.
- 세그먼트 생성 방법을 배운다.
- 잠재 고객 생성 방법을 배운다.

# 12-1 │ 세그먼트 알아보기

우리가 구글 애널리틱스에서 보는 데이터는 모든 사용자가 남긴 기록입니다. 그러나 구글을 통해 유입한 사용자, A 상품을 구매한 사용자, B 페이지에 접속한 사용자처럼 범주를 좁혀 분석해야 할 때가 있습니다. 이때 필요한 기능이 **세그먼트**[segment]입니다.

## 데이터를 쪼개는 칼, 세그먼트

보고서를 만들어 사용자의 구매 단계별로 가장 인기 있는 상품을 파악하기 위한 표를 만든다고 생각해 보겠습니다. 해당 표에서는 가장 많이 조회된 상품, 결제된 상품 수와 최종적으로 구매한 상품 수 등을 확인할 수 있습니다.

| 항목 이름 | 상품 브랜드 | ↓조회된 상품 | 결제된 상품 | 구매한 상품 |
|---|---|---|---|---|
| 종계 | | 79,380 | 40,371 | 11,545 |
| 1  Super G Timbuk2 Recycled Backpack | | 3,593 | 281 | 90 |
| 2  Google Campus Bike | Google | 2,520 | 123 | 35 |
| 3  Google Global 5K Run Unisex Tee | Google | 2,182 | 0 | 0 |
| 4  Google Pride Hologram Sticker | | 1,467 | 73 | 16 |
| 5  Chrome Dino Recycled Backpack | Chrome Dino | 1,209 | 26 | 8 |
| 6  Google Eco Tee White | | 1,069 | 320 | 69 |
| 7  Google Adventure Backpack Black | Google | 1,068 | 33 | 5 |
| 8  Google Recycled Black Backpack | Google | 1,055 | 36 | 13 |
| 9  Google Fill it Forward Bottle | Google | 990 | 37 | 5 |
| 10  Chrome Dino Collectible Figurines | Google | 900 | 44 | 10 |

**그림 12-1** 상품별 조회 수, 결제된 수량, 구매된 수량

그런데 이 보고서에서 한 발 더 나아가 사용자가 네이버를 통해 접속한 세션에서 어떤 상품을 많이 구매하는지 알고 싶다면 어떻게 해야 할까요? 분석(分析)은 데이터를 쪼갠다는 의미입니다. GA4에서 데이터를 쪼개서 볼 수 있는 기능이 바로 세그먼트입니다. 세그먼트를 활용하면 "네이버를 통해 사이트에 접속한 세션", "전환하지 않은 사용자", "단일 세션 사용자" 등 데이터를 쪼개서 볼 수 있습니다.

이처럼 세그먼트로 데이터를 쪼개서 보면 구글에서 접속해서 구매한 상품, 네이버에서 접속해서 구매한 상품을 비교하는 등 마케팅 전략을 더 세밀하게 짜는 데 활용할 수 있습니다.

**Do it! 실습 ▶ 유료 검색과 자연 유입 검색 세션 비교하기**

**01 단계** 먼저 GA4 데모 계정으로 접속한 후 계정 선택기를 클릭하여 [GA4 – Google Merch Shop] 속성을 선택하고, [**탐색**] 메뉴를 클릭해 [**자유 형식**]으로 탐색 분석을 시작합니다.

[변수] 탭에서 기간을 설정하고 측정 기준에 [**항목 이름**], [**상품 브랜드**], 측정 항목에 [**조회된 상품**], [**결제된 상품**], [**구매한 상품**]을 추가합니다.

그리고 [설정] 탭의 '행'에 [항목 이름], [상품 브랜드]를 놓고, '값'에 [조회된 상품], [결제된 상품], [**구매한 상품**]을 놓습니다. 보고서가 보이면 표의 [구매한 상품]을 클릭해 내림차순으로 정렬합니다.

그림 12-2 탐색 분석 만들기

**02 단계**　이제 세그먼트를 만들어 보겠습니다. [변수] 탭의 '세그먼트'에서 더하기 아이콘(⊞)을 클릭합니다. 세그먼트를 선택하는 화면이 나오면 [세션 세그먼트]를 선택합니다.

그림 12-3 세션 세그먼트 선택

**03 단계**　세그먼트 이름을 **"유료 검색 세션"**으로 입력하고 조건에서 **[세션 기본 채널 그룹]**을 선택합니다. 그리고 매개변수에 **[Paid Search과(와) 정확하게 일치함(=)]**을 설정하고 〈**저장 및 적용**〉을 클릭합니다.

같은 방법으로 **"자연 유입 검색 세션"** 세그먼트를 만들고 **[세션 기본 채널 그룹]** 조건으로 **[Organic Search과(와) 정확하게 일치함(=)]** 매개변수를 설정합니다.

그림 12-4 세션 세그먼트 만들기

세그먼트가 완성되면 보고서에 자동으로 세그먼트가 적용됩니다. 오른쪽의 보고서를 보면 두 세션 세그먼트가 적용된 것을 확인할 수 있습니다.

| 항목 이름 | 상품 브랜드 | 자연 유입 검색 세션 조회된 상품 | 결제된 상품 | 구매한 상품 | 유료 검색 세션 조회된 상품 | 결제된 상품 | 구매한 상품 |
|---|---|---|---|---|---|---|---|
| 총계 | | 14,876 | 10,217 | 2,400 | 898 | 94 | 41 |
| 1　Google Cloud Sticker | Google Cloud | 52 | 127 | 120 | 0 | 0 | 0 |
| 2　Google Classic Sticker Sheet | | 41 | 238 | 118 | 0 | 0 | 0 |
| 3　Google Sticker | Google | 87 | 113 | 108 | 0 | 0 | 0 |
| 4　YouTube Straw Tumbler | YouTube | 42 | 210 | 106 | 9 | 0 | 0 |
| 5　Google Mini Kick Ball | Google | 5 | 188 | 94 | 0 | 0 | 0 |
| 6　Google Pen Red | Google | 10 | 166 | 83 | 5 | 0 | 0 |
| 7　Google Soft Frisbee Blue | Google | 13 | 174 | 71 | 1 | 0 | 0 |
| 8　Google Bamboo Lid Recycled Bottle | | 24 | 251 | 66 | 0 | 0 | 0 |
| 9　Google Soft Frisbee Red | Google | 27 | 427 | 61 | 1 | 0 | 0 |
| 10　Google Bot | Google | 34 | 387 | 57 | 0 | 0 | 0 |

그림 12-5 세그먼트가 적용된 보고서

# 보고서 들여다 보기

보고서를 보면 유료 검색보다 자연 검색으로 유입된 세션에서 상품의 조회와 구매 모두 훨씬 많은 것을 알 수 있습니다. 비즈니스 특성과 단계에 따라 다르겠지만, 일반적으로 성숙한 전자상거래 사이트에서는 자연 검색 유입이 유료 검색 유입보다 많기 때문에 조회와 구매 수의 차이가 나는 것은 당연합니다. 따라서 더 정확하게 분석하려면 각 경우의 유입된 사용자들이 얼마나 차이가 나는지 추가로 살펴봐야 하며, 그 차이만큼 상품 조회나 구매 수도 차이가 나는지 비교해 보는 것이 좋습니다.

다음 그림을 보면 자연 유입 검색 세션으로 들어온 사용자가 약 3배 정도 많은데 구매한 상품 수는 약 100배 가량 많아 자연 유입 검색 세션으로 들어온 사용자들의 구매 의도와 구매력이 더 높은 것을 알 수 있습니다. 그리고 유료 검색 세션의 [구매한 상품]을 클릭하면, 유료 검색 세션에서는 거의 대부분 백팩이 판매된 것을 알 수 있습니다.

| 세그먼트 | 자연 유입 검색 세션 | | | | 유료 검색 세션 | | | |
|---|---|---|---|---|---|---|---|---|
| 항목 이름 | 총 사용자 | 조회된 상품 | 결제된 상품 | ↓구매한 상품 | 총 사용자 | 조회된 상품 | 결제된 상품 | 구매한 상품 |
| 총계 | 156,828 | 13,510 | 8,677 | 2,085 | 52,695 | 623 | 31 | 21 |
| 1 Google Cloud Sticker | 42 | 52 | 127 | 120 | 0 | 0 | 0 | 0 |
| 2 Google Classic Sticker Sheet | 191 | 41 | 238 | 118 | 0 | 0 | 0 | 0 |
| 3 Google Sticker | 77 | 87 | 113 | 108 | 0 | 0 | 0 | 0 |
| 4 YouTube Straw Tumbler | 985 | 42 | 210 | 106 | 247 | 9 | 0 | 0 |
| 5 Google Mini Kick Ball | 44 | 5 | 188 | 94 | 0 | 0 | 0 | 0 |
| 6 Google Pen Red | 119 | 10 | 166 | 83 | 1,110 | 5 | 0 | 0 |

| 세그먼트 | 자연 유입 검색 세션 | | | | 유료 검색 세션 | | | |
|---|---|---|---|---|---|---|---|---|
| 항목 이름 | 총 사용자 | 조회된 상품 | 결제된 상품 | 구매한 상품 | 총 사용자 | 조회된 상품 | 결제된 상품 | ↓구매한 상품 |
| 총계 | 156,828 | 13,510 | 8,677 | 2,085 | 52,695 | 623 | 31 | 21 |
| 1 Super G Timbuk2 Recycled Backpack | 1,963 | 583 | 33 | 3 | 168 | 21 | 25 | 20 |
| 2 Google Campus Bike | 747 | 799 | 22 | 6 | 54 | 12 | 2 | 1 |
| 3 #IamRemarkable Tote | 950 | 8 | 0 | 0 | 0 | 0 | 0 | 0 |
| 4 #IamRemarkable Unisex Hoodie | 114 | 12 | 0 | 0 | 0 | 0 | 0 | 0 |
| 5 #IamRemarkable Unisex T-Shirt | 107 | 21 | 3 | 1 | 0 | 0 | 0 | 0 |
| 6 #IamRemarkable Water Bottle | 95 | 8 | 2 | 0 | 0 | 0 | 0 | 0 |

**그림 12-6** 세그먼트별 사용자 수 확인하기

이를 통해 유료 검색 광고를 해당 제품에만 진행한 것은 아닌지 합리적인 추측을 해 볼 수도 있으며, 같은 방식으로 유료 검색 성과를 파악할 수 있습니다. 또한 상품별로 조회에서 구매까지 전환이 잘 되는 제품과 그렇지 않은 제품을 파악하여 상품의 특성을 분석해 보거나 문제가 되는 지점을 개선해 볼 수도 있습니다.

**세그먼트란 무엇인가?**

① 전체 사용자를 필요에 따라 쪼개 보는 기능

② 보고서에서 특정 내용을 검색하는 기능

정답 ①

## 세그먼트의 종류

세그먼트는 직접 구성할 수 있는 맞춤 세그먼트와 GA4에서 제공하는 추천 세그먼트가 있습니다. 맞춤 세그먼트 만들기 화면에서 '참조 사용'으로 분류된 추천 세그먼트에는 [일반], [템플릿], [예상 검색어] 등 3가지 기본 탭이 있습니다. 그리고 GA4 속성이나 설정에 따라 [쇼핑], [게임], [인터넷 통신] 등의 탭이 추가로 보일 수 있습니다. 각 세그먼트가 무엇을 의미하는지 알아보겠습니다.

그림 12-7 세그먼트 종류

## 참조 사용

먼저 [일반] 탭에는 활동 유무, 구매 여부에 따라 GA4가 만들어 놓은 세그먼트를 바로 사용할 수 있습니다. 즉, 측정 기준을 추가하거나 조건을 설정하지 않아도 됩니다. 물론 필요에 따라 조건을 추가할 수도 있습니다.

그림 12-8 구매자 세그먼트

다음 그림은 [GA4 - Google Merch Shop] 데모 속성에서 세그먼트를 만들 때 보이는 [쇼핑] 탭입니다. [쇼핑] 탭에서도 이미 만들어진 세그먼트를 바로 사용하거나 조건을 수정해 사용할 수 있습니다. 이미 만들어진 세그먼트를 바로 사용할 수도 있고 추가 조건을 넣을 수도 있습니다.

그림 12-9 [쇼핑] 탭의 세그먼트

[템플릿] 탭에는 어느 정도 만들어진 세그먼트 템플릿이 있습니다. 여기서는 [인구 통계], [기술], [획득] 템플릿을 선택할 수 있는데, 앞서 [일반] 탭의 세그먼트처럼 이미 만들어진 것이 아닌 조건을 직접 설정해줘야 합니다.

그림 12-10 [템플릿] 탭의 세그먼트

예를 들어 [기술] 세그먼트를 확인해 보면 플랫폼, OS 버전과 같은 조건이 고정되어 있습니다. 이 조건에 필터를 추가해서 세그먼트를 만듭니다.

그림 12-11 기술 세그먼트

[예상 검색어] 탭에서는 머신러닝을 활용한 예측 잠재 고객을 만들 수 있습니다. 예측 잠재 고객은 추천 이벤트나 자동 수집 이벤트를 활용하여 머신러닝 알고리즘으로 7일 이내에 구매할 가능성이 높은 사용자 등을 예측하는 기능입니다. 이렇게 만든 세그먼트를 직접 구글 애즈에 잠재 고객으로 활용할 수 있습니다. 이 기능을 활용하려면 데이터가 충분하게 수집되어야 하며 사용할 수 있을 때는 '사용 가능', 사용할 수 없을 때는 '사용 불가'라고 표시됩니다.

**그림 12-12** [예상 검색어] 탭의 세그먼트

## 맞춤 세그먼트

맞춤 세그먼트에는 사용자, 세션, 이벤트 등 3가지 세그먼트가 있습니다. 이곳의 세그먼트를 이용하려면 각각의 데이터 범위를 알아야 합니다. 예를 들어 한 명의 사용자가 2번의 세션을 발생시켰는데 처음 접속 때는 페이지 뷰 이벤트 2번과 클릭 이벤트 1번, 두 번째 접속 때는 페이지 뷰 이벤트 2번과 결제 완료 이벤트를 1번 발생시켰다고 가정해 보겠습니다. 이 사용자는 총 페이지 뷰 4번, 클릭 1번, 결제 완료 1번을 발생시킨 셈입니다.

**그림 12-13** 어떤 사용자의 세션별 이벤트 발생 예

이렇게 수집된 데이터에 '결제 완료'를 기준으로 세그먼트를 만든다면 다음처럼 조건을 설정할 수 있습니다. 그런데 같은 조건으로 세그먼트를 만들더라도 사용자, 세션, 이벤트 등 세그먼트 유형에 따라서 보고서에 포함되는 데이터 범위가 달라집니다. 차례대로 살펴보겠습니다.

**그림 12-14** 결제 완료 세그먼트

## 사용자 세그먼트

사용자 세그먼트의 데이터 범위는 '사용자'입니다. 즉, 세션은 달라도 기간 내에 기준을 충족한 사용자의 모든 데이터를 보고서에 포함합니다. 앞에서 예로 든 사용자는 두 번째 세션에서 결제 완료 이벤트를 발생시켰으므로 해당 사용자의 모든 데이터가 보고서에 포함됩니다. 만약 어떤 사용자가 결제 완료 이벤트를 발생시키지 않았다면 해당 사용자의 데이터는 보고서에 포함되지 않습니다.

**그림 12-15** 사용자 범위 세그먼트

## 세션 세그먼트

세션 세그먼트의 데이터 범위는 '세션'입니다. 즉, 기간 내에 기준을 충족한 세션의 데이터를 보고서에 포함합니다. 앞에서 예로 든 사용자는 두 번째 세션에서 결제 완료 이벤트를 발생시켰으므로 해당 세션의 데이터만 보고서에 포함됩니다.

**그림 12-16** 세션 범위 세그먼트

## 이벤트 범위

GA4에서 새로 생긴 이벤트 세그먼트의 데이터 범위는 '이벤트'입니다. 즉, 기간 내에 조건을 충족한 이벤트만 보고서에 포함됩니다. 세션 범위에서는 결제 완료 외에 다른 이벤트도 포함하지만, 이벤트 범위에서는 오로지 해당 이벤트만 포함합니다.

| 세션 1 | | | 세션 2 | | |
|---|---|---|---|---|---|
| 페이지 뷰<br>이벤트 | 클릭<br>이벤트 | 페이지 뷰<br>이벤트 | 페이지 뷰<br>이벤트 | 결제완료<br>이벤트 | 페이지 뷰<br>이벤트 |

**그림 12-17** 이벤트 범위 세그먼트

예를 들어 특정 페이지(/store.html)에 방문한 사용자를 기준으로 세션 세그먼트와 이벤트 세그먼트를 각각 만들었다고 가정해 보겠습니다.

**그림 12-18** 세션, 이벤트 세그먼트 비교

이렇게 만든 두 세그먼트를 보고서에 적용해 보면 페이지 경로에 따라 세션 수와 총 사용자 수가 같습니다. 그런데 조회 수 즉 페이지 뷰의 수치에 차이가 있습니다. 세션 세그먼트는 /store.html 페이지에 한 번이라도 접속한 세션의 모든 페이지 뷰가 집계되지만, 이벤트 세그먼트는 오직 /store.html 페이지의 조회 수만 집계됩니다.

| 세그먼트 | 세션 | | | 이벤트 | | |
|---|---|---|---|---|---|---|
| 페이지 경로 및 화면 클래스 | 세션수 | 총 사용자 | 조회수 | 세션수 | 총 사용자 | 조회수 |
| 총계 | 3,874<br>총계 대비 100% | 3,069<br>총계 대비 100% | 58,522<br>총계 대비 100% | 3,874<br>총계 대비 100% | 3,069<br>총계 대비 100% | 6,912<br>총계 대비<br>11.81% |
| 1  /store.html | 3,874 | 3,069 | 6,912 | 3,874 | 3,069 | 6,912 |
| 2  /basket.html | 1,575 | 1,325 | 8,544 | 0 | 0 | 0 |
| 3  / | 2,183 | 1,932 | 3,740 | 0 | 0 | 0 |
| 4  /Google+Redesign/Apparel/Mens | 1,272 | 1,135 | 2,753 | 0 | 0 | 0 |
| 5  /Google+Redesign/Clearance | 1,211 | 1,096 | 2,224 | 0 | 0 | 0 |
| 6  /yourinfo.html | 796 | 747 | 1,471 | 0 | 0 | 0 |
| 7  /myaccount.html | 444 | 378 | 1,455 | 0 | 0 | 0 |

**그림 12-19** 세션, 이벤트 세그먼트의 조회 수 차이

이처럼 사용자, 세션, 이벤트 세그먼트의 데이터 범위가 다르므로 목적에 맞게 사용해야 합니다. 다만 이벤트 범위는 보통 필터로 대체하므로 활용도가 낮은 편입니다.

## 범위 조정과 시퀀스 기능

세그먼트의 조건을 설정할 때  를 클릭하면 더 세밀한 데이터 범위를 적용할 수 있습니다. 또한 [포함할 시퀀스 추가]를 클릭하면 'A이벤트 발생 후 B이벤트 발생'처럼 순서를 지정할 수도 있습니다. 이런 기능들을 자유자재로 활용하려면 많은 연습이 필요합니다.

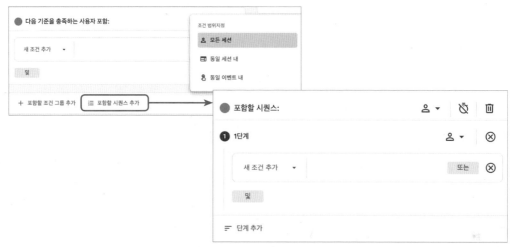

그림 12-20 세그먼트 범위 조정과 시퀀스 기능

---

**잠깐 퀴즈**

우리 사이트에 한 번이라도 구글을 통해 접속한 사용자에 대한 데이터를 확인하고 싶습니다. 어떤 범위의 세그먼트를 이용해야 할까요?

① 사용자 범위

② 세션 범위

③ 이벤트 범위

정답 ①

---

# 12-2 | 잠재 고객 생성하기

잠재 고객은 13장에서 제품 링크를 통해 구글 애즈와 연동하는 방법을 배울 때 자세히 다룰 예정이지만, 잠재 고객을 만드는 방법이 세그먼트를 만드는 방법과 비슷하므로 여기서 잠시 살펴보고 넘어가겠습니다. GA4에서 잠재 고객을 만든 뒤 구글 애즈로 전송하면 해당 고객군 을 리마케팅 등에 활용할 수 있습니다.

**Do it! 실습** ▶ 데스크톱에서 네이버로 접속한 잠재 고객 만들기

**01 단계** 잠재 고객은 탐색 분석의 세그먼트를 만드는 화면에서 [잠재고객 만들기] 체크박스를 클릭해 만들 수 있지만, 별도의 메뉴도 있으므로 이 실습에서는 해당 메뉴를 이용하겠습니다. 데모 계정에서는 잠재 고객을 실습할 수 없으므로 자신이 직접 만든 속성으로 이동한 후 [관리 → 데이터 표시 → 구축 → 잠재고객]을 클릭합니다. 그리고 〈새 잠재고객〉을 클릭합니다.

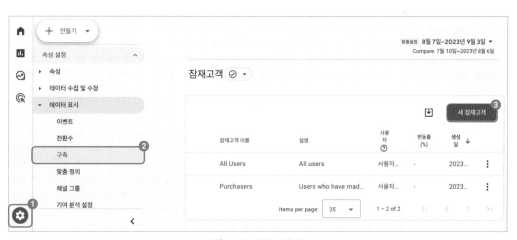

그림 12-21 잠재 고객 메뉴

**02 단계** 그러면 오른쪽에 세그먼트 만들기와 비슷한 화면이 나타납니다. 새 잠재 고객 만들 기 화면에서 '처음부터 새로 시작' 아래에 [맞춤 잠재고객 만들기]를 클릭합니다. 애널리틱스 의 잠재 고객 기능은 사용자를 구글 애즈로 전송하는 것이므로 무조건 사용자 범위만 사용할

수 있습니다. 탐색 분석에서도 [잠재고객 만들기] 체크박스를 클릭하는 순간 세그먼트가 사용자 범위로 바뀝니다.

**그림 12-22** 맞춤 잠재 고객 만들기

03 단계　그러면 세그먼트 만들기에서 익숙해진 화면이 표시됩니다. 적당한 제목을 작성한 후 [세션 소스]가 naver인 사용자 가운데 [기기 카테고리]가 desktop인 사용자를 기준으로 잠재 고객을 설정하고 〈저장〉을 클릭합니다.

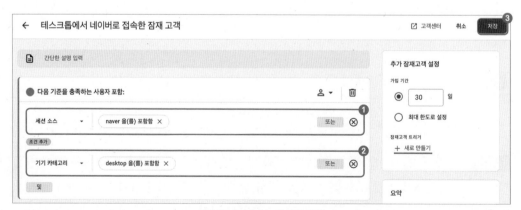

**그림 12-23** 잠재 고객 기준 설정

참고로 이 화면에서 '잠재고객 트리거'에 있는 [+ 새로 만들기]를 클릭한 후 이벤트 이름을 입력하면 앞으로 해당 이름으로 이벤트가 수집됩니다. 즉, 사용자가 데스크톱으로 네이버에 접속할 때마다 트리거에 입력한 이름으로 이벤트가 수집됩니다. 예를 들어 A → B → C 페이지를 거친 뒤 결제를 완료한 사용자에 대한 전환 이벤트를 기록하고 싶다면 잠재 고객 트리거를 활용하여 이벤트를 발생시킨 다음에 전환으로 설정할 수 있습니다. 유용하게 사용할 수 있는 기능이니 꼭 알아 두길 바랍니다.

그림 12-24 잠재 고객 트리거 설정

**04 단계** 잠재 고객 만들기를 완료하면 다음 그림처럼 목록에 추가됩니다. 해당 잠재 고객은 구글 애즈와 자동으로 연동됩니다. 자세한 내용은 13장에서 설명하겠습니다.

그림 12-25 잠재 고객 목록

**잠재 고객은 탐색 분석에서도 생성할 수 있을까요?**

① 네

② 아니오

정답 ①

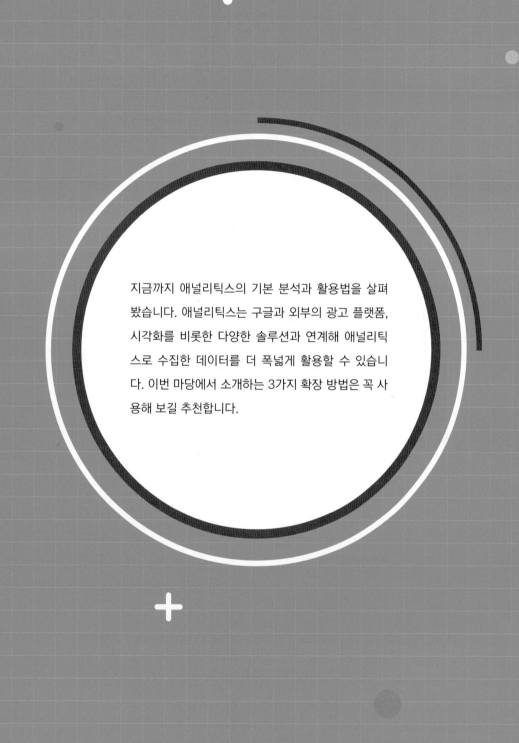

지금까지 애널리틱스의 기본 분석과 활용법을 살펴
봤습니다. 애널리틱스는 구글과 외부의 광고 플랫폼,
시각화를 비롯한 다양한 솔루션과 연계해 애널리틱
스로 수집한 데이터를 더 폭넓게 활용할 수 있습니
다. 이번 마당에서 소개하는 3가지 확장 방법은 꼭 사
용해 보길 추천합니다.

# 다른 제품과 연결하기

GA4에서는 계정과 데이터를 구글의 다양한 제품에 연결하여 종합적인 분석을 할 수 있습니다. 구글 애널리틱스와 연결할 수 있는 제품은 많으며 계속 추가되겠지만, 이 장에서는 구글 애즈, 서치 콘솔, 빅쿼리와 연결하는 방법을 알아보겠습니다.

학습
목표

- 구글 애즈와 연결해 잠재 고객을 만든다.
- 서치 콘솔과 연결해 구글 자연 검색을 분석한다.
- 빅쿼리와 연결해 애널리틱스의 데이터를 빅쿼리에 수집한다.

# 13-1 | 구글 애즈 연결하기

구글 애즈<sup>Google Ads</sup>는 구글에서 제공하는 광고 플랫폼입니다. 구글 애즈를 이용하면 구글의 검색 엔진, 유튜브 등 수많은 사용자들이 이용하는 서비스에 광고를 내보낼 수 있습니다. 이 절에서는 애널리틱스와 구글 애즈를 연결하면 어떤 이점이 있는지와 연결 방법을 실습해 보겠습니다.

## 애널리틱스와 구글 애즈

애널리틱스와 구글 애즈를 연결하면 애널리틱스에서 생성한 세그먼트(잠재 고객) 기능을 이용해 사용자가 웹 사이트나 앱에서 한 행동을 기반으로 리마케팅*을 진행할 수 있습니다. 예를 들어 전자상거래 사이트에서 장바구니에 제품을 추가한 뒤 결제를 진행하지 않고 이탈한 사용자를 대상으로 리마케팅하여 해당 제품을 구매하게끔 유도할 수 있습니다.

> \* 리마케팅(remarketing)은 이미 브랜드와 상호 작용한 잠재 고객이 참여하도록 유도하여 전환과 같이 원하는 행동을 하도록 권장하는 것을 말합니다.

또한 구글 애즈 광고를 통해 유입된 사용자들이 어떤 광고를 클릭했는지 애널리틱스의 대시보드에서 분석할 수 있습니다. 이처럼 애널리틱스와 구글 애즈를 연결하면 다양한 이점을 누릴 수 있습니다.

구글 애즈를 이용하면 전 세계 사용자에게 자신의 서비스를 홍보할 수 있습니다. 사용자가 크롬에서 웹 서핑할 때, 유튜브에서 동영상을 볼 때, 지메일을 확인할 때 등 구글의 서비스를 이용하면서 자연스럽게 광고에 노출됩니다.

**표 13-1** 구글 애즈 캠페인의 대표 유형

| 검색 네트워크 캠페인 | 사용자가 검색 엔진에서 키워드를 검색하면 이와 관련이 있는 광고를 같이 보여 줍니다. 광고는 일반적으로 텍스트 형태로 노출됩니다. |
| --- | --- |
| 디스플레이 네트워크 캠페인 | 사용자가 방문하는 웹 사이트나 앱에 게재되며 주로 이미지 형태로 노출됩니다. |
| 동영상 캠페인 | 6~15초 길이의 동영상 광고입니다. 유튜브에서 동영상이 재생되기 전이나 중간에 게재됩니다. |

광고 성과는 구글 애즈에서 확인할 수 있습니다. 그러나 구글 애즈 계정을 애널리틱스 계정과 연동해 놓으면 더 확장된 형태로 분석할 수 있습니다. 예를 들어 방문자의 캠페인 유입 데이터와 애널리틱스의 행동 데이터를 통해 특정 캠페인을 통해 들어온 사용자 들의 경로, 퍼널, 전자상거래 실적 등을 확인할 수 있습니다.

**Do it! 실습** ▶ **애널리틱스에 구글 애즈 연결하기**

**01 단계** 애널리틱스의 속성 관리에 있는 '제품 링크' 카테고리에서 [Google Ads 링크]를 클릭합니다.

그림 13-1 [Google Ads 링크] 클릭

**02 단계** 구글 애즈 링크 화면이 열리면 오른쪽 위의 〈**연결**〉을 클릭합니다.

그림 13-2 〈연결〉 클릭

**03 단계** 연결 설정 화면이 열리면 첫 번째 단계에 있는 [Google Ads 계정 선택하기]를 클릭합니다.

그림 13-3 [Google Ads 계정 선택하기] 클릭

그러면 다음처럼 연결할 수 있는 구글 애즈 계정 목록이 나옵니다. 원하는 계정을 선택한 후 오른쪽 위의 〈확인〉을 클릭하고 다시 연결 설정 화면에서 〈다음〉을 클릭합니다. 만약 구글 애즈 계정이 없다면 구글 애즈에 가입한 뒤 계정을 생성하고, 회사의 구글 애즈 계정이 다른 구글 계정에 있다면 해당 계정에 애널리틱스나 구글 애즈 권한을 부여하면 됩니다.

그림 13-4 연결할 구글 애즈 계정 선택하기

**04 단계** 설정 구성 단계가 열리면 기본 옵션으로 〈다음〉을 클릭합니다.

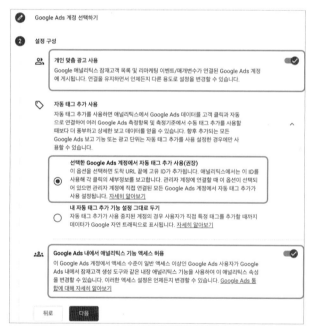
그림 13-5 설정 구성하기

설정 구성에서 3가지 옵션은 다음과 같습니다.

- **개인 맞춤 광고 사용**: 애널리틱스에서 리마케팅을 위해 생성한 잠재 고객 목록이 구글 애즈에 표시됩니다.
- **자동 태그 추가 사용**: UTM 태그를 수동으로 추가하지 않아도 구글 애즈의 어떤 광고를 클릭해 유입됐는지에 대한 정보를 제공합니다.
- **Google Ads 내에서 애널리틱스 기능 액세스 허용**: 구글 애즈에서 잠재 고객 생성 도구와 같은 내장 기능을 이용해 애널리틱스 속성을 변경할 수 있는 기능입니다. 활성화하면 됩니다.

개인 맞춤 광고 옵션은 리마케팅에 필수이므로 꼭 체크합니다. 자동 태그 추가 옵션은 사이트의 환경에 따라 설정 여부가 달라지는데, 애널리틱스에 익숙해지기 전까지는 자동 태그 추가 옵션을 활용하는 것이 좋습니다.

자동 태그 추가는 구글 애즈에 UTM을 붙여서 광고를 내보내더라도 UTM보다 구글 애즈가 URL에 추가하는 태그를 우선시하겠다는 의미입니다. 즉, 자동 태그 추가를 사용하면 구글 애즈가 붙인 태그를 우선으로 활용하며 사용하지 않을 때는 UTM을 인식하게 됩니다. 따라서 자동 태그 추가를 사용하면 UTM은 무시되므로 광고를 내보낼 때 URL에 UTM을 설정하지 않아야 문제가 생기지 않습니다.

**05 단계** 검토 후 제출 단계에서는 설정한 내용이 표시됩니다. 내용을 마지막으로 확인한 후 〈보내기〉를 클릭합니다.

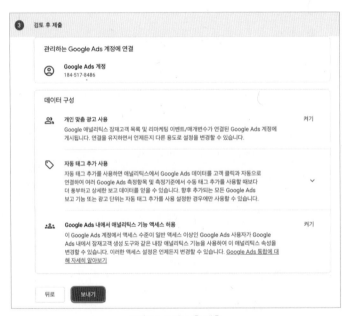

**그림 13-6** 검토 후 제출

모든 단계가 완료되면 연결이 정상으로 생성된 것을 확인할 수 있습니다.

그림 13-7 구글 애즈 연결 완료

**06 단계** 이제 구매하지 않은 사용자를 기준으로 잠재 고객을 만들어 보겠습니다. 잠재 고객 만들기는 12장에서 배웠으므로 참고합니다. 애널리틱스의 관리 화면에서 [데이터 표시 → 구축 → **잠재고객**]을 클릭하고 오른쪽 위의 [**새 잠재고객**]을 클릭합니다.

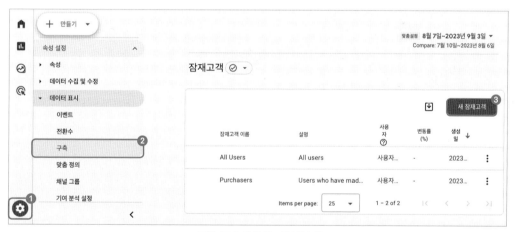

그림 13-8 새 잠재 고객 만들기

**07 단계** 아래쪽 '참조 사용'에서 [일반] 탭에 있는 [**비구매자**]를 클릭합니다.

그림 13-9 [비구매자] 클릭

**08 단계** 자동으로 설정된 기준을 확인하고 오른쪽 위의 〈저장〉을 클릭합니다. in_app_purchase, purchase, ecommerce_purchase 이벤트를 발생시킨 사용자를 모두 제외하는 형태로 잠재 고객을 구성하고 있습니다.

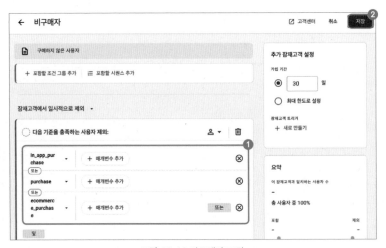

그림 13-10 비구매자 조건

**09 단계** 비구매자 잠재 고객이 정상으로 생성된 것을 확인합니다. 이제 해당 잠재 고객을 구글 애즈에서 활용할 수 있습니다.

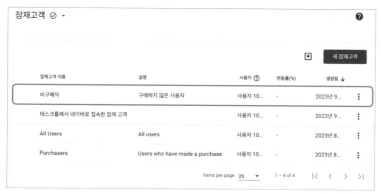

그림 13-11 비구매자 잠재 고객

## 자동 태그 추가 기능 설정 그대로 두기

구글 애즈에서 캠페인을 집행하면 랜딩 페이지의 URL에 **구글 클릭 식별자**<sup>GCLID: Google Click Identifier</sup>라는 태그가 자동으로 붙는데, 이 태그는 광고 형식, 게재 위치, 시간대 등 다양한 데이터를 애널리틱스에 적재해 줍니다. 이런 기능을 **자동 태깅**<sup>auto-tagging</sup>이라고 부릅니다.

자동 태깅은 캠페인과 관련된 여러 유형의 데이터를 얻을 수 있다는 장점이 있지만, 문제는 소스와 매체 정보까지 자동으로 정의된다는 점입니다. 예를 들어 utm_source=google, utm_medium=paidsearch와 같이 UTM 코드를 이용해 사이트의 특성에 맞게 소스와 매체를 관리했는데, 구글 애즈 캠페인은 이를 무시하고 자체 규칙대로 google/cpc라고 정의합니다. 그 이유는 구글 클릭 식별자가 UTM 코드보다 우선순위가 높기 때문입니다.

대부분은 자동 태깅된 데이터를 받아 분석하지만 만약 UTM을 직접 관리해야 한다면 어떻게 해야 할까요? 지금까지 관리한 UTM 코드를 버려야 할까요? 그렇지 않습니다. 자동 태깅을 막을 수는 없지만 애널리틱스가 무엇을 먼저 읽을지 우선순위는 정할 수 있습니다. UTM 코드를 우선으로 사용하고 싶다면 구글 애즈 연결을 진행할 때(앞의 실습에서 05단계) '자동 태그 추가 사용' 옵션에서 **[내 자동 태그 추가 기능 설정 그대로 두기]**를 선택합니다.

그림 13-12 내 자동 태그 추가 기능 설정 그대로 두기

**01 단계** 먼저 GA4 데모 계정으로 접속한 후 계정 선택기를 클릭하여 [GA4 – Google Merch Shop] 속성을 선택하고, [보고서 → 획득 → 개요]를 클릭합니다. 그리고 오른쪽 위의 날짜를 클릭하여 기간을 설정한 후 개요 화면의 카드에서 [Google Ads 캠페인 보기]를 클릭합니다.

**그림 13-13** 획득 개요

그러면 구글 애즈에 대한 획득 보고서를 확인할 수 있는데 구글 애즈에서 집행한 광고에 따른 사용자, 세션 수는 물론 구글 애즈 클릭당 비용, 전환 수 그리고 전환 수와 비용을 함께 계산한 광고 투자 수익(ROAS) 등을 확인할 수 있습니다.

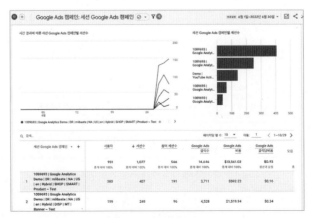

**그림 13-14** 구글 애즈 보고서

**02 단계** 해당 보고서에서는 구글 애즈 캠페인뿐만 아니라 검색어, 광고 그룹 이름, 광고 네트워크 유형 등 측정 기준을 변경하여 여러 데이터를 확인할 수 있습니다. 광고 네트워크 유형을 통해 구글 검색 광고로 얼마나 많은 광고 비용 대비 수익이 발생했는지 확인해 볼까요? 표에서 측정 기준을 [세션 Google Ads 광고 네트워크 유형]으로 변경합니다.

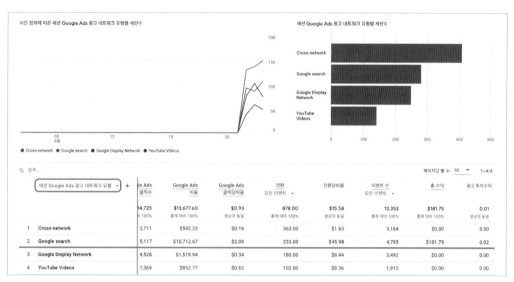

**그림 13-15** 측정 기준 변경하기

광고 유형 중 구글 검색 광고(Google search)를 보겠습니다. 표에서 오른쪽으로 스크롤하면 광고 투자 수익을 확인할 수 있습니다. 아쉽게도 이 기간에는 구글 애즈 투자 비용(Google Ads 비용) 대비 총수익이 낮아 전체적인 광고 투자 수익이 낮은 것을 확인할 수 있습니다. 이처럼 애널리틱스에서 구글 애즈를 연결해 광고 데이터를 분석할 수 있습니다.

## 광고 투자 수익 알아보기

광고 투자 수익^ROAS: return on advertising spend은 광고 비용 대비 매출입니다. 쉽게 말해 광고 비용으로 100만 원을 지출하면 매출이 얼마나 발생할지 확인하는 지표입니다. 만약 광고 투자 수익이 100이면 딱 마케팅 비용만큼 매출이 발생했다는 의미입니다. 광고 투자 수익이 50이면 광고비의 50%, 10이면 광고비의 10%만큼 매출이 발생했다는 의미입니다.

다음 표를 천천히 확인해 보세요. 어떤 마케팅이 가장 높은 점수를 받을 수 있을까요?

**표 13-2** 캠페인별 ROAS

| 구분 | 광고비 | 매출 | 광고 투자 수익(매출/광고비*100) |
|---|---|---|---|
| 캠페인 A | 100만 원 | 800만 원 | 800 |
| 캠페인 B | 100만 원 | 50만 원 | 50 |
| 캠페인 C | 200만 원 | 20만 원 | 10 |
| 캠페인 D | 500만 원 | 2,000만 원 | 400 |

매출만 따지면 캠페인 D가 가장 성공적인 것처럼 보입니다. 그러나 광고 투자 수익 관점으로 보면 캠페인 A가 가장 마케팅 효율이 좋다고 평가할 수 있습니다. 이러한 결과는 어떤 캠페인을 지속할지, 중단할지를 결정하는 근거가 됩니다. 다음 달에는 캠페인 D 대신 캠페인 A 유형의 광고에 더 투자하는 것도 한 가지 방법이 될 수 있습니다.

---

**잠깐퀴즈**

**구글 검색 광고를 통해 접속했을 때 애널리틱스가 자동으로 캠페인을 분류해 주는 기능은 무엇일까요?**

① 자동 태그 추가 기능

② UTM

정답 ①

---

# 13-2 | 서치 콘솔 연결하기

서치 콘솔<sup>Search Console</sup>은 구글 검색 엔진을 통해 내 사이트에 방문한 사람을 모니터링하는 별도의 도구입니다. 애널리틱스에 서치 콘솔을 연동하면 방문자의 국가, 기기, 키워드, 접속 페이지 등을 세세히 분석할 수 있습니다.

## 애널리틱스가 키워드를 수집하는 방법

한 사용자가 네이버(naver.com)에 접속해 "니트"를 검색한 후에 내 사이트에 접속했다면 애널리틱스에서도 네이버라는 소스와 니트라는 키워드를 확인할 수 있습니다. 애널리틱스가 이런 정보를 수집할 수 있는 이유는 리퍼러 덕분입니다. **리퍼러**<sup>referral</sup>란 하이퍼링크로 사이트에 방문할 때 남는 흔적을 말합니다.

예를 들어 네이버에서 "니트"를 검색한 후 검색 결과 중 하나를 클릭해 이동했다면 리퍼러는 다음처럼 나타납니다. 이 리퍼러 안에 검색어 정보가 담겨 있으므로 애널리틱스는 리퍼러를 읽어 검색어를 수집할 수 있습니다. 애널리틱스는 네이버뿐 아니라 다음(daum.net)에서도 리퍼러를 활용해 검색어를 수집할 수 있습니다.

- **네이버에서 "니트" 검색**: https://search.naver.com/search.naver?sm=top_hty&fbm=1&ie=utf8&query=니트
- **구글에서 "니트" 검색**: https://www.google.com/

그런데 문제는 구글입니다. 구글은 리퍼러 정보를 노출하지 않기 때문입니다. 리퍼러 정보를 확인해 보면 단순히 'https://www.google.com'만 적혀 있는데, 이는 애널리틱스가 검색어를 잃었다는 의미입니다. 따라서 리퍼러로는 구글의 검색어를 수집할 수 없습니다. 이 문제를 해결하기 위해 필요한 기능이 바로 서치 콘솔입니다. 현재 애널리틱스에서는 외부에서 유입된 검색어를 대시보드에서 확인할 수 없습니다.

예를 들어 다음 그림은 웹 사이트 방문자가 구글에서 접속했을 때 애널리틱스에 어떤 데이터가 수집되는지를 보여 줍니다.

| 세션 소스/매체 | 세션 수동 검색어 | 페이지 리퍼러 | ↓세션수 |
|---|---|---|---|
| 총계 | | | 54 |
| 1　google / organic | (not provided) | https://www.google.com | 54 |

그림 13-16 구글에서 접속한 데이터

데이터를 살펴보면 세션 소스/매체, 세션 수동 검색어, 페이지 리퍼러 등을 확인할 수 있습니다. 리퍼러와 소스, 매체를 보면 구글에서 자연 검색으로 유입된 데이터임을 확인할 수 있습니다. 그런데 검색어가 있어야 할 자리에 '(not provided)'라고 표시돼 있습니다. 검색어를 잃어버려 제공할 수 없다는 의미입니다.

다행히 서치 콘솔을 연결하면 구글의 검색어 데이터를 애널리틱스에서 확인할 수 있습니다. 다만 기억해야 할 점은 서치 콘솔을 연결한다고 해서 구글 검색어로 애널리틱스에서 무언가를 분석할 수 있는 것은 아닙니다. 단지 조회만 할 수 있습니다. 따라서 서치 콘솔을 연동해 A라는 키워드로 사이트에 접속한 것을 알았다 하더라도 해당 세션이나 사용자가 전환을 얼마나 일으켰는지는 알 수 없습니다.

### Do it! 실습 ▶ 홈페이지와 서치 콘솔 연결하기

애널리틱스와 서치 콘솔을 연결하기 전에 대상 홈페이지와 서치 콘솔을 먼저 연결해야 합니다. 그래야만 데이터가 서치 콘솔에 쌓이고 그 데이터를 애널리틱스와 연결해서 사용할 수 있습니다.

**01 단계** 서치 콘솔(search.google.com/search-console)에 접속한 후 〈시작하기〉를 클릭하고 구글 계정으로 로그인하면 다음 그림과 같은 화면이 보입니다. 오른쪽의 'URL 접두어'에서 자신의 홈페이지 주소를 입력한 후 〈계속〉을 클릭합니다.

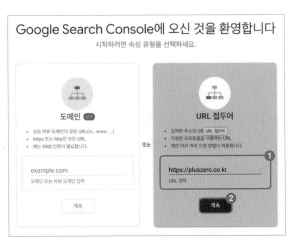

그림 13-17 URL 입력하기

**02 단계**   홈페이지의 소유권을 인증하는 화면이 나옵니다. 소유권을 인증하는 방법은 여러 가지가 있지만 구글 애널리틱스와 똑같은 계정으로 로그인했다면 [Google 애널리틱스]를 클릭해 간편하게 인증할 수 있습니다. 소유권 확인을 마치면 〈완료〉를 클릭합니다. 그러면 홈페이지가 서치 콘솔에 연결됩니다.

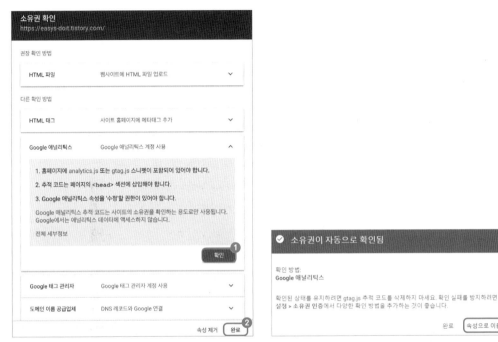

그림 13-18 소유권 확인

## 구글 애널리틱스 계정으로 소유권 인증

구글 애널리틱스 계정으로 홈페이지의 소유권을 인증할 때는 두 가지 주의할 점이 있습니다. 첫째, 추적 코드를 작성한 웹 사이트의 URL을 정확히 입력해야 합니다. 둘째, 추적 코드는 구글의 권장대로 〈head〉 영역에 작성합니다.

만약 구글 서치 계정이 애널리틱스 계정과 일치하지 않거나 URL을 잘못 입력하면 "사이트의 색인 페이지에서 Google 애널리틱스 추적 코드를 찾을 수 없습니다."라는 메시지가 나옵니다. 이때는 구글 서치에 로그인된 계정이 애널리틱스 계정과 같은지 확인하고 추적 코드를 작성한 홈페이지 URL을 정확하게 입력합니다.

또는 추적 코드를 구글이 권장한 〈head〉 영역에 작성하지 않았을 때는 "사이트의 Google 애널리틱스 추적 코드가 페이지에서 잘못된 위치에 있습니다. 홈페이지의 〈head〉 섹션에 배치된 추적 스니펫을 사용하여 사이트 소유권을 확인할 수 있습니다."라는 메시지와 함께 인증에 실패합니다. 이때는 추적 코드를 〈head〉 영역에 옮겨 놓으면 해결됩니다.

만약 구글 애널리틱스 계정으로 소유권 인증에 필요한 조건을 충족할 수 없을 때는 소유권 확인 화면에 있는 다른 인증 방법을 선택할 수도 있습니다.

**Do it! 실습** ▶ **애널리틱스와 서치 콘솔 연결하기**

**01 단계** 애널리틱스의 속성 관리에 있는 '제품 링크' 카테고리에서 [Search Console 링크]를 클릭하고 오른쪽 위의 〈**연결**〉을 클릭합니다.

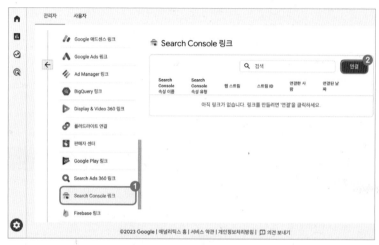

그림 13-19 서치 콘솔 링크 생성

**02 단계** 연결 설정 화면이 열리면 첫 번째 단계에 있는 [**계정 선택**]을 클릭합니다.

그림 13-20 연결 설정

**03 단계** 서치 콘솔에 연결된 홈페이지(속성)를 선택한 후 〈**확인**〉을 클릭합니다. 그리고 다시 연결 설정 화면에서 〈**다음**〉을 클릭합니다.

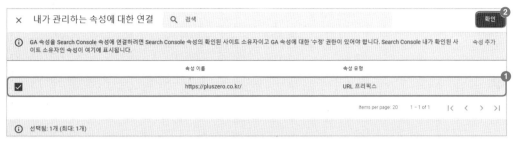

그림 13-21 서치 콘솔 속성 선택

**04 단계** 두 번째 단계에서는 서치 콘솔과 연결할 웹 스트림을 선택한 후 〈**다음**〉을 클릭합니다.

그림 13-22 웹 스트림 선택

**05 단계** 검토 후 제출 단계에서는 설정한 내용이 표시됩니다. 내용을 마지막으로 확인한 후 〈**보내기**〉를 클릭합니다.

그림 13-23 검토 후 제출

**06 단계** 서치 콘솔에 연결했으면 [보고서 → 획득 → **개요**]를 클릭합니다. [GOOGLE 자연 검색 트래픽]과 [GOOGLE 자연 검색어] 요약 카드를 확인할 수 있으며, 각 카드 밑의 상세 보기 링크를 클릭하면 세부 데이터가 있는 보고서를 확인할 수 있습니다. 이처럼 서치 콘솔에 연결하면 사용자가 구글에서 검색어로 입력한 데이터를 확인할 수 있습니다.

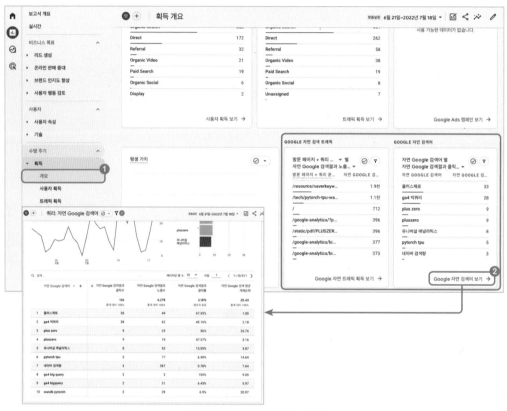

그림 13-24 구글 자연 검색어 보고서

**애널리틱스가 수집하는 검색어와 서치 콘솔에 관한 설명 중 틀린 것은?**

① 애널리틱스는 기본적으로 리퍼러 정보를 통해 검색어를 수집한다.

② 구글 검색은 리퍼러 정보를 제공하지 않기 때문에 '(not set)'으로 표기된다.

③ 서치 콘솔을 연동하면 '(not provided)'에 담겨 있는 검색어를 확인할 수 있다.

정답 ②

# 13-3 | 빅쿼리 연결하기

빅쿼리$^{BigQuery}$는 구글 클라우드 플랫폼$^{GCP: Google Cloud Platform}$에서 제공하는 데이터 웨어하우스 서비스입니다. 애널리틱스와 빅쿼리를 연결하면 애널리틱스에 수집된 데이터가 빅쿼리에 적재됩니다. 이를 통해 더 다양한 분석을 빠르게 수행할 수 있습니다. 빅쿼리 연결은 UA에서는 유료 버전에서만 지원하던 기능이었지만, GA4에서는 무료 버전에서도 사용할 수 있게 되었습니다.

## 구글 빅쿼리

빅쿼리는 기본적으로 SQL$^{structured query language}$을 통해 데이터를 추출하는 데이터베이스 형태를 띠고 있습니다. SQL을 활용해 데이터를 추출하거나 합계, 평균을 구하는 등의 작업을 진행할 수 있으며 데이터를 내려받아 파이썬 프로그래밍으로 분석할 수도 있습니다.

빅쿼리를 이용하면 애널리틱스에서는 진행할 수 없는 수많은 분석을 진행할 수 있습니다. 애널리틱스는 집계된 데이터$^{aggregated data}$를 제공하므로 집계되지 않은 데이터는 이용할 수 없습니다. 그런데 빅쿼리에는 집계되지 않은 날데이터$^{raw data}$가 저장되므로 데이터를 내 맘대로 다룰 수 있습니다.

예를 들어 네이버에서 유입된 사람들이 상품 상세 페이지에서 결제 페이지까지 이동하는 데 얼마나 걸렸는지 알고 싶습니다. 이런 데이터를 애널리틱스 대시보드에서는 확인할 수 없지만, 빅쿼리를 이용하면 계산할 수 있습니다.

**표 13-3** 사용자별 상세 페이지에서 결제 페이지까지의 이동 시간 데이터 예

| 사용자 | 세션 아이디 | 상세 페이지 도착 시간 | 결제 완료 페이지 도착 시간 | 상세 페이지 도착 시간 (완료 페이지 도착 시간) |
|---|---|---|---|---|
| 4929302.5938192 | 50394039 | 10:30 | 11:00 | 00:30 |
| 3039203.4508032 | 48290583 | 13:25 | 13:33 | 00:08 |
| 9201295.3495823 | 96903482 | 15:20 | 15:50 | 00:30 |
| 9209124.5985558 | 28390282 | 19:22 | 19:40 | 00:18 |

다만 SQL을 통해 빅쿼리를 자유자재로 다루려면 많은 연습이 필요합니다. 하지만 시간을 투자할 만한 가치는 충분합니다. 게다가 빅쿼리에서 제공하는 머신러닝 기능도 사용할 수 있으므로 관련 지식이 있다면 더욱 다채롭게 활용할 수 있습니다.

## 한도와 비용

애널리틱스로 수집된 데이터를 빅쿼리에 적재할 때 한도가 있습니다. 이를 '내보내기 한도'라고 하는데, 유료 버전과 무료 버전에 차이가 있습니다.

표 13-4 빅쿼리로 데이터 내보내기 한도

| 기능 | GA4 | GA4 360 |
|---|---|---|
| BigQuery Export | 일일 내보내기: 이벤트 백만 개 | 일일 내보내기: 이벤트 수십억 개 |
| | 스트리밍 내보내기: 무제한 | 스트리밍 내보내기: 무제한 |

무료 버전은 일일 데이터 내보내기 이벤트의 한도가 백만 개이며, 유료 버전에서는 수십억 개로 사실상 한도가 없습니다. 그리고 스트리밍 내보내기는 무료나 유료나 무제한이며, 처리되는 데이터를 바로바로 빅쿼리에 적재하다 보니 일일 내보내기보다 더 빠르게 데이터를 빅쿼리에 적재할 수 있습니다.* 대신 일부 데이터가 존재하지 않지만 실제 분석하는 데는 문제가 없습니다. 따라서 운영 중인 서비스의 트래픽에 따라 결정하면 됩니다. 즉 트래픽이 백만을 넘어도 스트리밍 내보내기로 분석을 시도해 볼 수 있습니다.

> \* 일일 내보내기는 오늘 애널리틱스에 쌓인 데이터가 내일 빅쿼리에 쌓이지만, 스트리밍 내보내기는 몇 분에서 몇 십분 이내로 빅쿼리에서 데이터를 확인할 수 있습니다.

다음은 비용입니다. 빅쿼리는 GCP에서 제공하는 서비스이므로 GCP에 비용을 내고 사용해야 합니다. 구체적인 내용은 빅쿼리 가격 책정 페이지에서 확인할 수 있습니다.

- **GCP 비용 정책**: cloud.google.com/bigquery/pricing/

GCP의 비용 정책을 간단하게 정리하면 다음과 같습니다.

- 정액제를 활용할 수 있다. — 월 200만 원 정도부터 시작
- 저장에 비용이 든다. — GB당 $0.020가 부과되며 매월 10GB까지는 무료
- 데이터를 삽입할 때 비용이 든다. — GB당 $0.025이며 매월 10GB까지는 무료
- 데이터를 추출할 때 비용이 든다. — TB당 $6.00이며 매월 1TB까지는 무료

**01 단계** GCP 홈페이지(cloud.google.com)에 접속한 후 〈무료로 **시작하기**〉를 클릭합니다. 그러면 계정과 결제 정보를 확인한 후 GCP를 시작합니다. 이 과정에서 결제 프로필과 휴대폰 본인 확인이 진행되니 이 부분은 안내에 따릅니다.

그림 13-25 GCP 홈페이지

**02 단계** GCP를 시작했으면 다음과 같은 화면에서 [My First Project]를 클릭합니다.

그림 13-26 GCP 시작하기

**03 단계** 그럼 다음과 같은 화면이 나오는데 [새 프로젝트]를 클릭한 후 프로젝트를 생성하는 화면에서 적당한 프로젝트 이름을 입력하고 〈만들기〉를 클릭합니다.

그림 13-27 프로젝트 만들기

**04 단계** 프로젝트를 만들었으면 왼쪽 탐색 메뉴에서 [BigQuery]를 클릭합니다.

그림 13-28 빅쿼리 선택

**05 단계** 빅쿼리로 이동했으면 다시 위쪽의 [My First Project]를 클릭해 앞에서 만든 프로젝트를 선택합니다.

그림 13-29 프로젝트 선택

**Do it! 실습** 애널리틱스와 빅쿼리 연동하기

**01 단계** 애널리틱스의 속성 관리에 있는 '제품 링크' 카테고리에서 [BigQuery 링크]를 클릭하고 오른쪽 위의 〈연결〉을 클릭합니다.

그림 13-30 빅쿼리 링크

**02 단계** 연결 설정 화면에서 [BigQuery 프로젝트 선택하기]를 클릭합니다.

**그림 13-31** 빅쿼리 연결 설정

**03 단계** 앞에서 생성했던 프로젝트 이름을 선택한 후 〈확인〉을 클릭합니다.

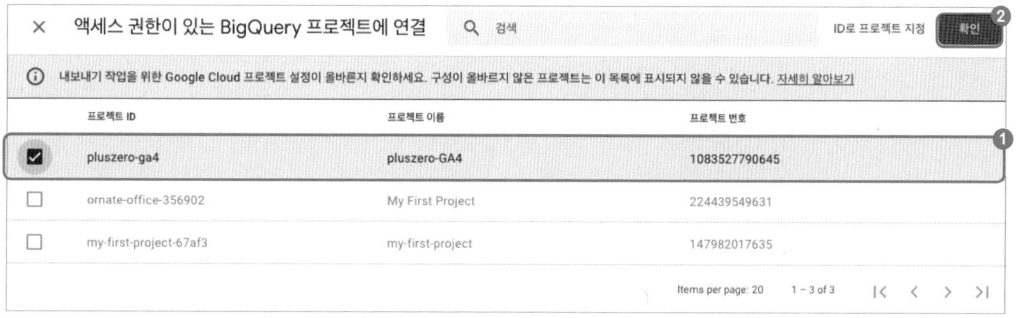

| | 프로젝트 ID | 프로젝트 이름 | 프로젝트 번호 |
|---|---|---|---|
| ☑ | **pluszero-ga4** | **pluszero-GA4** | 1083527790645 |
| ☐ | ornate-office-356902 | My First Project | 224439549631 |
| ☐ | my-first-project-67af3 | my-first-project | 147982017635 |

**그림 13-32** 빅쿼리 프로젝트 선택

**04 단계** 데이터 위치가 [서울(asia-northeast3)]로 선택되어 있지 않다면 변경한 후 〈다음〉을 클릭합니다. 만약 한국이 아닐 때는 국가에 맞는 데이터 위치를 선택해주세요.

**그림 13-33** 데이터 위치 선택

**05 단계** 다음은 설정 구성입니다. '데이터 스트림 및 이벤트'는 기본으로 모두 선택되어 있으므로 건들 필요가 없습니다. 체크박스 중 [모바일 앱 스트림용 광고 식별자 포함]과 [스트리밍]은 선택이지만, '빈도'의 [매일]은 꼭 체크합니다.

또한 사용자 데이터 영역에서는 사용자 속성 데이터가 변경될 때에 변경된 사용자의 정보를 테이블로 내보내는 옵션을 설정할 수 있습니다. 빅쿼리가 더 익숙해지면 사용해 보세요. 설정 구성을 마치고 〈다음〉을 클릭합니다.

- **모바일 앱 스트림용 광고 식별자 포함**: 모바일 앱에서 수집되는 광고 아이디(IDFA)를 수집합니다.
- **매일**: 하루에 한 번 데이터 내보내기가 진행됩니다. 모든 데이터를 내보냅니다.
- **스트리밍**: 이벤트 도착 후 몇 초 이내에 내보내기가 진행됩니다.

그림 13-34 설정 구성

**06 단계** 설정한 내용을 확인한 후 〈보내기〉를 클릭합니다.

그림 13-35 검토 후 제출

**07 단계** 연결이 완료된 후 하루가 지나면 GCP에서 다음처럼 데이터를 확인할 수 있습니다.

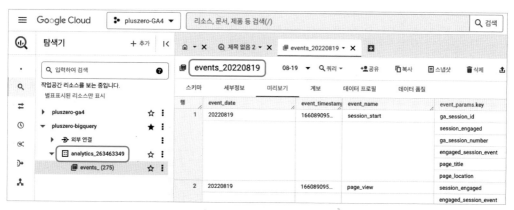

그림 13-36 GCP에서 데이터 확인

기본적으로 명칭은 프로젝트와 동일한 pluszero-ga4* 내부에 'analytics_숫자' 형태로 저장되며 그 안에 'events_날짜' 형태로 테이블이 생성됩니다. 여기서 'analytics_숫자'의 숫자는 연결된 애널리틱스의 속성을 판단하기 위한 아이디이며 이를 '데이터셋$^{dataset}$'이라고 부릅니다. 그 안에 있는 'events_날짜'는 날짜별로 데이터가 저장된 공간, 즉 '테이블'입니다. 더 자세한 내용은 다음 장에서 직접 데이터를 추출하면서 알 아보겠습니다.

\* 실제로 데이터가 수집돼야 데이터가 적재되므로 그림에서는 pluszero-bigquery라는 실제 데이터가 수집된 프로젝트를 예로 사용했습니다.

여기까지 애널리틱스에 빅쿼리를 연결하는 방법을 살펴봤습니다. 빅쿼리를 활용한 데이터 분석 방법은 다음 장에서 자세하게 살펴보겠습니다.

---

**빅쿼리에 대한 설명으로 틀린 것은?**

① 구글 클라우드 플랫폼에서 제공하는 데이터 웨어하우스 서비스다.

② 애널리틱스와 연동을 통해 계산된 데이터를 제공받을 수 있다.

③ 애널리틱스에서 일일 내보내기와 스트리밍 내보내기를 선택할 수 있다.

정답 ②

---

# 빅쿼리를 활용한 데이터 분석

앞 장에서 애널리틱스와 빅쿼리를 연결해 봤습니다. 이번 장에서는 측정 항목을 만들어 성과 측정하기, 루커 스튜디오에서 빅쿼리 데이터를 불러와 대시보드 만들기 등을 실습해 보면서 데이터 분석에서 빅쿼리를 어떻게 활용할 수 있는지 살펴보겠습니다.

학습
목표

- 빅쿼리에 적재되는 애널리틱스 데이터를 통해 어떤 분석을 할 수 있는지 확인한다.
- 루커 스튜디오로 대시보드를 만들어 본다.

# 14-1 │ 성과 측정하기

빅쿼리에서 간단한 쿼리로 애널리틱스의 특정 이벤트를 전환으로 설정할 수 있습니다. 이를 활용하면 원하는 데이터를 가지고 최종 목적인 성과를 측정할 수 있습니다. 예를 들어 지난 기간과 비교해 유입의 증감률을 확인하고 싶다고 가정해 봅시다. 물론 애널리틱스의 대시보드에서 데이터 비교 기능으로도 확인할 수 있지만, 대시보드 아래에 수치로 나타날 뿐 하나의 지표로 구성할 수는 없습니다.

| 세션 기본 채널 그룹 ▾ ＋<br>↕ 모든 행 표시 | ↓ 사용자 | 세션수 | 참여 세션수 | 세션당 평균<br>참여 시간 |
|---|---|---|---|---|
| | 91,945<br>62,716 대비<br>↑ 46.61% | 123,578<br>86,384 대비<br>↑ 43.06% | 108,550<br>79,486 대비<br>↑ 36.56% | 1분 04초<br>71.54 대비<br>↓ -9.8% |
| 1  Direct | | | | |
| 8월 15일~2023년 9월 11일 | 42,507 | 55,167 | 50,409 | 1분 00초 |
| 7월 18일~2023년 8월 14일 | 30,126 | 40,176 | 37,269 | 1분 20초 |
| % change | 41.1% | 37.31% | 35.26% | -25.26% |
| 2  Cross-network | | | | |
| 8월 15일~2023년 9월 11일 | 20,832 | 24,312 | 23,587 | 1분 02초 |
| 7월 18일~2023년 8월 14일 | 16,382 | 19,890 | 19,438 | 1분 06초 |
| % change | 27.16% | 22.23% | 21.34% | -5.51% |

그림 14-1 애널리틱스의 데이터 비교 기능

### Do it! 실습 ▶ 빅쿼리에서 전환 증감률 확인하기

빅쿼리를 이용해 특정 소스에서 이벤트가 발생한 횟수를 세서 지난 7일 동안과 비교해 변화량을 측정해 보겠습니다. 이 작업은 빅쿼리에서 쿼리를 실행해야 하므로 적지만 비용이 발생할 수 있습니다.

**01 단계** 빅쿼리에 접속한 후 탐색기에서 [추가 → **이름으로 프로젝트에 별표표시**]를 클릭합니다.

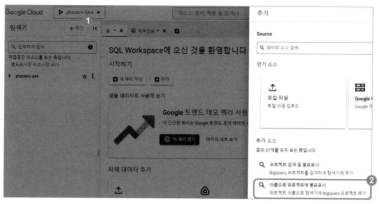

그림 14-2 프로젝트 추가

**02 단계** 프로젝트 이름에 "bigquery-public-data"를 입력한 후 [**별표표시**]를 클릭합니다.

그림 14-3 프로젝트 별표 표시

**03 단계** 그러면 다음 그림처럼 bigquery-public-data 프로젝트가 보입니다. 이를 클릭해 펼치면 많은 공용 데이터를 볼 수 있습니다. 여기서는 GA4의 데모 데이터를 활용할 예정입니다.

공용 데이터 가운데 [ga4_obfuscated_sample_ecommerce → events_(92)]를 클릭합니다. '(92)'는 'events_'로 시작하는 테이블이 92개 있다는 의미입니다. 이를 클릭하면 오른쪽에 'events_20210131'이라는 이름의 테이블 상세 정보가 출력됩니다.

그림 14-4 프로젝트 선택

'events_' 뒤의 날짜는 2021년 1월 31일의 데이터라는 의미입니다. 2020년 11월 1일부터 총 92개의 테이블이 있으며 날짜별로 선택해 볼 수 있습니다.

필드 이름을 보면 event_data, event_timestamp 등 애널리틱스 데이터의 빅쿼리 스키마를 확인할 수 있습니다. [**미리보기**]를 클릭합니다.

그림 14-5 테이블 선택

**04 단계** 출력된 데이터에서 'https://shop.googlemerchandisestore.com/'을 확인할 수 있습니다. 바로 머천다이즈 스토어에서 수집된 데이터로 보입니다. 해당 데이터를 이용해 쿼리를 실행해 보겠습니다. 테이블에서 위쪽의 [쿼리 → 새 탭에서 열기]를 클릭합니다.

그림 14-6 데이터 미리 보기

**05 단계** 특정 소스에서 스크롤(scroll 이벤트)이 발생한 횟수를 세서 지난 7일 동안과 비교해 변화량을 측정해 보겠습니다. 다음 URL에서는 이러한 내용을 질의하는 SQL 문을 확인할 수 있습니다. 이곳의 쿼리를 복사한 후 새 탭의 편집기에 붙여 넣고 〈실행〉을 클릭합니다.

---

**첫 사용자 소스의 지난 7일 대비 변화량(github.com/driffy/GA4/blob/main/지난_7일_대비_변화량.sql)**

```
with this_week as (
  SELECT
    traffic_source.source as source,
    count(case when event_name="scroll" then 1 end) as scroll
  FROM `bigquery-public-data.ga4_obfuscated_sample_ecommerce.events_*`
  where _TABLE_SUFFIX BETWEEN '20210117' AND '20210123'
```

```
  group by source
  having scroll > 0
), last_week as (
  SELECT
    traffic_source.source as source,
    count(case when event_name="scroll" then 1 end) as scroll
  FROM `bigquery-public-data.ga4_obfuscated_sample_ecommerce.events_*`
  where _TABLE_SUFFIX BETWEEN '20210110' AND '20210116'
  group by source
  having scroll > 0
)


select
  last_week.source as last_week_source,
  this_week.source as this_week_source,
  last_week.scroll as last_week_scroll,
  this_week.scroll as this_week_scroll,
  CONCAT(CAST(round(((this_week.scroll - last_week.scroll)/last_week.scroll) * 100, 1)
as string), "%") as Scroll_ROC
from last_week inner join this_week on last_week.source=this_week.source
```

**그림 14-7** 쿼리 실행

**06 단계** 쿼리가 실행되면 아래쪽에 결과나 나옵니다. 첫 줄의 'google'을 보면 지난 주에는 10,584번 스크롤이 발생했지만, 이번 주에는 13,328번 발생한 것을 확인할 수 있습니다. 그리고 Scroll_ROC 열을 보면 지난 주보다 25.9%가 증가한 것을 확인할 수 있습니다. 이로써 스크롤 이벤트 증감율을 나타내는 Scroll_ROC라는 측정 항목을 만들었습니다.

| 쿼리 결과 | | | | | |
|---|---|---|---|---|---|

작업 정보　결과　JSON　실행 세부정보　차트　**미리보기**　실행 그래프

| 행 | last_week_source ▼ | this_week_source ▼ | last_week_scroll ▼ | this_week_scroll ▼ | Scroll_ROC ▼ |
|---|---|---|---|---|---|
| 1 | google | google | 10584 | 13328 | 25.9% |
| 2 | (data deleted) | (data deleted) | 2070 | 3137 | 51.5% |
| 3 | <Other> | <Other> | 8126 | 10170 | 25.2% |
| 4 | (direct) | (direct) | 7080 | 8571 | 21.1% |
| 5 | shop.googlemerchandisestore.... | shop.googlemerchandisestore.... | 2550 | 3671 | 44% |

**그림 14-8** 스크롤 이벤트 증감률(Scroll_ROC) 확인

앞선 코드에서 주의할 점은 traffic_source.source는 애널리틱스의 '첫 사용자 소스'를 의미합니다. 이미 언급한 것처럼 세션 소스와 달리 맨 처음 사용자가 접속했던 소스, 매체라는 것을 잊으면 안 됩니다.

---

**빅쿼리에서 할 수 없는 것은?**

**잠깐 퀴즈**

① 집계 기능으로 내가 원하는 측정 기준, 측정 항목을 만들 수 있다.

② 머신러닝 기능을 활용할 수 있다.

③ 사용자 타깃팅을 진행할 수 있다.

정답 ③

---

# 14-2 | 대시보드 만들기

빅쿼리의 강력한 기능 중 또 하나는 대시보드를 만드는 것입니다. 구글에서 제공하는 루커 스튜디오 외에도 태블로$^{Tableau}$와 같은 다른 솔루션에서 활용할 수 있습니다.

### Do it! 실습 ▶ 루커 스튜디오에서 빅쿼리 데이터 확인하기

`01 단계` 빅쿼리에서 2021년 1월 10일 ~ 2021년 1월 23일의 첫 사용자 소스별 스크롤 이벤트 발생 횟수를 질의하는 다음의 쿼리를 실행하고, 쿼리 결과에서 [데이터 탐색 → Looker Studio로 탐색]을 선택합니다.

> **스크롤 이벤트(github.com/driffy/GA4/blob/main/스크롤_이벤트.sql)**

```
SELECT
    event_date,
    traffic_source.source as source,
    count(case when event_name="scroll" then 1 end) as scroll
FROM `bigquery-public-data.ga4_obfuscated_sample_ecommerce.events_*`
where _TABLE_SUFFIX BETWEEN '20210110' AND '20210123'
group by source, event_date
having scroll > 0
```

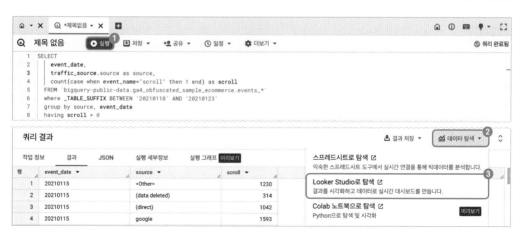

그림 14-9 쿼리 실행과 데이터 탐색

**02 단계** 그럼 루커 스튜디오가 열리면서 자동으로 보고서가 만들어집니다.

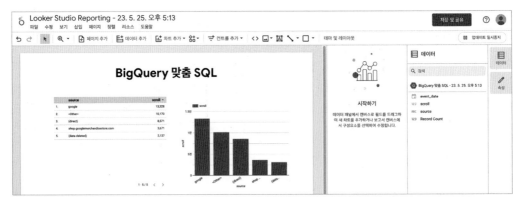

**그림 14-10** 루커 스튜디오의 보고서

**03 단계** 툴바에서 [컨트롤 추가 → **기간 컨트롤**]을 선택한 후 보고서의 오른쪽 위에 배치합니다.

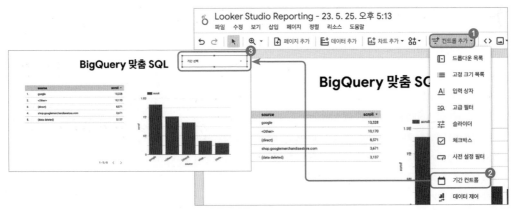

**그림 14-11** 보고서 오른쪽 위에 기간 컨트롤 배치

**04 단계** [기간 선택]을 클릭하여 2021년 1월 17일부터 2021년 1월 23일을 클릭한 후 〈적용〉을 클릭합니다.

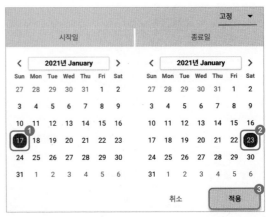

**그림 14-12** 기간 선택

**05 단계** 보고서에서 표를 클릭하면 오른쪽에 [차트] 창이 열립니다. 이 창에서 스크롤을 아래로 내려 비교 기간의 **[없음]**을 클릭합니다.

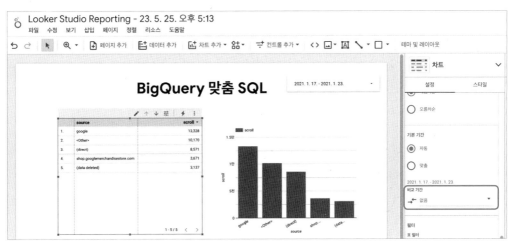

그림 14-13 비교 기간 기능

**06 단계** 기간 선택기가 나오면 오른쪽 위의 **[이전 기간]**을 선택한 후 ⟨적용⟩을 클릭합니다.

그림 14-14 이전 기간 적용

**07 단계** 그림 소스별로 지난 주 대비 증감률이 표시됩니다. 앞 절에서 직접 쿼리로 구성했던 것과 비교해 보면 정확히 같은 수치로 출력된 것을 확인할 수 있습니다.

| | source | scroll ▾ | % Δ |
|---|---|---|---|
| 1. | google | 13,328 | 25.9% ↑ |
| 2. | <Other> | 10,170 | 25.2% ↑ |
| 3. | (direct) | 8,571 | 21.1% ↑ |
| 4. | shop.googlemerchandisest... | 3,671 | 44.0% ↑ |
| 5. | (data deleted) | 3,137 | 51.5% ↑ |

그림 14-15 지난 주 대비 증감률 확인

**질문 있어요!** **빅쿼리의 테이블을 루커 스튜디오와 연결하는 방법도 있나요?**

네, 실습에서는 빅쿼리의 기능으로 루커 스튜디오와 빅쿼리의 '쿼리'를 연결했지만, 루커 스튜디오와 빅쿼리의 '테이블'을 연결할 수도 있습니다. 쿼리를 연결하면 루커 스튜디오를 실행할 때마다 쿼리를 호출해 비용이 발생하지만, 테이블을 연결하면 GCP의 캐시 기능을 이용해 한 번 불러온 테이블은 다시 호출하지 않고 얼마 동안 루커 스튜디오의 백그라운드에 대기하고 있어 추가 금액이 발생하지 않습니다.

쿼리 형태로 연결하면 비용이 많이 발생할 수 있으므로 빅쿼리로 대시보드를 개발할 때는 테이블을 직접 연결하는 방식을 추천합니다.

이로써 빅쿼리 데이터를 루커 스튜디오로 이동해 봤습니다. 간단한 실습이었지만 대시보드로 데이터를 가져오는 방법은 여러 가지가 있습니다. 잘 활용하면 속도가 빠른 대시보드를 만들 수 있고 나만의 공식을 적용한 측정 항목을 만들 수도 있습니다. 책에서는 간단하게 소개했지만 가능성은 무궁무진합니다. 애널리틱스와 SQL을 활용하면 한 차원 높은 수준의 분석을 할 수 있습니다.

---

 **잠깐 퀴즈** **빅쿼리를 대시보드로 구성할 때 이점으로 틀린 것은?**

① 속도가 빠른 대시보드를 구현할 수 있다.

② 나만의 측정 항목, 측정 기준을 만들어 활용할 수 있다.

③ 대시보드의 데이터를 다시 빅쿼리로 옮길 수 있다.

정답 ③

---

# 루커 스튜디오 활용하기

데이터를 분석하는 것만큼이나 목적에 맞게 잘 보여 주는 것도 중요합니다. 이를 데이터 시각화라고 합니다. 데이터 속의 유의미한 인사이트를 더 직관적이고 쉽게 설명할 수 있도록 가공하는 작업이라고 할 수 있습니다. 예를 들어 수많은 숫자를 표 형태로 보기보다 그래프로 볼 때 데이터 속에 어떤 차이와 패턴이 있는지 쉽게 파악할 수 있습니다. 이번 장에서는 구글의 루커 스튜디오를 이용해 애널리틱스의 데이터를 시각화하는 방법을 알아보겠습니다.

학습
목표

- 애널리틱스 데이터를 루커 스튜디오에 연결하여 보고서를 만든다.
- 보고서를 활용하고 공유하는 방법을 학습한다.
- 애널리틱스 속성 할당량과 사용 현황을 파악한다.

# 15-1 | 데이터 시각화하기

루커 스튜디오<sup>Looker Studio</sup>는 맞춤 설정이 가능한 보고서를 만드는 구글의 데이터 시각화 도구입니다. 공동 작업과 공유가 편리해 전 세계적으로 폭넓게 사용되고 있습니다. 또한 애널리틱스를 비롯한 구글의 다양한 솔루션을 포함해 800여 개가 넘는 데이터 소스에 간편하게 연결하여 데이터를 통합할 수 있습니다.

구글의 데이터 시각화 도구였던 데이터 스튜디오<sup>Data Studio</sup>가 2022년 10월 루커 스튜디오로 통합되었습니다. 루커 스튜디오는 데이터 스튜디오와 마찬가지로 무료이며 똑같은 기능을 제공합니다. 다만, '루커 스튜디오 프로'라는 유료 옵션을 추가해 기업을 대상으로 대규모 데이터를 처리하고 구글 워크스페이스와 클라우드를 연결하여 편리하게 연동할 수 있는 등 폭넓게 활용할 수 있습니다.

그림 15-1 루커 스튜디오로 만든 보고서 예

**Do it! 실습** ▶ **보고서에 데이터 추가하기**

**01 단계** 루커 스튜디오(lookerstudio.google.com)에 접속한 후 애널리틱스를 사용하는 구글 계정으로 로그인합니다. 그리고 홈 화면에서 [**빈 보고서**]를 클릭합니다. 이때 루커 스튜디오를 처음 사용한다면 몇 가지 정보를 요구합니다. 안내에 따라 입력합니다.

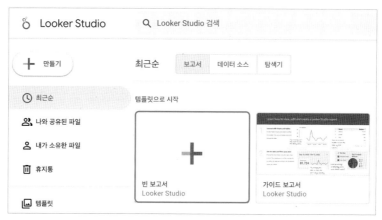

그림 15-2 루커 스튜디오에서 보고서 만들기

**02 단계** 보고서 편집기가 열리면 연결할 데이터를 선택해야 합니다. [**Google 애널리틱스**]를 클릭합니다.

그림 15-3 연결할 데이터 선택

이어서 〈승인〉을 클릭해 애널리틱스 계정을 연결하고 계정과 속성 목록이 나오면 [Demo Account → GA4 - Google Merch Store]를 선택한 후 〈**추가**〉를 클릭합니다.

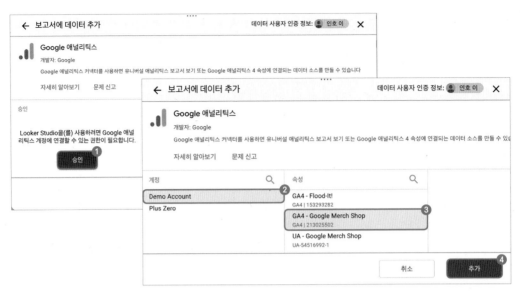

그림 15-4 GA4 속성 선택

보고서에 데이터를 추가한다는 팝업 창이 뜨면 〈보고서에 추가〉를 클릭합니다. 그러면 빈 캔버스에 예시 차트가 나오면서 보고서 편집기가 열립니다.

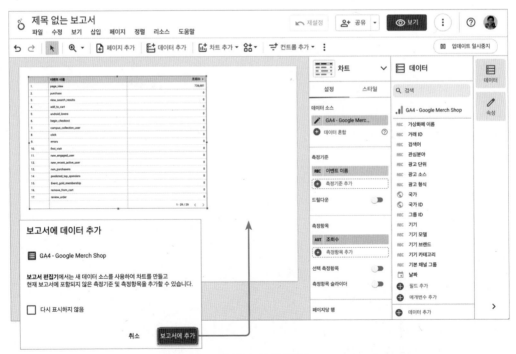

그림 15-5 보고서 편집기

**Do it! 실습** ▶ **대시보드 만들기**

앞선 실습에서 보고서에 애널리틱스의 데이터를 추가했으니 이제 이 데이터를 활용해 대시보드를 만들어 보면서 보고서 편집기의 다양한 기능을 살펴보겠습니다.

**01 단계** 간단한 막대 차트를 만들어 보겠습니다. 먼저 캔버스에 기본으로 표시된 표를 지웁니다. 그리고 위쪽 툴바에서 [차트 추가]를 클릭한 후 **열 차트(ⅲ)**를 선택합니다. 캔버스에 마우스를 클릭하거나 드래그하여 열 차트를 배치합니다.

그림 15-6 열 차트 선택

**02 단계** 차트를 추가하면 측정 기준과 측정 항목이 자동으로 설정됩니다. 오른쪽 [차트] 창의 '설정' 영역에서 측정 기준은 [기기 카테고리], 측정 항목은 [세션수]로 바꿉니다. 각 필드를 클릭하면 목록이 나오는데 여기서 검색으로 쉽게 찾을 수 있습니다. 또는 오른쪽 [데이터] 창에서 검색한 후 드래그해도 됩니다.

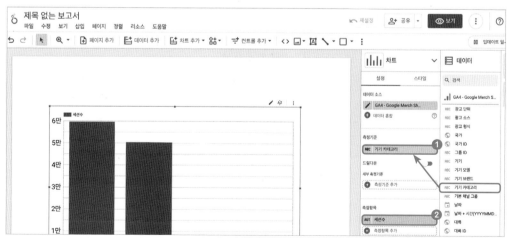

그림 15-7 측정 기준과 항목 적용

**03 단계**　차트의 설정 영역에서 아래로 스크롤하면 '정렬'이 있습니다. 내림차순이 기본이지만 오름차순을 선택하면 낮은 값이 왼쪽부터 나열됩니다. 일반적으로 왼쪽부터 높은 값을 표시하므로 이 실습에서는 기본 설정대로 둡니다. 정렬은 측정 항목뿐만 아니라 측정 기준으로도 적용할 수 있습니다. 측정 기준으로 정렬하면 텍스트순으로 나열됩니다.

그림 15-8 정렬 기능

**04 단계**　정렬에서 더 아래로 스크롤하면 '필터'가 있습니다. 필터는 원하는 조건에 맞게 차트 데이터를 필터링하여 필요한 것만 볼 수 있는 기능입니다. [**필터 추가**]를 클릭합니다.

필터 만들기가 열리면 이름에 **"smart tv 제외"**를 입력하고 조건으로 '**제외**', '**기기 카테고리**', '**같음**', '**smart tv**'를 차례로 입력합니다. 모두 입력했으면 〈**저장**〉을 클릭합니다. 그러면 차트에서 smart tv 항목이 사라집니다.

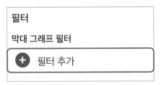

그림 15-9 필터 기능

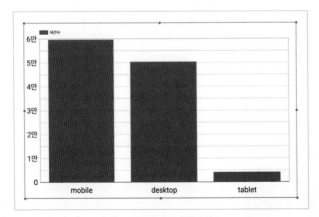

그림 15-10 필터가 추가된 차트

**05 단계** 이번에는 데이터를 조회할 기간을 설정할 수 있는 기간 컨트롤을 만들어 보겠습니다. 보고서 위쪽 툴바에서 [컨트롤 추가 → **기간 컨트롤**]을 선택하고 보고서에 배치합니다.

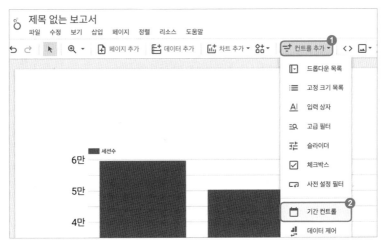

그림 15-11 기간 컨트롤 배치

보고서의 기간 컨트롤을 클릭하면 달력에서 시작일과 종료일을 선택할 수 있습니다. 그리고 오른쪽 위의 [자동 기간]을 클릭하면 다양한 기간 선택 옵션을 확인할 수 있습니다.

그림 15-12 기간 컨트롤

**06 단계** [컨트롤 추가] 메뉴에는 기간 컨트롤 외에 드롭다운 목록이나 입력 상자, 슬라이더 등 다양한 보고서 컨트롤이 있습니다. 여기서 **[드롭다운 목록]**을 선택해 보고서에 배치합니다. 드롭다운 목록이 선택된 채로 오른쪽의 [컨트롤] 창을 보면 '컨트롤 필드'가 있습니다. 이곳에 있는 필드를 **[국가]**로 바꿉니다.

이제 드롭다운 목록 컨트롤을 클릭하면 국가별 세션 수가 표시된 목록을 확인할 수 있습니다. 목록에서 각 항목에 마우스를 올리면 [지정된 값만]이라는 옵션이 보입니다. 이를 클릭하면 해당 국가의 데이터만 나타나게 할 수도 있습니다.

그림 15-13 드롭다운 목록 컨트롤 필드 설정

**07 단계** 컨트롤 외에도 차트 사이의 상호 작용 설정으로 데이터를 또 한 번 필터링할 수 있습니다. 설정 영역 맨 아래에 있는 '차트 상호작용'에서 **[교차 필터링]**을 클릭해 활성화합니다.

그림 15-14 교차 필터링 옵션 활성화

그리고 툴바에서 [차트 추가 → **원형 차트(●)**]를 클릭해 보고서에 추가합니다. 그리고 측정 기준에서 **[기기 브랜드]**를 선택하고, 측정 항목에서 **[세션수]**를 선택합니다.

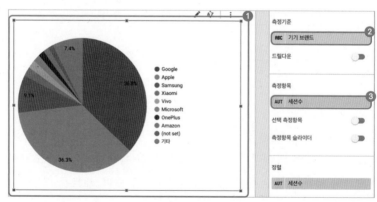

그림 15-15 원형 차트 추가

이제 열 차트에서 항목의 막대를 클릭하면 원형 차트의 데이터가 해당 항목을 기준으로 바뀌는 것을 확인할 수 있습니다. 다음 그림은 교차 필터링을 통해 desktop 트래픽만 원형 차트에 적용된 모습입니다.

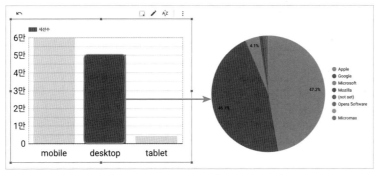

그림 15-16 교차 필터링 적용 후 원형 차트 변화

Do it! 실습 **맞춤 측정 기준과 측정 항목 만들기**

분석 목적에 따라 기존 측정 기준이나 측정 항목을 활용해 새로운 지표를 만들어 사용해야 할 때가 있습니다. 이럴 때 '필드 만들기' 기능을 사용합니다. '신규 기기 카테고리'라는 새로운 필드를 만들어 기존 '기기 카테고리' 측정 기준에서 데스크톱을 제외한 나머지 기기를 모두 '모빌리티 기기'로 분류해 보겠습니다.

**01 단계** 보고서에서 차트를 선택하고 설정 영역의 데이터 소스에서 연필 모양의 아이콘(✏)을 클릭합니다.

그림 15-17 데이터 소스 관리

**02 단계** 그러면 화면 아래에서 측정 기준과 측정 항목이 나열된 창이 나옵니다. 여기서 오른쪽 위의 [필드 추가]를 클릭합니다.

그림 15-18 필드 추가

이어서 필드를 설정하는 창이 나오면 필드 이름에 **"신규 기기 카테고리"**를 입력하고, 수식 입력 상자에 다음과 같은 IF 함수*를 활용한 조건을 작성합니다.

＊ 루커 스튜디오에서 활용할 수 있는 함수 종류와 사용법은 support.google.com/datastudio/answer/6299685을 참고하세요.

**수식**

IF(기기 카테고리 = 'desktop', '데스크톱', '모빌리티 기기')

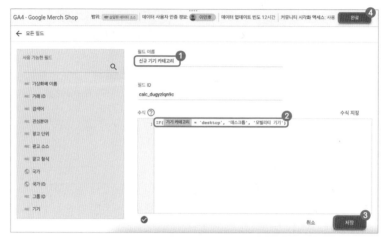

그림 15-19 신규 만들기

수식 입력 상자 아래쪽에 녹색 체크 표시(☑)가 나타나면 수식이 정상으로 입력된 것입니다. 아래쪽의 〈저장〉과 위쪽의 〈완료〉를 차례로 클릭합니다.

**03 단계** 보고서에서 열 차트를 클릭한 후 측정 기준에 새로 만든 [신규 기기 카테고리]를 넣으면, 모바일과 데스크톱이 합쳐져 '모빌리티 기기'로 표시되는 차트를 확인할 수 있습니다.

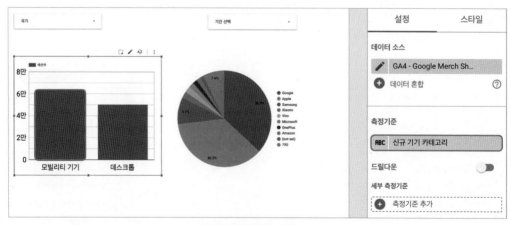

그림 15-20 맞춤 측정 기준 적용

**04 단계** 측정 기준을 만든 것처럼 측정 항목도 만들 수 있습니다. 같은 방법으로 필드를 추가한 후 필드 이름에 **"세션당 평균 구매 수"**를 입력하고, 수식 입력 상자에 다음의 수식을 입력합니다. 전자상거래 구매 수를 세션 수로 나눠 세션당 평균 구매 수를 구하는 식입니다. 이처럼 기존의 측정 항목을 활용해 새로운 측정 항목을 만들 수 있습니다.

| 수식 |
| --- |
| 전자상거래 구매/세션수 |

그림 15-21 맞춤 측정 항목 만들기

저장과 완료 후에 보고서로 돌아와 측정 항목에 새로 만든 [**세션당 평균 구매 수**]를 추가하면 열 차트에서 해당 데이터를 확할 수 있습니다.

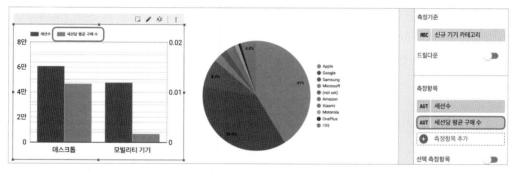

그림 15-22 맞춤 측정 항목 적용

**05 단계**  열 차트의 막대마다 라벨을 표시할 수도 있습니다. 열 차트를 선택하고 [차트] 창에서 [스타일] 탭을 클릭합니다. [스타일] 탭에서는 대상 차트의 색상, 글자 크리, 라벨 등과 같은 시각적인 요소를 설정할 수 있습니다. 여기서 [데이터 라벨 표시]를 클릭해 체크합니다. 이제 차트를 보면 막대마다 라벨이 표시됩니다.

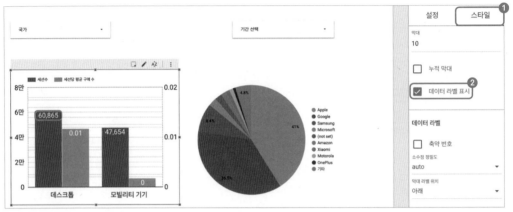

그림 15-23 데이터 라벨 표시 활성화

**Do it! 실습**  보기 모드 전환과 공유하기

앞에서 보고서를 만들어 봤습니다. 여기서는 보기 모드로 전환하는 방법과 다른 사람에게 공유하는 방법을 실습해 보겠습니다.

**01 단계**  왼쪽 위의 보고서 제목에 **"실습용 대시보드"**라고 입력합니다. 그리고 오른쪽 위의 〈보기〉를 클릭해 보기 모드로 전환합니다. 보기 모드에서는 보고서를 수정할 수 없고 보기만 할 수 있습니다. 만약 보고서의 수정 권한을 주지 않고 공유하면 이처럼 보기 모드로만 이용할 수 있습니다.

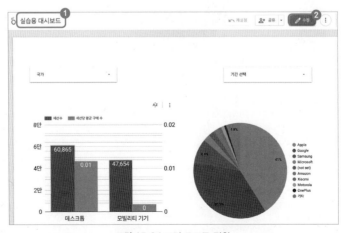

그림 15-24 보기 모드로 전환

**02 단계** 보기 모드에서 마우스 포인터를 열 차트에 올리면 오른쪽 위에 '더보기' 기능이 활성화됩니다. [더보기 → **내보내기**]를 클릭하면 해당 차트의 데이터를 CSV나 엑셀 형태로 내려받을 수 있습니다. 이처럼 필요한 조건에 따라 알맞게 필터링한 데이터를 손쉽게 얻을 수 있는 것도 루커 스튜디오의 장점이라고 할 수 있습니다.

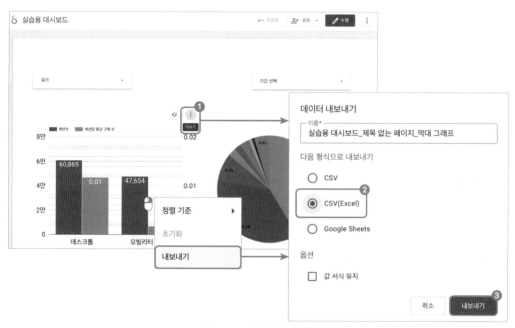

그림 15-25 데이터 내보내기 활용

**03 단계** 보기 모드에서 오른쪽 위의 [**공유**]를 클릭하면 보고서를 다른 사람에게 공유할 수 있습니다. [**사용자 초대**]를 클릭하면 공유할 사용자의 메일 주소를 입력할 수 있는 창이 나옵니다. '사용자 및 그룹 추가'를 클릭하고 공유할 사용자의 메일 주소를 입력한 후 접근 권한을 부여할 수 있습니다. '편집자'과 '조회자' 옵션이 있는데, '조회자'를 선택하면 해당 사용자가 대시보드를 수정할 수 없습니다.

그림 15-26 공유 메뉴

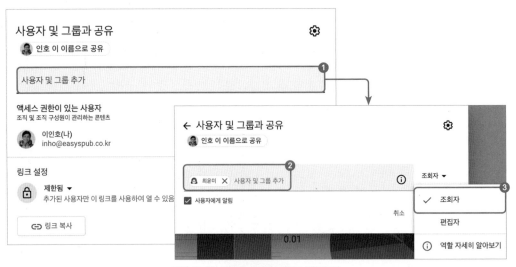

그림 15-27 사용자 초대로 보고서 공유하기

대시보드를 여러 명에게 공유할 때는 '**링크 설정**'이 유용합니다. 링크 설정에서 각 옵션은 다음과 같습니다. '제한됨'을 제외하고 나머지 옵션에서는 '조회자'나 '편집자'를 선택할 수 있습니다.

- **제한됨**: 추가된 사용자만 이 링크를 사용하여 열 수 있음
- **도메인**: 링크가 있는 도메인의 사용자는 누구나 볼 수 있음
- **일부 공개**: 링크가 있는 인터넷상의 모든 사용자가 볼 수 있음
- **공개**: 링크가 있는 인터넷상의 모든 사용자가 찾고 볼 수 있음

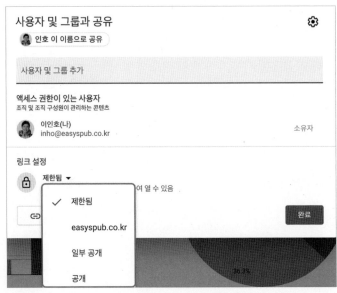

그림 15-28 링크 설정 사용하여 공유하기

이 외에도 보고서를 일별, 주별 등 정기적으로 이메일로 받아볼 수 있는 **[전송 예약]** 기능도 있습니다. 정기적인 보고가 필요할 때 활용할 수 있습니다.

**그림 15-29** 전송 예약으로 공유하기

---

**루커 스튜디오에서 차트 데이터를 필터링할 수 있는 기능이 <u>아닌</u> 것은?**

① 컨트롤            ② 스타일

③ 교차 필터링       ④ 해당 차트의 필터

정답 ②

---

# 15-2 | 애널리틱스 속성 할당량

구글 애널리틱스는 2022년 11월부터 데이터를 외부에서 API로 연결하여 사용할 때 할당량을 두고 정해진 한도 내에서만 데이터를 불러올 수 있도록 하고 있습니다. 이는 구글 애널리틱스 시스템을 안정하게 유지하고 리소스를 균등하게 배포할 목적입니다. 이에 따라 한도를 초과하는 요청은 '할당량 오류' 메시지와 함께 데이터가 보내지지 않습니다.

현재 애널리틱스 속성별 할당량은 코어$^{core*}$ 기준으로 일별 200,000개 토큰, 시간별 40,000개 토큰, 동시 요청 10개 이하로 규정되어 있습니다. 여기서 토큰은 데이터 요청의 복잡성과 용량을 나타내는 단위인데, 대부분의 요청은 10개 이하의 토큰으로 계산됩니다. 다만, 많은 행이나 열을 포함하는 요청이나 복잡한 필터, 데이터 조회 기간이 길 때는 토큰량이 늘어날 수 있습니다.

\* 데이터 API에는 할당량 목적으로 3가지 요청 카테고리(코어, 실시간, 유입경로)가 있습니다. 자세한 내용은 다음 그림 아래 표시된 URL에서 공식 도움말을 참고 바랍니다.

### 애널리틱스 속성 할당량

모든 요청은 속성 할당량을 사용합니다.

| 할당량 이름 | 표준 속성 한도 | 애널리틱스 360 속성 한도 |
| --- | --- | --- |
| 일일 속성당 코어 토큰 | 200,000 | 2,000,000 |
| 시간별 속성당 코어 토큰 | 40,000 | 400,000 |
| 시간별 속성별 프로젝트당 코어 토큰 | 14,000개 | 140,000 |
| 속성당 핵심 동시 요청 | 10 | 50 |
| 시간별 속성별 프로젝트당 코어 서버 오류 | 10 | 50 |
| 일일 속성당 실시간 토큰 | 200,000 | 2,000,000 |
| 시간별 속성당 실시간 토큰 | 40,000 | 400,000 |
| 시간별 속성별 프로젝트당 실시간 토큰 | 14,000개 | 140,000 |
| 속성당 실시간 동시 요청 | 10 | 50 |
| 시간별 속성별 프로젝트당 실시간 서버 오류 | 10 | 50 |
| 일일 속성당 유입경로 토큰 | 200,000 | 2,000,000 |
| 시간별 속성당 유입경로 토큰 | 40,000 | 400,000 |
| 시간당 속성별 프로젝트당 유입경로 토큰 | 14,000개 | 140,000 |
| 속성당 유입경로 동시 요청 | 10 | 50 |
| 시간별 속성별 프로젝트당 유입경로 서버 오류 | 10 | 50 |

**그림 15-30** 애널리틱스 속성 할당량(developers.google.com/analytics/devguides/reporting/data/v1/quotas)

**Do it! 실습** ▶ **할당량 확인하기**

루커 스튜디오에서 보고서 전체나 개별 차트가 얼마나 많은 토큰을 사용하는지, 남은 토큰은 얼마인지를 확인할 수 있습니다. 이를 실습해 보겠습니다.

**01 단계** 보고서의 빈 곳에서 마우스 오른쪽 버튼을 클릭하고 [Google 애널리틱스 토큰 사용]을 클릭합니다.

| 선택 | ▶ |
|---|---|
| 테마 및 레이아웃 | |
| 보고서 설정 | |
| 현재 페이지 설정 | |
| 붙여넣기 | |
| PDF로 페이지 다운로드 | |
| **Google 애널리틱스 토큰 사용** | |

그림 15-31 Google 애널리틱스 토큰 사용

**02 단계** 그러면 다음 그림처럼 [보고서] 탭이 보이며 사용한 토큰과 남은 토큰 수를 파악할 수 있습니다.

Google 애널리틱스(GA4) 토큰 사용

| 보고서 | | | 구성요소 |
|---|---|---|---|

이 세션에서 사용된 토큰

| | 사용한 토큰 | 캐싱으로 저장된 토큰 | 총 토큰 수 |
|---|---|---|---|
| 세션 | 30 | 4 | 34 |
| 현재 페이지 | 30 | 4 | 34 |
| 현재 페이지(현재 상태) | 2 | 4 | 6 |

남은 토큰 수

| 데이터 소스 | 일일 | 시간당 | 프로젝트별 시간당 | 최종 업데이트 |
|---|---|---|---|---|
| GA4 - Google Merch Shop | 72999 | 37986 | 12281 | Thu, 07 Sep 2023 22:40:16 GMT |

토큰 사용별 상위 차트

| 차트 | 이 세션에서 사용된 토큰 | 최근 요청에서 사용된 토큰 | |
|---|---|---|---|
| 원형 차트 | 13 | 2 | 세부정보 |
| 막대 그래프 | 12 | 1 | 세부정보 |
| 드롭다운 목록 | 7 | 1 | 세부정보 |

그림 15-32 보고서 사용 토큰 현황 확인

**03 단계** 토큰 현황 아래쪽에는 '토큰 사용별 상위 차트'가 있습니다. 목록에서 **[세부정보]**를 클릭하면 해당 차트에서 사용한 토큰, 캐시에서 제공 여부 등을 확인할 수 있습니다.

**그림 15-33** 차트 사용 토큰 현황 확인

이처럼 애널리틱스 속성에는 할당량이 있으므로 루커 스튜디오에서 애널리틱스 속성을 연결한 보고서를 만들 때는 다음 사항을 고려해야 합니다.

- 보고서 사용자를 꼭 필요한 사람으로만 제한한다.
- 단순한 데이터 조합으로 만든다.
- 데이터 조회 기간을 줄여서 사용한다.

보고서를 많은 사람들과 공유해야 할 때는 애널리틱스 속성에 연결하기보다는 애널리틱스를 빅쿼리와 연결한 후 빅쿼리 데이터를 루커 스튜디오와 연결하는 것이 좋습니다. 이때 빅쿼리 사용과 관련한 비용은 발생하지만 할당량 제한에서 자유로울 수 있습니다. 또한 루커 스튜디오에서 제공하는 데이터 추출 방식이나 기타 애널리틱스 연결을 도와 주는 유료 커넥터를 이용하는 방법도 있으므로 각각의 장단점을 파악해서 알맞은 방법을 선택하면 됩니다.

# 한글

## 영어

기초 단계

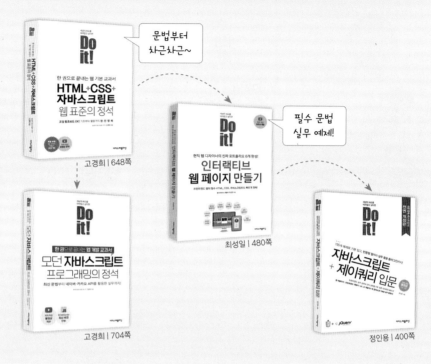

문법부터 차근차근~

한 권으로 끝내는 웹 기본 교과서
**Do it!**
HTML+CSS+
자바스크립트
웹 표준의 정석
고경희 | 648쪽

현직 웹 디자이너의 진짜 포트폴리오 6개 완성!
**Do it!**
인터랙티브
웹 페이지 만들기
최성일 | 480쪽

필수 문법
실무 예제!

한 권으로 끝내는 웹 개발 교과서
**Do it!**
모던 **자바스크립트**
프로그래밍의 정석
고경희 | 704쪽

**Do it!**
자바스크립트+
제이쿼리 입문
정인용 | 400쪽

응용 단계

**Do it!**
반응형 웹 페이지
만들기
김운아 | 344쪽

**Do it!**
클론 코딩
줌 zoom
니꼴라스, 강윤호 | 296쪽

**Do it!**
클론 코딩
영화 평점 웹서비스
니꼴라스, 김형태 | 248쪽

**Do it!**
클론 코딩
트위터
니꼴라스, 김준혁 | 256쪽

나는 어떤
코스가
적합할까?

**A** 웹 퍼블리셔가 되고 싶은 사람

- Do it! HTML+CSS+자바스크립트 웹 표준의 정석
- Do it! 인터랙티브 웹 만들기
- Do it! 자바스크립트+제이쿼리 입문
- Do it! 반응형 웹 페이지 만들기
- Do it! 웹 사이트 기획 입문
- Do it! 프런트앤드 UI 개발

**B** 웹 개발자가 되고 싶은 사람

- Do it! HTML+CSS+자바스크립트 웹 표준의 정석
- Do it! 모던 자바스크립트 프로그래밍의 정석
- Do it! 클론 코딩 줌
- Do it! 클론 코딩 영화 평점 웹서비스 만들기
- Do it! 클론 코딩 트위터
- Do it! Node.js 프로그래밍 입문

# 인공지능 & 데이터 분석 코스

인공지능, 데이터 분석도 Do it! 시리즈와 함께!
주어진 순서대로 차근차근 독파해 보세요!

인공
지능

정직하게 코딩하며 배우는
**딥러닝 입문**

박해선 | 328쪽

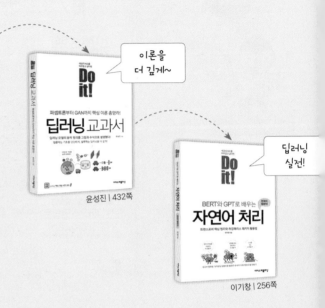

이론을
더 깊게~

파셉트론부터 GAN까지 핵심 이론 총망라!
**딥러닝 교과서**

윤성진 | 432쪽

딥러닝
실전!

BERT와 GPT로 배우는
**자연어 처리**

이기창 | 256쪽

데이터
분석

쉽게 배우는
**R 데이터 분석**

김영우 | 376쪽

쉽게 배우는
**R 텍스트 마이닝**

김영우 | 344쪽

쉽게 배우는
**파이썬 데이터 분석**

김영우 | 472쪽

공공데이터로 배우는
**R 데이터 분석 with 샤이니**

김철민 | 248쪽

나는 어떤
코스가
적합할까?

## A 인공지능 개발자가 되고 싶은 사람

- Do it! 점프 투 파이썬
- Do it! 정직하게 코딩하며 배우는
  딥러닝 입문
- Do it! 딥러닝 교과서
- Do it! BERT와 GPT로 배우는
  자연어 처리

## B 데이터 분석가가 되고 싶은 사람

- Do it! 쉽게 배우는 파이썬 데이터 분석
- Do it! 쉽게 배우는 R 데이터 분석
- Do it! 쉽게 배우는 R 텍스트 마이닝
- Do it! 데이터 분석을 위한 판다스 입문
- Do it! R 데이터 분석 with 샤이니
- Do it! 첫 통계 with 베이즈